当代儒学

当代儒学

DANGDAI RUXUE

第五辑

四川思想家研究中心 主办

主编 杨永明
副主编 崔罡

广西师范大学出版社
GUANGXI NORMAL UNIVERSITY PRESS
·桂林·

图书在版编目（CIP）数据

当代儒学．第 5 辑 / 杨永明主编．—桂林：广西师范大学出版社，2014.8
ISBN 978-7-5495-5819-3

Ⅰ．①当…　Ⅱ．①杨…　Ⅲ．①儒学—研究—中国
Ⅳ．①B222.05

中国版本图书馆 CIP 数据核字（2014）第 182896 号

广西师范大学出版社出版发行
（广西桂林市中华路 22 号　邮政编码：541001
网址：http://www.bbtpress.com）
出版人：何林夏
全国新华书店经销
广西大华印刷有限公司印刷
（广西南宁市高新区科园大道 62 号　邮政编码：530007）
开本：880 mm × 1 240 mm　1/32
印张：8.25　　字数：210 千字
2014 年 8 月第 1 版　2014 年 8 月第 1 次印刷
定价：28.00 元

目　录

Contents

Interviews with Famous Confucians of Contemporary Confucianism

荀子思想研究专题

儒家道德哲学视域下的荀子道德本体论
——荀子道德哲学研究之一

□涂可国[①]

“本体”在中西哲学历史上具有多种规定性，人们赋予“本体”一词以本质、始基、根源、依据、来源、主体、不变者、统一者等不同含义。在儒家哲学系统中，“本体”一词既可以指本根、本质和本原，又可以指根源、来源、基础和条件。在古典儒学中，道德本体论占据儒家本体论的核心位置。这里所要探讨的荀子道德本体论，主要指荀子对道德的起源、根本、来源、根据、主要条件等问题的论说。总括起来，荀子的道德本体论大致包含天命说、心性说和人为说三种基本形态。

---

① 作者简介：涂可国，1961年生，湖北麻城人，山东省社会科学院研究员，现任山东省社科院文化研究所所长。主要研究方向为儒学、社会哲学和文化理论。

一、道德天命说

(一)本始材朴:成德成善的必要性

荀子是中国天人相分思想的典型代表。他不仅强调了人最为天下贵这一凸现人的主体性的命题,还发展出制天命而用之、与天地参、明于天人之分等思想。《孟子·尽心上》提出"尽其心者,知其性也,知其性,则知天矣"的"知天"之说,而荀子则相反,他在《荀子·天论》中认为"唯圣人为不求知天",并认为宇宙的天、地、人各有自己的职责,与其"思天"不如"制天"。

这些天人相分观点不像汉代以来一些抑荀派人物所批评的那样是对正统儒家的反动,只是利用老子道家无意志的天改铸孔子"赏善罚恶"的有意志天、弱化敬天畏命,从而把孔子思想中的人本主义观念推向极致而已。正如牟钟鉴所言,荀子虽然明于天人之分,提出"制天命而用之"的主张,其基本思路仍未脱离天人一致的轨道,只是更看重人的特殊性和能动性罢了。[①] 荀子思想之精深不仅在于他超迈落后生产力和小农自然经济时代的限囿而高扬了人的主体性——因为"天人之分"是属于现代性的,它确立了人的族类本质,也在于他在天人观上讲究辩证法——既承认天人相分又强调天人合一——认为人间之礼、人道与天道一致,天生人成,并提出"天德"范畴,把天人之间的"分"与"合"综合起来,这,也符合首次提出"天人合一"概念的张载的理念。张载讲:"以万物本一,故一能合异;以其能合异,故谓之感;若非有异则无合。"(《张载集·正蒙·乾称》)张岱年也曾指出:"荀子虽然强调'天人之分',却也不否认天与人有统一的关系。"[②]

---

① 参见牟钟鉴:《儒学价值的新探索》,济南:齐鲁书社,2001年,第47-48页。

② 张岱年:《中国哲学大纲》,北京:中国社会科学出版社,1982年,第178页。

围绕人性这一人学核心问题，西方思想家作了不同阐释，分别提出了遗传决定论、环境决定论、文化决定论或弗洛依德主义、行为主义、存在主义、社会生物主义等不同理论主张，旨在对人的先天特性在人的道德发展中的地位与作用作出说明。就儒家哲学而言，由孔子所开创的“性近习远”的人性论范式在历代儒家那里得到了沿袭，而几乎所有的后世儒家在肯认人性的先天特质的致思过程中，主要又是立足于“天人合一”的宇宙论图式和“生之谓性”、“天命之谓性”的思维路径。一句话，儒家把人性看成是由天所赋予、不事而自然、人所本具的秉性。除王夫之倡导人有天命之性和日成之性外，儒家之“性”几乎都具有先天特质，不论是主张性恶论、性善论，还是宣扬性善恶混论、性可以为善可以为恶论，抑或是倡导性无善恶论；不论是主张性一元性，还是二元论，抑或是性多元论，历代儒家所理解、所规定的“性”均是在与生俱来、先天赋予的意义上使用的。

虽然从内容上说，不同儒家对人性的规定并不完全一致，有时指人的形色之类生物（理）特性，有时指人的欲望、情感之类心理特性，有时指人的主观精神（心），有时指仁义礼智等道德品性，有时指人的知性、理智等主观精神，但是，它均是在“生之谓性”和“性自命出”的致思取向上而获得自身规定性的。犹如徐复观先生所言：性之原义，应指人生而即有之欲望、能力等而言，有如今日所说之“本能”。[①] 儒家基本上是沿着“性自命出”或“天命之谓性”的理路，把“性”归结为天命之性，认为它是由天所赋予人的，因而是为人所固有的先天属性，大致相当于西方学者及当代中国学人所言说的自然之性——在英文里，“自然”和“本性”共用一个词“nature”。如此可以说儒家人性论即是自然人性论。

荀子人性论虽然在一定意义上同孟子性善论绝然分立，可它同样从“明于天人之分”和“天人合一”两极角度把“性”看成人先天具有的。他大致从四个方面阐述了人性的先天特质。

① 参见徐复观：《中国人性论史》（先秦篇），上海：上海三联书店，2001年。

一是从人性来源角度指认了人性乃是人的生性。荀子指出："生之所以然者谓之性"(《荀子·正名》)、"凡性者，天之就也"(《荀子·性恶》)。显而易见，荀子把"性"当成人与生俱有的原始质朴的天然之性。

二是从人性特点角度指明了人性乃是人先天固有的、未经人为的纯粹自然之性。荀子说："不事而自然谓之性。"(《荀子·正名》)、"不可学、不可事而在人者谓之性。"(《荀子·性恶》)在荀子看来，"性"乃是人的一种自在自为的本然状态，而不是人工产物。这种"性"只是来自于人先天的自然秉赋。

三是从人性作用角度揭橥人性是人先天被赋予的自然材质。例如他说："性者，本始材朴也；伪者，文理隆盛也。无性则伪之无所加，无伪则性不能自美。"(《荀子·礼论》)在此，荀子把"性"规定为人后天社会实践及接受社会教化的原初基础。

四是同告子和孟子一样，荀子也从人性内涵角度阐述了"性"是人生来就具有的自然性能。在他看来，人不仅具有先天的感官机能："今人之性，目可以见，耳可以听。夫可以见之明不离目，可以听之聪不离耳"(《荀子·性恶》)，同时还具有先验的自然欲求："饥而欲食，寒而欲暖，劳而欲息，好利而恶害，是人之所生而有也，是无待而然者也"(《荀子·荣辱》)。

如果说道德主要由"善"作为价值表征的话，那么性善论、性善恶混论通过人性先天论而揭示了道德是由天所赋予的。孟子的性善论、董仲舒等人的性三品说以及程朱理学的性二元论，均肯定了人天生具有仁性、善性，它们构成了人行善成德的自然根基。而告子的人性无分于善恶论、荀子的化性起伪论——如果放纵人性，就会犯分乱理，侵蚀仁义礼治，因而必须对人性进行转化，就否定了道德先天论。对"性恶善伪"论杜维明先生作了深刻分析，他指出，正如有的学者所讲的孟子人性善观点背后隐含着人是完美的的信念，但孟子并未详尽说明在人的完善化过程中究竟是人的天赋才能还是环境起主要作用；他进一步强调说："荀子认为人完善化的过程包含着一个心灵认识过程和社会强制这两者之间的复杂的相互作用。人的完善的境界可由人类心灵的智力能够领悟、理解共同价值和准则的人性可塑性而得到说明。这样,人的主动参与完善化的过程就取决于自己内在的自我修养与社会理想的相互协调。"[①]

由上述可知,荀子"性恶善伪"论表明,从人性论维度它并不是主张道德自然论。然而笔者之所以将荀子的性恶论纳入道德先天论框架之中,就在于如同道德行为有广义和狭义之分,广义道德行为包括非道德行为,荀子的性恶论从否定辩证法角度确认了道德来源于先天所赋予。

(二)有知有义:成德成善的可能性

如同孟子的性善论在强调人具有善端的同时也肯定人的道德人格和品性必须借助于后天的修身养性一样,荀子的道德本体论在宣扬"性恶善伪"、注重注错习俗的同时也在一定程度上确认人性之中包含某些道德特质。通读《荀子》全书,从主导方面荀子似乎没有把礼、义、群、辨、分等归结为形上学层面的人性特质,没有明确从"性"讲人的类本质,他所规定的"性"的本义主要是在"生之谓性"意义上指向人的各种与动物近似的经验层面的人的食性等各种共同自然机能。但是仔细检视《荀子》文本,就会发现荀子也从人兽之间的差异性角度阐述了人具有先天道德特性。

一是强调人具有善质,如他说:

"涂之人可以为禹",曷谓也?曰:凡禹之所以为禹者,以其为仁义法正也。然则仁义法正有可知可能之理,然而涂之人也,皆有可以知仁义法正之质,皆有可以能仁义法正之具,然则其可以为禹明矣。(《荀子·性恶》)

---

① 杜维明:《人性与自我修养》,北京:中国和平出版社,1988年,第51-52页。

这里荀子表达了对凡人都可以成为大禹之类的圣贤的道德自信,其基础就在于人具有“知仁义法正之质”和“能仁义法正之具”。至于这种道德认知能力和实践能力来自何处荀子并没有明言,按照他的“性恶善伪”说应当是后天教化的产物。不过,从理论逻辑上说,人的道德自律能力应当具有一定的先天材质,否则无法解释荀子认定普通之人也能够成就崇高人格——要知道,假如缺乏内在的天赋,仅靠外在的社会教养,难以使普通民众转化为圣贤。

二是以其有辨。荀子认为人之所以为人者,就在于人具有辨别事物差异性的理智能力:

人之所以为人者,何已也?曰:以其有辨也。饥而欲食,寒而欲暖,劳而欲息,好利而恶害,是人之所生而有也,是无待而然者也,是禹、桀之所同也。然则人之所以为人者,非特以二足而无毛也,以其有辨也。今夫狌狌形笑,亦二足而无毛也,然而君子啜其羹,食其胾。故人之所以为人者,非特以其二足而无毛也,以其有辨也。夫禽兽有父子而无父子之亲,有牝牡而无男女之别,故人道莫不有辨。(《荀子·非相》)

在《荀子》一书中,“辨”具有思考、辨析、分辨、辨别等多种意蕴。在《荀子·非相》后文中,荀子所说的“君子之辨”与“小人之辨”的“辨”就有言说的意思。有人把“以其有辨”解释为等差名分,这有一定的道理,因为客观事物的差异性构成了主观分辨的本体基础。不过,本处的“辨”更准确地应理解为人具有辨别的能力。

在这里,荀子强调人的类本质既不是各种生而有之的自然本能欲望,也不是有足无毛的自然形色,而在于人具有辨别事物差异性的理性能力,在于人类具有父子亲情和男女差别的人伦秩序。

三是有知有义。在道德本体论上荀子与孟子也是殊途同归的，如果说孟子从内在仁义角度发展了孔子的仁学本体论的话，那么荀子就从外在礼义角度发展了孔子的仁学本体论；如果说孟子是一个唯义主义者的话，那么荀子就是一个重义主义者。荀子秉承孔孟义利观，提出了义与利是“人之所两有”，认为“义之所在，不倾于权，不顾其利，举国而与之不为改视，重死持义而不桡，是士君子之勇也”(《荀子·荣辱》)；同时，他强调人欲不可去或寡，只能导欲、节欲和养欲，这就是发挥“心”的理性作用，以心导欲，以义制利(欲)，“能以公义胜私欲也”(《荀子·修身》)；荀子还明确提出了“正义”范畴，如他说：“正义直指，举人之过，非毁疵也”(《荀子·不苟》)、“不学问，无正义，以富利为隆，是俗人者也”(《荀子·儒效》)、“正利而为谓之事，正义而为谓之行”(《荀子·正名》)。更为重要的是荀子把“义”看成人高于其他动物的本质规定：

人有气、有生、有知，亦且有义，故最为天下贵也。(《荀子·王制》)

孟子把仁、义、礼、智“四德”置于先天赋予的“四端”(即“四心”——恻隐之心、羞恶之心、辞让之心和是非之心)之上，并认为“四心”和“四德”是人异于禽兽的特质，同样的，荀子也推崇“义”，将之视为人特有的尊贵之处。在荀子“性恶善伪”的思想框架中，“义”无疑从生成论讲并非如同食色之类的自然机能由先天所赋——《荀子·性恶》说：“礼义者，圣人之所生也”、“凡礼义者，是生于圣人之伪，非故生于人之性也”，但是义如同礼一样具有自然之天的本体论根据。

四是人能群能分。在《荀子·王制》篇中，荀子紧接着提出了著名的“明分使群”观点。他认为，人优于动物的地方就在于既能结成群体又能适当分化；既结合并生存于一定的社会组织中，又具有各自的社会角色并承担一定的社会职能：“(人)力不若牛，走不若马，而牛马为用，何也？曰：人能群，彼不能群也。人何以群？

曰:分。分何以能行?曰:义。故义以分则和,和则一,一则多力,多力则强,强则胜物,故宫室可得而居也。故序四时,裁万物,兼利天下,无它故焉,得之分义也。故人生不能无群,群而无分则争,争则乱,乱则离,离则弱,弱则不能胜物"(《荀子·王制》)。

荀子还指出,社会上许多工作需要人去做,而这些工作又不可相互替代,只有通过社会分工,社会机体才能正常运转,社会秩序才能不乱。同时,个人的能力总是相对有限的,他不可能从事一切工作,个人只有各安其位并同他人交往合作,才能生存:

故百技所成,所以养一人也。而能不能兼技,人不能兼官。离居不相待则穷,群而无分则争。穷者患也,争者祸也,救患除祸,则莫若明分使群矣。强胁弱也,知惧愚也,民下违上,少陵长,不以德为政,如是,则老弱有失养之忧,而壮者有分争之祸矣。事业所恶也,功利所好也,职业无分,如是,则人有树事之患而有争功之祸矣。(《荀子·富国》)

有夫分义则容天下而治,无分义则一妻一妾而乱。(《荀子·大略》)

在荀子看来,有了某种相对固定的社会分工,家与国才能安定,社会才能很好治理:有了明确的社会角色分工,社会秩序才不致紊乱,整个社会才能出现人人各得其所、各尽所能的和谐有序状态,使"农以力尽田,贾以察尽财,百工以巧尽械器,士大夫以上至于公侯,莫不以仁厚知能尽官职"(《荀子·荣辱》),进而达到"至平"社会。

按照当代人学思想,不论是合群性还是角色分工在动物界是普遍存在的现象,因而荀子把它们视为人与动物两相区别的标志不太科学,但是人的群体组织和社会分工更为发达完善,而且荀子指明了人之所以能够"明分使群"归根到底就在于人类社会具有礼义规范这类文化表征,故此正如李泽厚所指出的那样,荀子突出强调了群体规范秩序作为人的族类本质的意义。[①]

(三)礼有三本：成德成善的本源性

儒家人性论的先天性同其天赋道德论浑然一体，后者恰是构筑在前者基石之上。

从根本上说，儒家天人合一之学更多凸现天人合一、天人一体的理念，并从不同维度进行了阐释。儒家天人之学包含着极为丰富的内涵。张岱年在《中国哲学大纲》中指出："中国哲学中所谓天人合一，有二意谓：一，天人本来合一，二，天人应归合一。天人关系论中之所谓天人合一，乃谓天人本来合一。关于天人本来合一，有二说：一，天人相通，二，天人相类。所谓天人相通，如解析之，其意义可分为两层。第一层意义，是认为天与人不是相对待之二物，而乃一息息相通之整体，其间实无判隔。第二层意义，是认为天是人伦道德之本原，人伦道德原出于天。……天人相类之意义，亦可析为两方面。一，天人形体相类，此实附会之谈。二，天人性质相类，此义与天人相通论之天道人性为一之说相似，实际上亦是将人伦道德说为天道。"[②]鉴于儒家大多价值与事实不分，故儒家天人之学中所蕴含的天人合一观点恐怕应是本来合一(本体论)与应归合一(价值论)兼而有之。

早在西周时期，"天"与"德"就密切相关，"天"取代"帝"而成为占主导地位的崇拜对象，它被赋予善性，故此，"德配天地"、"唯德是辅"观念勃然时兴。陈来指出："商周世界观的根本区别，是商人对'帝'或'上帝'的信仰中并无伦理的内容在其中，总体上还不能达到伦理宗教的水平，而周人的理解中，'天'与'天命'已经有了确定的道德内涵，此种道德内涵是以'敬德'和'保民'为主要

---

① 参见李泽厚：《中国古代思想史论》，天津：天津社会科学院出版社，2004 年。

② 张岱年：《中国哲学大纲》，北京：中国社会科学出版社，1982 年，第 181-182 页。

特征的。”[①]天道与人道合一不仅在本体论上说明人道来源于天道，表明天人之道之间具有同构性、同态性和同质性，因而可以从天道论及人道；同时它也在认识论和价值论层面上要求人要敢于和善于知道、学道、闻道。作为儒学来源的易学更多注重由“天”推及“人”，由“天道”推衍“人道”，从宇宙万物的大化流行中追溯道德的根源和依据。《易传》指明了人必须顺应天道规律：“裁成天地之道，辅相天地之宜”（《周易·泰》）。《周易·系辞上》讲：“一阴一阳之谓道，继之者善也，成之者性也”、“易简之善配至德”、“天地设位，而易行乎其中矣，成性存存，道义之门”。据此《周易》明确提出了“与天地合其德”，《礼记·礼运》也提出了“天地之德”的范畴。可见，易学礼学是将道德视为效法天道而来的。

毋庸置疑，在儒家体系中，显示出强调问人不问马（孔子），“天地之性，人为贵”、“制天命而用之”（荀子），“惟人独能偶天地”（董仲舒）等人文主义倾向。虽然先秦儒家即已开始摆脱远古神灵论思想的束缚而具有原始人道主义的特质，并且在其天人之辨中蕴含着天人相分的理念，但是“一天人”的主客统一论思维模式毕竟成为儒学致思的主导倾向，同时包括孔子、孟子等在内的原始儒家仍具有较为深厚的天命论思想，因而，儒家自始注重从自然之天中寻找道德的形而上本体。这既为道德提供了合理性的根源，又将之置于宏观宇宙论背景下借以解释它的根基。

到了先秦儒学那里，“天”不仅是自然天，同时它也具有灵性、神圣性，是义理之天、德性之天，因而他们将“天”道德本体化、心性化。“天”在孔子心目中具有“人格神”意蕴，因而，具有神圣性或神秘性。同时，“天”又总是与“命”联系在一起，进而又具有必然性和强制性。这种带有神圣性和必然性的“天”作为伦理的本质根基，极大地提高了道德主体的自觉性、能动性和创造性，正因如此，孔子才力主“我欲仁，斯仁至矣”（《论语·述而》）、“人能弘

① 陈来：《古代宗教与伦理——儒家思想的根源》，北京：三联书店，1996年，第168页。

道，非道弘人”(《论语·卫灵公》)的道德尊严感，才表现出“天生德于予，桓魋其如予何”(《论语·述而》)的大无畏气概。同时，孔子也提出了“朝闻道，夕死可矣”(《论语·里仁》)、“人能弘道，非道弘人”(《论语·卫灵公》)、“志于道，据于德，依于仁，游于艺”(《论语·述而》)等尊道重道观点，提出了“畏天命”(《论语·季氏》)和“唯天为大，唯尧则之”(《论语·泰伯》)的主张。孔子所提出的仁道、孝道等虽然表现出天人相分的趋向，其以泛爱众的人道原则也突破了自然之域，同时从总体思想倾向上说他应认同《左传》子产所说的“天道远，人道迩”，为此他才罕言性与天道，但他却肯认人道来源于天道，提出“天生德于予”(《论语·述而》)。这不仅揭示了道德的来源，也由于有天命作支撑而使他对道德力量充满了自信。《孟子·离娄上》讲“诚者，天之道也；思诚者，人之道也”，从“诚”这一特定伦理范畴维度揭示了作为当然之则的人间道德同作为实然状态的自然之天的内在关联性。《中庸》也强调要修道：“天命之谓性，率性之谓道，修道之谓教”。张载也讲：“儒者则因明致诚，因诚致明，故天人合一。”(《张载集·正蒙·乾称》)程明道说：“天人本无二，不必言合。”(《二程集·河南程氏遗书》卷六)程伊川也讲：“道未始有天人之别，但在天则为天道，在地则为地道，在人则为人道。”(《二程集·河南程氏遗书》卷二十二上)。

由上可见，从先秦儒学到宋明道学，绝大多数儒家人物都致力于将道德的来源追溯到“天”上，不论是孟子的“四端”、《周易》的“道”与“德”、《中庸》的“诚”、董仲舒的“仁义制度”，还是魏晋玄学家的“名教”、宋明道学家的“天理”、“良心”，均被说成是由“天”赋予人的。这种天赋论虽然在一定程度上可谓道德自然起源论——因为这里的“天”相当于“大自然”的含义，但它不同于一些社会达尔文主义者所宣传的自然起源论——将道德说成是动物合群本能和自我牺牲“精神”的简单延续和复杂化，而注重人兽的本质区别。

在儒家思想史上，之所以出现“扬孟抑荀”的文化现象，荀学之所以被宋明道学视为“异端”而加以排斥，不仅在于荀子倡言性恶论、力主隆礼重法，更在于宋明道学家认为荀子的“天人之分”思想抽去了道德的先天形而上学基础，使以儒家伦理为核心的大本大道失去了天命论的支撑。毋庸置疑，荀子并没有严格遵循“天人合一”的思维逻辑由“天”推及“人”，由“天道”推衍“人道”，从自然之天中追溯道德的根源，但是这并不表明像王博所说的那样荀子完全立于天人之分，在他那里，“道和天无关，它的基础和根据在人不在天”[①]。在某种意义上，荀子还是致力于从“天”中寻找道德的形而上依据。

《荀子》一书尽管不乏“道”、“德”与“道德”等词眼，但荀子并没有上升到道德哲学的理性高度自觉阐释道德的本体问题，不过他的礼论却从特定角度体现了他对道德依据的认识。荀子重礼，他把“礼”看成是道德和人道的极致：

> 礼者，法之大分，类之纲纪也，故学至乎《礼》而止矣，夫是之谓道德之极。（《荀子·劝学》）
>
> 礼者，人道之极。（《荀子·礼论》）

在谈到礼的起源时，一方面，荀子指出它是由先王所制定的：“先王恶其乱也，故制礼义以分之，以养人之欲，给人之求，使欲必不穷乎物，物必不屈于欲，两者相持而长”（《荀子·礼论》），从而把礼义道德规定为后天的产物。另一方面，荀子又把“天”界定为礼的依据。他指出：“天地者，生之始也；礼义者，治之始也；君子者，礼义之始也。……君臣、父子、兄弟、夫妇，始则终，终则始，与天地同理，与万世同久，夫是之谓大本。”（《荀子·王制》）在荀子看来，各种人伦礼义与天地具有同构性、同质性。这一点在清代戴震“礼者，天地之条理也”的解说中得到了体现。最为重要的是

① 王博：《中国儒学史》（先秦卷），汤一介、李中华主编，北京：北京大学出版社，2011年，第542页。

荀子明确提出了“礼有三本”的思想：

> 礼有三本：天地者，生之本也；先祖者，类之本也；君师者，治之本也。无天地，恶生？无先祖，恶出？无君师，恶治？三者偏亡焉，无安人。故礼，上事天，下事地，尊先祖而隆君师，是礼之三本也。(《荀子·礼论》)

这里荀子把“礼”的功能说成“上事天，下事地”虽然有泛礼主义之嫌，但他提出的“天地者，生之本”观念揭示了“礼”的发生学来源，还是具有一定的合理性。因为，即使礼由圣王所制定，天地的秩序性也是重要依据，也要据天道推及人道，从而“天”不能不说是“不易之理”的礼的本体论根源。

从理论上说，荀子以“天”为基点的道德本体论体现了儒家伦理哲学所普遍具有的伦理哲学化与哲学伦理化的二重化特质；从现实性上说，荀子道德本体论则展现了自然伦理化与伦理自然化的精神追求。荀子道德本体论之所以认为人的道德来源于“天”，是由于它从“天人合一”的宇宙观出发，不仅肯认人同万事万物一样是自然界中的一种特殊存在，天与人之间具有同构性、同质性——天人合德、天人一体……同时还揭示了“天”作为人间伦理的本体具有“道”与“德”性。马克思主义道德哲学虽然从人的本质是一切社会关系的总和出发，把道德看成社会关系的反映，规定为人类劳动的产物，因而反对道德天赋论和自然起源论，但是马克思主义伦理学也肯定了人是一个自然存在物，也具有自然性，认为人是大自然长期进化的最美花朵，人的许多自然性和社会文化性也是来源于自然界的馈赠；即使是人的某些自然性如食欲、性欲、防卫本能等也不同于一般动物，更何况人还具有特有的生物类特性——复杂的大脑神经系统和种种独特的生理—心理潜能，这些自然性能作为天赋予人的特质和遗传基因，它们(如利他基因、合群本能、同情感等)正是人发展道德的重要基础。过去，我们由于受到社会人性论的牵制，过分夸大社会对人的改造作用，而忽视人的秉赋、才性，而西方一些社会思潮又放大了诸如人的遗传基因、本能、生物社会性、自然性等先天因素的功能，这两种极端化的作法显然同儒家的人性先天特质思想是不太吻合的。

二、道德心性说

（一）道心惟微：儒家心性道德本体传统

在儒学系统中，“性”与“心”具有内在的统一性，它们相互规定、相互渗透，有时还被视为一体两面。主张心性为伦理本体的儒家学者一般并不否认道德根源于天命，不过，他们似乎更为直接地强调道德之根本在于人的心性，从而把道德置于主体的规定性之上。犹如蒙培元所言，在某种意义上，儒家所张扬的德性伦理认为德性是统一的整体，是人的心灵所具有的，它来源于自然界的目的性（“天命”或“天道”），因此，归根到底，伦理是人性决定的，而人性是由天即自然决定的。① 就实际情形而言，不仅是古典儒学，即使是宋明道学，不仅立足于“天”、“命”维度为道德作本体证明，还从人的内在主体性——自我的心、性等去对人类道德的本根性作哲学思辨。

对于道德的心性根源问题，徐复观先生同样作了深刻而独到的阐释。他指出，性之原义应指人生而即有之欲望、能力等，有如今日所说之“本能”，其所以从心者，乃是因为古人多从知觉感觉来说心，人的欲望、能力多通过感知觉而始见，当然，有时“性”字也可作本性本质解释，间或也作“生”字解释；尽管《左传》等古代文献指明了天地之性与人性的关联，在春秋时代天地已被投射为道德法则之天地，但在长期的宗教传统习性中，依然是倒转来在

① 参见蒙培元：《中国的德性伦理有没有普遍性》。转引自丁冠之等主编：《儒家道德的重建》，济南：齐鲁书社，2001年。

天地的道德法则中求道德的根源，而尚未落下来在人的自身上求道德的根源。[①]

的确如此，尽管孔子也曾讲到“为仁由己”等道德主体性，但他并未明确论述道德的心性本体问题，故在《论语》中仅有两处谈到“性”：一为“性相近也，习相远也”(《论语·阳货》)；二为子贡所说“夫子之言性与天道，不可得而闻也”(《论语·公冶长》)。孔子对“心”语焉不详，真正明确而又系统阐述道德心性本体的是思孟学派。孟子直接将人的心性视为道德的形而上基础，不仅从人性角度揭示了道德发生发展的内在机制，同时还把心和性有机结合起来，探讨了“善”的心理根据。他提出了诸如仁心、善心、四心、养心、存心等一系列新范畴、新命题，可以说是儒家心学派的开创者。他主要是从两个相互联结的方面即性善论和“四端说”来加以展开，从心理发生、发展角度揭示了道德产生、存在和发展的基础。体现子思及其弟子伦理哲学思想的《中庸》和郭店楚简阐明了“道”与“性”之关系。《中庸》曰：“天命之谓性，率性之谓道，修道之谓教。”而楚简曰：“性自命出，命自天降。道始于情，情生于性。”(《性自命出》)由此可见，《中庸》直接揭示了“道”源于“性”，而《性自命出》则通过道←情←性←命←天的逻辑思路而间接指明了“性”对于“道”的本始意义。

汉代儒家虽然立足于天人关系维度去揭示道德的根源，但也注重从人的心性上去找寻伦理的根据。例如董仲舒说：“性有善端，心有善质。”(《春秋繁露·深察名号》)这表明他肯定人的心性蕴含着伦理的资质。宋明道学自张载以后大多从“气质之性”和“天地之性”角度去论说道德形而上学问题。包括心学、气学和理学在内的宋明道学正是沿着从天命→心性→伦理的逻辑顺序来展开其道德本体论的。二程和朱熹虽然一方面认为包含人伦纲常在内的“天理”、“天道”是形而上者，是万物和气的本质和主

---

① 参见徐复观：《中国人性论史》(先秦编)，上海：上海三联书店，2001年。

体——朱熹说："有是理便有是气，但理是本"(《朱子语类》卷一《理气上·太极天地上》)，但另一方面又承认"在天为命，在人为性，论其所主为心，其实只是一个道"(《二程集·河南程氏遗书》卷十八)，这表明，人心即为"道心"。同时，二程还说："仁、义、礼、智、信五者，性也。"(《二程集·河南程氏遗书》卷二上)。同陆王心学较为接近的程颢更为强调道心惟微的人文意蕴，他认为，心是理，理是性，性是天，心亦是天，心与性合一，"心所感通者，只是理也。"(《二程集·河南程氏遗书》卷二下)；心是人之主宰，"人心莫不有知，惟蔽于人欲，则亡天理也。"(《二程集·河南程氏遗书》卷十一)；人心可以分为作为人欲的人心和作为天理的道心两种，这就是"'人心惟危'，人欲也。'道心惟微'，天理也。"(《二程集·河南程氏遗书》卷十一)由此可知，大程并未摆脱性善情恶的传统观念，但他把"理"植入人的内心，这既可以为人扬恶抑恶提供内在根据，同时又有助于消除封建纲常名教对人的强制性约束，充分发挥人的主观能动性，使人的道德行为变成人的自觉自律活动。而程颢正确认识到了人欲对人心的干扰，这就为人加强自身的修身养心提供了合理性和必要性说明。朱熹讲："这个理在天地间时，只是善，无有不善者。生物得来，方始名曰'性'。"(《朱子语类》卷五《性理二·性情心意等名义》)可见，程朱所谓的"天命之性"是纯善的，它既是先验的道德本体，又是先天的道德理性，从而说明人性乃是善的根源。同为湘学派的张栻把胡宏的心成人性、性本心用和心为身主等观点进一步发展成为心主性情。朱熹则认同张载的说法，力主心统性情。在朱熹看来，性是理，是体，情是用，性静情动。而性情都出于心，一心之中有静有动、有性有情，特别是心是体，它是性情的主宰。(《朱子语类》卷九十八《张子之书》)

同程朱道德本体论稍有不同，主张心本论的陆王心学似乎更为强调将伦理价值之源置于主体内在心性(尤其是心)根基之上。徐复观先生深刻指出，陆王重在先立乎其大者，与程朱稍有异同，然所谓"大者"，决非西方形而上学的悬空的东西；儒家之学，当然以究体为归，但儒家所谓体，多系道德之心；儒家言心，只是主张道德的主动性和感通性。[①] 勿庸置疑，以秉承孟子“良知良能”说为特质的陆王心学更加致力于将“心”视为道德的内在根源，凸现了心理的道德本体功能。陆九渊所提出的心学从思想史上融合了思孟学派的尽心知性知天的心性之学、禅宗明心见性的思想以及程颢“心是理”的命题，只是他不满足于朱熹心含理、主体与本体不离不杂的思想，而把“心即理”推向极点，将二者合为一——从“人皆有是心，心皆具是理”（《陆九渊集》卷十一《书·与李宰》）推出“心即理”，进而推衍出“宇宙便是吾心”。陆九渊所谓“人皆有是心，心皆具是理，心即理也”（同上）、“满心而发，充塞宇宙，无非此理”（同上）都说明“心”是“理”的本原和实体。而他所言说的“理”无非就是孟子所说的“四心”。尽管王守仁也承继了朱熹所讲的“心是体”、“性是体”、“心之本体是性”、“性安然不动”等命题，但他如同陆氏一样更加凸现“心”之本体意义，而把它看作蕴含仁义智信、忠孝等内容的良知。王阳明创立以“心外无理”、“心理合一”为基础的“致良知”学说，把陆九渊倡导的心学推向完备形态。他说“良知者，心之本体”（《王阳明全集》卷二《传习录中·答陆原静书》），同时又说：“心者身之主也，而心之虚灵明觉，即所谓本然之良知也。”（《王阳明全集》卷二《传习录中·答顾东桥书》）这表明，良知属于植根于人心的主体或主要内容，更进一步，良知是判断善恶是非的准则。相较而言，陆王心学一则突出心的作用，二则前儒就“性”的问题已作了详尽探讨，故而陆王言性并不多。不过，这并不等于他们完全避谈人性问题，而是继续标举孟子性善论旗帜，这从陆九渊提出的“人性本善，其不善者迁于物也。……知善者乃吾性之固有，循吾固有而进德，则沛然无他适矣”、“盖孟子道性善，故言人无有不善”（《陆九渊集》卷三十四《语录上》）、“诚以吾一性之外无条理”，王守仁所讲的“心外无理”、心

① 转引自曾振宇主编：《儒家伦理思想研究》，北京：中华书局，2004年，第97-98页。

之本体原自不动、“心之本体即是性，性即是理”（《王阳明全集》卷一《传习录上》）、“道也者，性也，不可须臾离也”（《王阳明全集》卷七《文录四·修道说》）、“仁义礼智，也是表德，性一而已”（《王阳明全集》卷一《传习录上》）等等，无疑可以肯定陆王是将人的心性规定为道德的本体。

（二）心有征知：荀子心性道德本体论

在儒家心性道德本体学说历史上，荀子的心性道德本体论可谓独具特色，这主要表现在以下几方面。

一是更为重视社会儒学。毫无疑问，荀子在某种程度上发展了儒家的心性儒学，他不仅阐发了较为系统的性恶论，还就人心问题作了多角度的诠释。不过，不论是就思想的重心和理论旨趣而言，还是就对儒学的贡献和影响而言，荀学的主体形态应当是政治儒学、制度儒学等社会儒学。笔者虽同陈卫平一样不赞成余亚斐把孟学归结为心性儒学、荀学归结为经世儒学[①]，但是认同余亚斐关于荀学侧重于将儒家道德原则客观化普遍化、心性儒学与经世儒学的区分是相对的的观点。由于荀子力主性恶，故而他未像思孟、程朱、陆王的道德本体论直接将道德置于人的心性本体之上，而是着眼于从外在社会教化维度阐述道德的根源、成因等问题。

二是更为注重心性之分。不论是思孟的心性道德本体论，还是程朱陆王的心性道德本体论，尽管看到了心与性的差异性——例如朱熹力主心统性情，但是他们都肯定了心与性具有共同的道德特质，更为凸显了心性的同一性（心性合一），陆王心学的“心即理”命题更加致力于将“心”视为道德的内在动源。荀子不但视“性”趋向恶，而且他所言说的“心”具有伦理主义和非伦理主义的双重特征。关于荀子之“心”的认知主义特征已为大家共知、公

---

① 参见余亚斐：《荀学与西汉儒学之趋向》，芜湖：安徽师范大学出版社，2012年。

认，兹不赘述，这里仅就荀子之“心”为道德的生成和发展提供了可能性前提作一论述。可以说，荀子对此进行了一系列深刻规定。首先他认为心虑是善伪的凭依：“积思虑，习伪故。”（《荀子·性恶》）、“性之好、恶、喜、怒、哀、乐谓之情。情然而心为之择谓之虑。心虑而能为之动谓之伪。虑积焉、能习焉而后成谓之伪。”（《荀子·正名》）；其次他阐明了“心”是知道、体道的主观条件：“人何以知道？曰，心。心何以知？曰，虚壹而静。”（《荀子·解蔽》）、“期命也者，辨说之用也；辨说也者，心之象道也；心也者，道之工宰也；道也者，治之经理也。心合于道，说合于心，辞合于说，正名而期，质请而喻。”（《荀子·正名》）；再次，他揭明了养心之道为无为无强：“圣人纵其欲，兼其情，而制焉者理矣。夫何强！何忍！何危！……故仁者之行道也，无为也；圣人之行道也，无强也。仁者之思也恭，圣人之思也乐。此治心之道也。”（《荀子·解蔽》）

三是凸显了心的道德认知功能。在荀子看来，人生来具有“天官”和“天君”，具有“天官薄类”和“心有征知”的特质。如同孔子主张“生而知之”一样，荀子也从先验主义出发承认人天生具有理性认识能力：“心生而有知”（《荀子·解蔽》）及“人生而有知”（《荀子·解蔽》）。荀子认为，“心”的作用多种多样，主要可以归结为两点：一方面是对“天官”所得来的感性认识进行加工：“心有征知。征知则缘耳而知声可也，缘目而知形可也，然而征知必将待天官之当簿其类然后可也。五官簿之而不知，心征之而无说，则人莫不然谓之不知。”（《荀子·正名》）荀子批判性地继承了管子“心之在体，君之位也。九窍有职，官之分也”（《管子·心术上》）、“耳目者，视听之官也，心而无与于视听之事，则官得守其分矣”（《管子·心术上》）等思想，提出了“心者，形之君也而神明之主也，出令而无所受令。自禁也，自使也，自夺也，自取也，自行也，自止也。故口可劫而使墨云，形可劫而使诎申，心不可劫而使易意。是之则受，非之则辞。故曰：心容。其择也无禁，必自见。其物也杂博，其情之至也，不贰”（《荀子·解蔽》），从而更为突出“天君”的作用。后来，朱熹进一步把“心”的作用加以夸大，认为人“所主为心”、“心统性情”;王守仁也强调“心是体”、“良知者,心之本体”、“心者身之主也”。另一方面则是荀子强调人“心”可以“知道”,应当“知道”,强调“心”的道德认知功能。荀子认为要把这种“知道”的可能性和必要性转化为现实性就必须做到“虚壹而静”——“心未尝不臧也,然而有所谓虚;心未尝不满也,然而有所谓一;心未尝不动也,然而有所谓静。人生而有知,知而有志。志也者,臧也;然而有所谓虚,不以所已臧害所将受谓之虚。心生而有知,知而有异。异也者,同时兼知之;同时兼知之,两也;然而有所谓一,不以夫一害此一,谓之壹。心卧则梦,偷则自行,使之则谋。故心未尝不动也,然而有所谓静,不以梦剧乱知,谓之静。”(《荀子·解蔽》),从而达到“大清明”的境界。

(三)正反相陈:荀子心性道德本体论效应

一方面,荀子心性本体论为主体道德发展提供较为坚实的人性基础。它致力于从人内在心理中探寻伦理的根源和人学根据,从根本上说,它为人的道德自我成长、完善与实现提供主体条件,为伦理价值建构奠定了某种主体的理性基础,凸现了主体道德实践的自主性、能动性和创造性,它能够引导人们注重主体内在心理能量的挖掘,培植人的道德合理性的性情结构,培养自我立意去选择的能力。虽然人的心理理性特质仅是人良好道德品质形成与发展的潜在根据,只是一种向善的可能性,并不等于现实的道德品质,但它们终究是人赖以行善抑恶的重要主观条件。

另一方面,荀子把心视为伦理本体,且过分夸大它在人道德实践中的作用,也会导致走向道德唯心主义和理想主义,导致人心的盲目膨胀和狂妄自大性格,使人的道德自觉走向道德狂想乃至道德任性,造成人的空幻、迂阔、主观等不良品性。尤其是荀子轻视乃至根本否定欲性、色性等自然性能对于人的道德发展所产生的正面影响,不仅在理论上同其“养欲”“止欲”说构成一定的矛盾,在实践上也会导致人重理性轻感性,或说是以理性束缚人的感性生命;导致人道德行为的动力不足——因为人的食、色、性等自然性需要有时也是作出牺牲、宽容、同情、孝亲等道德行为的重要动因。

三、道德人为说

儒家道德本体论还表现为人为说。当我们说儒家将心性视为伦理本体时，实际上是将“本体”视为根源或依据、根基；而当我们把“人为”确认为某些儒家视野中的伦理本体时，实际上是在“来源”的意义上使用“本体”范畴。然而，不论是伦理根源还是伦理来源，都属于道德赖以生成和发展的条件。荀子的人为道德本体说最有特色也最为鲜明，主要表现在以下三方面。

（一）化性起伪：“人为”方法的多样性

在儒学中，有时，“人为”是指个人的节制，也就是人的自觉自律，包括孔子所说的“克己复礼为仁”（《论语・颜渊》）中的“克己”。要把握荀子道德人为本体论内涵的丰富性，必须从道德与非道德的维度加以认识。一般说来，人的道德行为有广义和狭义之分。狭义的道德行为是指符合社会人伦标准、具有善价值的合理化行为（善行），它是同不道德行为（恶行）相对而言的。广义的道德行为则是既包括狭义道德行为又包括不道德行为的具有伦理属性的行为，也就是说它是善行和恶行的总称，而同非道德行为相对而言。显而易见，如果着眼于狭义的道德行为，那么大概只有主张性善论的孟子会认为道德来源于天赋，而非人为；反之，那些不论倡导性恶论、性无善恶论还是主张性善恶混论的儒家，都认同道德（善）来自于人为。但如果立足于广义维度去分析儒家道德本体论，那么所有儒家人物都会承认道德的一个重要根源乃是社会主体的能动作用，即使是力主性善论的孟子也认为恶行是因为“人不能尽其才”，是由于人自暴自弃、过度“砍伐”人的善性而不能很好存心养性。

荀子的道德“人为”方法丰富多样，主要有：

一是本体论意义上的“人为”。荀子首先对“伪”做了明确界定，认为“伪”是可学可事：

> 凡性者，天之就也，不可学，不可事……不可学，不可事而在人者，谓之性；可学而能，可事而成之在人者，谓之伪，是性伪之分也。（《荀子·性恶》）

“性”是天赋予的，人无法学习和改变；而“伪”则是后天学成的，是主体修为的结晶。其次，他从善恶角度对“性伪”做了界定：“人之性恶，其善者伪也。”（《荀子·性恶》）荀子反对孟子的性善论，断言他混淆了性伪，认为道德之“善”是人后天创造的。再次，荀子认为“性”虽然不能轻易改变却可以转化，主张“性伪合”：“性也者，吾所不能为也，然而可化也。积也者，非吾所有也，然而可为也。”（《荀子·性恶》）这意思是说，人性不是人为形成的，但可以转化；良好的习惯不是人天生固有的，但可以通过后天文化积淀而生成。

二是教化论意义上的“人为”。与孟子强调人内在的道德自我养成有所不同，荀子更为强调外在人文教化对人道德发展的生成论意义，他指出圣王的“人为”使人避恶向善、尊重礼义：“性善则去圣王，息礼义矣；性恶则与圣王，贵礼义矣。”（《荀子·性恶》）；荀子更是直接强调圣王为道德立法，认为礼义法度由圣王所创造：“古者圣王以人之性恶……是以为之起礼义，制法度，以矫饰人之情性而正之，以扰化人之情性而导之也，使皆出于治，合于道者也。”（《荀子·性恶》）荀子说：“今人之性恶，故必将有师法之化、礼义之道，然后出于辞让，合于文理，而归于治。”（《荀子·性恶》）这是说必须借助于礼义教化才能使人的行为符合文理辞让，从而使人的本性得到矫治。

三是工夫论意义上的“人为”。荀子十分重视人的道德工夫修为，不仅提出了治气养生、节欲养欲，还从君子和小人对比的角度阐发了人格修养的要求和方法。他指出：“故人知谨注错，慎习俗，大积靡则为君子矣；纵性情而不足问学，则为小人矣。”（《荀子·儒效》）、“今人之化师法、积文学、道礼义者为君子；纵性情、安恣睢而违礼义者为小人。”（《荀子·性恶》）如果言行谨慎、慎待习俗并进行长久的文学、礼义磨练，就会成为君子；反之，如果一味放纵自己的性情又不注重学习礼义、违背礼义，就会成为小人。孟荀均承继了孔子学思并重的成人之道，共同倡导学经、学道以致学做人，不过，基于性善论和性恶论的不同考量，孟子更为强调内在的思以致圣，荀子更为强调外在的学以致圣[①]，故此他专门撰写了《劝学》篇，并认为“吾尝终日思矣，不如须臾之所学也”（《荀子·劝学》）。

荀子的道德“人为”本体论有助于激发人的道德主体性，提高人的道德实践能力。即使是主张性善论和性善恶混论，其对仁性、善性和仁心、善心、良心、道心的肯定，对上品之性和天命之性的设定，不过是为人的道德价值实现构设了一种先天心性本体，最终还是要落脚到人的主观修为上来。不论人的心性是本善还是纯善，只是为人成善成德提供了某种可能性，尚不构成现实的品德。要知道，孟子等儒者所凸显的包含仁义礼智信等道德要素的心性，由于受浊气的干扰、物欲的侵蚀和人欲的遮蔽，也会逐渐丧失。本质上人人都有四心，而且又是相同的，如果开发之，利用之，人就会具有德性；反之，人就可能作恶，这就是“苟得其养，无物不长；苟失其养，无物不消”（《孟子·告子上》）。那么，人何以会作恶呢？究其原因，有客观的，亦有主观的：“富岁，子弟多赖；凶岁，子弟多暴，非天之降才尔殊也，其所以陷溺其心者然也”。（《孟子·告子上》）正是由于扬善抑恶的艰难性，正是在“事在人为”的弘道精神激励下，正是基于对向善成善理想目标的追求，二千多年来中华大地上众多志士仁人致力于克己复礼、强恕而行、格物致知、守静主一、正心诚意等道德实践工夫，从而使中华民族

① 参见王博：《中国儒学史》（先秦卷），汤一介、李中华主编，北京：北京大学出版社，2011年。

成为两千多年而不坠的礼仪之邦。历代儒家对道德化心性主体为主旨的道德形而上学的建构，对于生活相对安适、痛苦较少的人道德自我的发展，事实证明是较为有效的。至于荀子基于人性恶思想而阐发出来的人为道德本体论，更为深刻地把捉到了人的心性中所暴露出来的贪婪、仇恨、怨尤、狂傲、说谎等丑恶一面，窥见到邪恶、凶杀、奸淫、偷窃、毁谤、背伪等社会乱象，这对于人的道德发展具有极强的警醒作用。

（二）道心节欲："人为"内涵的丰富性

对道德"人为"的内涵，荀子作了多方面阐发，他在《荀子·修身》中立足于"志意修则骄富贵，道义重则轻王公，内省而外物轻矣。"，专门论述了个人的修为问题，提出了见善修存、隆师亲友、治气养生、不为物驭、以礼正身等诸种人格修养要求。礼义教化构成了贯通荀学始终的核心内容之一为同仁所熟知，这里存而不论，在此只就以下两点加以阐发。

一是"知道"。同先秦诸子一样，荀子也重"道"，在《荀子·解蔽》和《荀子·性恶》等文献中他就"道"作了大量阐释，提出了知道解蔽、心壹于道等思想。荀子之所以要求人学会"知道"，是因为在他看来：

> 心不知道，则不可道而可非道。人孰欲得恣而守其所不可，以禁其所可？以其不可道之心取人，则必合于不道人，而不知合于道人。以其不可道之心与不可道之人论道人，乱之本也。夫何以知？曰：心知道，然后可道。可道，然后能守道以禁非道。以其可道之心取人，则合于道人，而不合于不道之人矣。以其可道之心与道人论非道，治之要也。（《荀子·解蔽》）

由此可见，"知道"是治人、治心、治政的关键，是获得人生智慧的途径。荀子不仅要求人"知道"，还要求人体道、行道，做到无为行道、无强行道，这就是"知道察，知道行，体道者也。"（《荀子·

解蔽》)、“君子务修其内而让之于外，务积德于身而处之以遵道”(《荀子·解蔽》)，作为一个君子，内必须注重自身品德的修养和积淀，外必须依道而行和谦让待人。

二是“养欲”。在荀子看来，由于人欲具有两个特点——“欲不可去，性之具也。虽为天子，欲不可尽。”(《荀子·正名》)，且包含“欲”的“性”趋向恶(有时他也在外在理治意义上讲善恶)，倘若任其自然发展(用荀子话就是“顺是”)，不仅会带来辞让、忠信、礼义、文理丧失，还会造成相互争夺，因此，他不赞成去欲、寡欲，认为这无法导欲、节欲而治理好国家，而是一方面主张“养欲”，要求对欲必须加以引导而不能压抑，做到以理导欲:“凡语治而待去欲者，无以道欲而困于有欲者也。凡语治而待寡欲者，无以节欲而困于多欲者也。”(《荀子·正名》)，提出“养人之欲，给人以求”以及“虑者欲节”，力主用礼义对人欲进行疏导。严格意义上说，孟子的寡欲与荀子的以理养欲、节欲并不像荀子所认定的那样有何本质差异，因为孟子的去欲、寡欲不过是要用心去限制、克制不符合道义的欲望，并非要根除人的欲望。另一方面主张“止欲”，认为对于不可去也不可尽的欲，只要“正理”即无关乎治乱，因而应用心去调节，以做到无过与不及:“故欲过之而动不及，心止之也。心之所可中理，则欲虽多，奚伤于治！欲不及而动过之，心使之也。心之所可失理，则欲虽寡，奚止于乱！故治乱在于心之所可，亡于情之所欲。”(《荀子·正名》)

荀子的“知道”、“养欲”、“止欲”等人为道德本体思想从某种意义上准确地把握到了道德的本质特征，这即是道德往往需要主体克制自己的私心杂念，遏制自己的物欲、情欲，用理性去战胜感性，以义制利，从而做到克己为人、成人成己和仁民爱物。可以说，道德之为道德，义务之为义务，就在于它要求主体不屈从于自然欲求和愿望，就在于道德主体自觉地牺牲幸福、利益乃至生命。犹如德国哲学家费希特所言:道德的根本是克制心、克己心，使自身的本能服从全体。实际上，不管是从性善论出发而强调人的践形成性，抑或是从性恶论出发而主张人要节制、窒欲，归结到一点就是要求人修身，如此才能做到进德修业。

（三）起礼制法："人为"主体的层面性

在儒家文化中，一直存在着一种圣贤崇拜的传统。所以，"人为"有时又指圣贤的道德创造。郭店楚墓儒简《性自命出》云："礼、乐，有为举之也。圣人比其类而论会之，观其之而逆训之，体其义而节度之，理其情而出入之，然后复以教……礼作于情，或兴之也，当事因方而制之。"这大意是说，礼乐的产生，是因人有所为而采取的举措，圣人依据各种人伦关系、人际关系的亲疏、类别、先后等次序，来度量裁节之，并疏理人们的情感，根据事理之宜和人之不同身份而制作礼乐。程朱理学诚然视"天"为伦理价值之源，但是没有否定圣贤在道德建构中的作用，正因如此，程伊川才说："天有是理，圣人循而行之，所谓道也。"（《二程集·河南程氏遗书》卷二十一下）

荀子对道德"人为"主体同样作了广泛而深入的阐述。《荀子·修身》讲："好法而行，士也；笃志而体，君子也；齐明而不竭，圣人也。"依此推知，在他那里，道德"人为"主体除圣王外，大体还包括士、君子和圣人几种类型。

一是圣王。《荀子》文献中，"圣王"是指德位一体的人。荀子隆礼义，而他从"礼莫大于圣王"出发多方面论述了"圣王"是礼义道德的创造者——"礼义法度者，是圣人之所生"（《荀子·性恶》）。首先，为了改造人的情性圣王制定了礼义法度，这就是"古者圣王以人之性恶，以为偏险而不正，悖乱而不治，是以为之起礼义、制法度，以矫饰人之情性而正之，以扰化人之情性而导之。"（《荀子·性恶》）可见，荀子的"化性起伪"说认为道德得之于圣王的创造；其次，为维持等差秩序防止争乱先王制定礼义加以分别："夫两贵之不能相事，两贱之不能相使，是天数也。势位齐而欲恶同，物不能澹则必争；争则必乱，乱则穷矣。先王恶其乱也，故制礼义以分之，使有贫富贵贱之等足以相兼临者，是养天下之本也。"（《荀子·王制》）；为了解决物与欲的矛盾先王制定了礼义：

"礼起于何也？曰：人生而有欲，欲而不得，则不能无求。求而无度量分界，则不能不争；争则乱，乱则穷。先王恶其乱也，故制礼义以分之，以养人之欲，给人之求。使欲必不穷于物，物必不屈于欲。两者相持而长，是礼之所起也。"(《荀子·礼论》)

二是圣人。圣与王既同一又不同，圣可以为王，也可以非王。荀子对圣人作了独特的界定，他说："情安礼，知若师，则是圣人也。"(《荀子·修身》)。圣人能够做到情感安于礼义、智慧可为人师。荀子还讲："圣人何以不可欺？曰：圣人者，以己度者也。故以人度人，以情度情，以类度类，以说度功，以道观尽"(《荀子·非相》)。圣人之所以不被欺骗，是因为他能是根据自己的切身体验加以推断，因而，他能够根据现代人的情况去推断古代的人，根据现代的人情去推断古代的人情，根据现代的某一类事物去推断古代同类的事物，根据流传至今的学说去推断古人的功业，根据事物的普遍规律去观察古代的一切。

三是士。荀子不仅把"士"分为"仕士"和"处士"，还提出了"士君子"概念。他在《荀子·修身》中认为"士君子不为贫穷怠乎道"，并在《荀子·非十二子》中推崇古代的"仕士"和"处士"："古之所谓仕士者，厚敦者也，合群者也，乐可贵者也，乐分施者也，远罪过者也，务事理者也，羞独富者也。今之所谓仕士者，污漫者也，贼乱者也，恣睢者也，贪利者也，触抵者也，无礼义而唯权势之嗜者也。古之所谓处士者，德盛者也，能静者也，修正者也，知命者也，著是者也。今之所谓处士者，无能而云能者也，无知而云知者也，利心无足而佯无欲者也，行伪险秽，而强高言谨悫者也，以不俗为俗，离纵而跂訾者也。"(《荀子·非十二子》)这里，荀子所推崇古代的"仕士"既具有朴实厚道、乐意施舍、远离罪过、以独富为耻的道统品格，又具有乐于合群、追求富贵、务求事理的政统精神；所推崇的古代不出仕的隐士，则品德高尚、恬淡安分、善良正派、知天乐命和彰明正道。

四是君子。《荀子·劝学》并不是像有的人所理解的那样一般地讲学习和教育问题，实质上它通篇所讲的是如何学做一个君子，阐述的实为君子之学。在该篇中，围绕君子怎样积善成德、涵育自己良好的人格，荀子提出了一系列应当性要求，例如“君子博学而日参省”、“君子生非异也，善假于物也。”、“君子居必择乡，游必就士”、“君子慎其所立”、“君子结于一”、“君子之学也以美其身”、“君子不傲、不隐、不瞽，谨顺其身”、“君子贵其全”，等等。《荀子·修身》对君子品格作了概括，认为君子能够“以公义胜私欲”，具体说就是“君子之求利也略，其远害也早，其避辱也惧，其行道理也勇。君子贫穷而志广，富贵而体恭，安燕而血气不惰，劳倦而容貌不枯，怒不过夺，喜不过予。”《荀子·非相》也对君子如何“人为”作了解说：君子好辩，“故君子之于言也，志好之，行安之，乐言之。故君子必辩”；君子宽容，“故君子贤而能容罢，知而能容愚，博而能容浅，粹而能容杂，夫是之谓兼术”。

荀子的人为道德主体论有助于为人挺立德性主体提供权威支持。在他看来，纲常名教是圣人因人之情、顺物之性而制作出来的，旨在维持社会人伦之序，借以安邦定国。可见，圣人的人为乃是社会道德的重要源头，这既不同于神启论，也区别于自发论。众所周知，儒家文化向来具有崇古价值取向以及圣贤崇拜传统，这两点导致儒家认为往圣先贤不仅表现出尚贤、刚毅、发明器物等优秀特质，同时还能够制礼作乐、树立五教等。这在一定意义上揭示了人类道德产生和发展的客观过程。因为，道德最初即是社会风俗习惯的组成部分，它因文化、民族、地域和时代不同而具有或大或小的适用范围。一种成熟形态的道德在发展过程中会在一定社会区域和文化场景中褪去特殊意志成分而把其中带有普遍性的重要因素用风俗、仪式、规范等形式固定下来。在传统中国社会，作为调节人与人、人与社会之间关系的行为规范，各种伦理道德一般是由被后人誉为圣贤之人及其他士大夫（圣王）制订出来的，并由帝王加以认可和确认，进而在全社会推行。汉代“独尊儒术”之后，儒家伦理制度作为官方钦定的统治意识形态的核心内容，为中国人的社会行为提供了普遍的行为准则，为人们道德素质的培养提供了权威的精神资源。把道德的根源归结为圣人的制作，能够利用普通大众圣贤崇拜的心理，强化道德的权威性，有助于增强人们的道德认同感。传统中国封建社会，即使是被赋予神圣色彩的儒家纲常伦理，要转化成人们自觉遵循的理想信念，内化到大众的文化心理结构之中，形成百姓借以安身立命的精神家园，并不是一件容易的事，它不仅受到战乱、灾害等的冲击，也受到佛教文化、道教文化等的影响，正因如此，唐代的韩愈才提出要重建"道统"。宋明道学之所以应时而生，正是在于它旨在应对佛道对儒家伦理的重大挑战，解决儒教统绪断裂的问题，以接续由尧、舜、禹、文、武、周公、孔、孟等圣贤所开创的道统，进而改变纲常不振、世风日下、人心不古的纷乱状况。欧阳修深刻指出："甚矣，五代之际，君君臣臣父父子子之道乖，而宗庙、朝廷、人鬼皆失其序，斯可谓乱世者欤！自古未之有也。"[①]面对这种道德失序、行为失措的乱象，宋明儒家起而为人们的精神世界重建提供赖以遵奉的伦理规范。

① 欧阳修：《唐废帝家人传》，《新五代史》卷十六，北京：中华书局，1992年，第173页。

人性论与荀子的性恶论

□左克厚[①]

一、关于人性论

关于人性问题的探讨，必须充分考虑到人性的丰富性和复杂性，任何人性问题的简单化处理，都会产生极大的危害。人性的简单化必然导致对人的态度的简单化，一切对人的粗暴都根源于对人性的简单化认知。以单一的人性理论规范丰富复杂的人生，必然使生命枯萎，生活变得乏味而无趣。强调一种多样性的人性理论，还原人性原本的真实，以便给现实人生最大的宽容和理解。

人性的丰富性和复杂性不是人为制造的一个观念，它源自人性的对象——人的丰富性和复杂性。且不说人的身体与动物的身体有多大区别，单是人心，就使人性问题的探讨分歧迭出，而身心关系还是一个尚待探讨的未知领域。所以人性问题，说有多复杂就有多复杂。

---

① 作者简介：左克厚，1963年生，安徽枞阳人，现任青海师范大学人文学院教授，主要研究方向为美学、中国古代思想文化。

孔子的学生抱怨孔子不言性与天道，看来，学生是误解了孔子，不是孔子不愿说，是因为性与天道不能说。任何对性与天道的言说，都是对性与天道的遮蔽，孔子宁愿让性与天道在无言中敞开，也不愿性与天道在言说中遮蔽。他最多只说“性相近，习相远”，这个说法看似笨拙实则智慧。它规定了人性的框架，却不给具体的内容，孔子在言说中让人感到他的沉默，在沉默中让人听到他的言说。这是孔子式的说，他说出了人性，却不固化人性，而是引导别人跟着说，为后人的说预留无限解释空间，保持了人性的丰富性和复杂性，它成为后来一切人性论思想的源头活水。

人性的丰富性和复杂性首先表现在，不同的人具有人性的差异性。孔子只说“性相近”，“性相近”的说法很是玄妙，关键在这个“近”字上，这是个度的概念。如何才是“近”，不易把握。这个“近”只是数量上多与少的关系，而非质量上有与无的关系。别人身上有的我也有，别人身上无的我也无，这是人性的同；尽管都是有，在有的要素中，或多或少，这是人性的异，也是孔子所言的“近”。这“或多或少”在常态下，掩盖在人性同中，但在特定的情境，这“或多或少”，这“性相近”，让人作出完全相反的选择，让人产生差之毫厘、谬之千里之感。人们不禁感慨，人性差异太大，有人做了忠臣，有人沦为逆贼。

不仅不同人的人性有复杂性，每个人的人性也呈现复杂多样性。假若人性只有善，恶从何来；假若人性只有恶，善又从何来。性善论认为，性本善，性恶乃环境所致。性恶论认为，性本恶，性善乃环境所致。问题是，性本善是指所有人的性都善，不是一个人的性善，那么恶的环境何尝会有；性本恶，是指所有人的性都恶，不是一个人的性恶，那么善的环境何由产生？无论是性善还是性恶，只要引入环境，就等于承认现实人性的善恶是并行不悖的。他们所争的那个“本”，只是个理论的假设，无法得到证明。也许人性善恶在根源处就交织在一起，彼此无法分开，也许这才是最大的人性。其实，儒家爱有差等的伦理观，也不支持性善或性恶。爱有差等即是把爱划分为不同的等级，有纯粹的爱，有不纯粹的爱。不纯粹的爱中,又有程度上的差异,不纯粹的爱中就夹杂着恶。儒家企图以爱有差等的观念掩饰恶,但这个观念本身又昭示着恶。当然,可以假定相反的命题,恶有差等,根据以上的分析,同样,这个观念掩饰着善,又昭示着善。所以,善恶同体也许更为真实。善恶共存更深的含义还在于,善是恶,恶也是善。对此的善就是对彼的恶,对此的恶就是对彼的善。齐宣王不忍牛"若无罪而就死地","以羊易之",齐宣王自得于他对牛的善,在孟子的启发下,他如梦方醒,意识到对牛的善就是对羊的恶,对羊的善就是对牛的恶。这意味着对一个特定对象的善就可能是对另一个特定对象的恶,对一个特定对象的恶,也可能是对另一个特定对象的善。善恶呈现一种异常复杂的关系。

人性复杂性还体现在人性的变化中。儒家对人性变化的态度颇为矛盾。一方面,出于理想的需要,儒家塑造了一批圣人的形象,这些圣人似乎性本善,且善性不随环境而变化。他们永远独立于恶的环境,超越恶的环境,影响并改变恶的环境,环境的恶反衬着圣人的善。比如大舜的善,让人有些不可思议,他的弟弟象"日以杀舜为事",且象的恶行得到父亲瞽瞍的支持。这应当是发生在家庭内部的血腥故事,但舜只是一味地容忍,并无任何怨言,最多只是"往于田,号泣于旻天"。就是这一无奈的"号泣",孟子也把它解释成"怨慕也"。孟子大概想通过象与瞽瞍的大恶衬托舜的大善,人们不禁要问,究竟是瞽瞍和象的大恶造就了舜的大善,还是舜的大善造就了瞽瞍和象的大恶;亦或舜是天生的大善,瞽瞍和象是天生的大恶,不然何以舜的大善改变不了瞽瞍和象的大恶,瞽瞍和象的大恶也丝毫没有影响舜的大善?这种大善与大恶组合在一个家庭内部,彼此竟相安无事,着实让人费解。《孟子》中"葛伯仇饷"的故事与舜与瞽瞍和象的故事有异曲同工之妙。汤步步退让,葛伯步步进逼,得寸进尺,最终因杀童子而遭灭顶。汤的大善与葛的大恶都是现实中罕见的,他们更可能只是一种传说,但孟子却宁愿相信他们是真实发生的,可见孟子相信有人天生性善,有人天生性恶。天生性善者不能变恶,天生性恶者不能变善。

但另一方面，出于现实的考虑，对现实中的普通人而言，儒家又坚信人性是可以改变的，“操则存”，“舍则亡”，性恶可以变性善，性善也可以变性恶，善恶并非固定不变，始终处于动态变化中。有鉴于此，修养才成为儒家的突出问题。儒家汲汲于修性，一方面说明对性善的坚定信念，另一方面也说明性恶的强大。

人性的复杂性，最终体现在人性理论的多样性上。至少在孟子性善论以前，已经有三种代表性的人性论：性无善无不善；性可以为善，可以为不善；有性善，有性不善。孟子以后，荀子又提出性恶论，看起来人性思想已经足够丰富。但是，即便关于性善性恶的讨论形成了百家争鸣的局面，将人性讨论局限于善恶仍然是一个巨大的遗憾。若按西方心的功能的三分法，心除自由意志外，还有认知能力和情感能力。以这个标准看，战国时期人性论讨论尽管很热闹，但范围毕竟有些狭小。人的认识能力和情感能力始终没有进入讨论的视野，或许他们一开始就认定这两项能力与人性论无关，因为无关，也就无足轻重。讨论范围如此设定，在某种意义上，规定了儒家文化乃至中国文化的走向，中国文化的关注点始终是善恶问题，而非知识问题、情感问题。在人性论讨论中，各种人性论观点彼此冲突，冲突的各方都具有局部真理性，但都不是人性的全部。因此，各种人性论思想只是表面冲突，在更深层次上，他们是一种共生共存的互补关系。当然，不管人性论思想多么丰富，即便它们互补相加也无法穷尽真正的人性。各种理论之间还存有诸多的缝隙，这些缝隙还有待于形成新的理论，但新理论的产生也无法真正消除缝隙，缝隙永存。人性在成型的理论中，更在理论之外的缝隙里。所以，人性在人的全部现实性和可能性中，是人的现实性与可能性的总和。

二、荀子性恶论的提出及内容

荀子的性恶论是直接针对孟子的性善论提出来的，是对性善论的批评,因而,性恶论与性善论的关系是首先要提及的。性善与性恶无论就字面意义还是实质内容上看都是对立的,但一些学者的研究结果,让人颇感意外。他们认为性善性恶并未构成真正的对立,他们是在不同的层面各说各的话,是双方各自的自言自语,因为他们对性的理解完全不同。孟子是从人之异于禽兽之“几希”处说人性的,人性是对自然性的超越,孟子倡导道德人性论。荀子是自然人性论,将人的自然性当作性,将超越自然性的善称作伪,两者并未在同一层面上产生对话。表面看来,这种看法有些道理,但细加分析,却似是而非。孟子一方面说“何必曰利”,另一面又要“制民之产”,认为民“无恒产因无恒心”。两种不同的说法,看似矛盾,实则相容。对统治者,他坚持“何必曰利”,因为统治者已经有足够的利;对老百姓,则要“制民之产”,因为老百姓的利远远不足。孟子理想国里的老人是要衣帛食肉的,可见孟子并不反对人的自然欲望,他反对的是过度欲望。孟子的问题是,如何抑制过度欲望,人性中能否找到抑制过度欲望的根据。孟子对人性充满了信心,他果真在人性中发现仁义礼智四端。当然,仅有四端还不行,还必须将四端扩而充之,但无论如何,人性向善有了可能性。他的性善论并没有断定人性已经向善或人性必然向善,孟子试图以人性内部天生的善来抑制人的过度欲望,并且深信善最终能战胜恶,孟子的人性善有点类似康德的自由意志,康德的自由意志只是善的意志,人的自由只表现为对自然性的超越。

荀子认为:“凡性者,天之就也,不可学,不可事。”又说“今人之性,目可以见,耳可以听。”可见,他把人的自然性当作性,这当然没有问题,但把自然性当作恶却有问题了,难道人要吃饭穿衣,竟是恶?一个儒学大师不会提出这种有悖人情常理的命题。那么,他的性恶论真正含义是什么呢。荀子在《性恶》论开篇说:“今人之性,生而有好利焉,顺是,故争夺生而辞让亡焉;生而有疾恶焉,顺是,故残贼生而忠信亡焉;生而有耳目之欲,有好声色焉,顺是,故淫乱生而礼义文理亡焉。然则从人之性,顺人之情,必出于争夺，合于犯分乱理而归于暴。”这里，“生而有好利”，“生而有疾恶”，“生而有耳目之欲，有好声色”，都是人正常合理的性情，是不能否定，也否定不了的，它们构不成恶，恶在于“顺是”，顺着这些欲望不加节制才是恶。欲与“顺是”之欲都是欲，如何区分是个难题，需要仔细分析。我们更要关注欲与“顺是”之欲是如何产生的。给人的感觉是，欲属于正常的生理需要，“顺是”之欲是人的正常生理之欲的自然延伸，但这是个错觉。正常生理之欲是有限的，“顺是”之欲是无限的。“顺是”之欲看似与正常生理之欲相关，实则另有原因。它源自欲望的意识而非欲望本身。人吃饱是肚子的需要，人吃撑不是肚子的需要，是欲的意识强加给肚子的，是有害于肚子的，人们责怪肚子的欲，但肚子只是代人受过的替罪羊，元凶则是那个欲的意识。荀子在界定性时，把自然的欲望当作性，在具体论述性恶时又把“顺是”之欲当作性。显然他对欲的分辨不够细致，把两种不同的欲混为一谈，让人望文生义，生出诸多歧解。以上分析表明荀子的性恶论的性当是指“顺是”之性，“顺是”之性就是“顺是”之欲，就是欲的意识。欲不是恶，欲的意识才是恶，欲的意识把有限的欲扩展为无限之欲。荀子对人性持悲观态度，他认为，欲的意识根植于人性内部，单靠一种善良意志是无法克服欲的意识的，他甚至怀疑善良意志的存在。这就有必要引入一种外力来规范欲的意识，使欲的意识在一个合理的范围内活动。“今人之性恶，必将待师法然后正，得礼义然后治”，由此，荀子的性恶论与孟子的性善论就构成理论的正面交锋。他们都承认人的欲，都反对“顺是”之欲，差别在于，孟子认为人性内部的善良意志能够自我完善，能够战胜邪恶，这是一种道德理想主义。荀子则认为，那个善良意志是否存在还是问题，即便存在，也是苍白弱小的，根本不足以对抗强大的“顺是”之欲，需要借助外力达到性善，“其善者伪也”。可见，荀子并不否认善，他否认性善。所以，荀孟的分歧仅在于善的根源上，孟子主张善来自人性内部，是性善。荀子认为善来自人性外部，是伪善。

荀子是在批评性善论的基础上建立性恶论的。尽管《性恶》

篇中有几处“用此观之，然则人之恶明矣，其善者伪也”，但细看去，论证的方式只有两个。一个是从善恶的逻辑关系入手，论证恶在逻辑上优先于善，先有恶才求善。荀子说：“凡人之欲为善者，为性恶也。夫薄愿厚，恶愿美，狭愿广，贫愿富，贱愿贵，苟无之中者，必求于外；故富而不愿财，贵而不愿势，苟有之中者，必不及于外。用此观之，人之欲为善者，为性恶也。今人之性，固无礼义，故强学而求有之也；性不知礼义，故思虑而求知之也。”二是采用反证法，假定善在先如何还要求善？荀子说：“今诚以人之性固正理平治邪？则有恶用圣王，恶用礼义矣哉！虽有圣王礼义，将何加于正理平治也哉！……故性善则去圣王，息礼义矣；性恶则与圣王，贵礼义矣。”

从批判性善的角度看，荀子是成功的。的确，孟子若不是意识到性恶的存在，也就没有必要郑重其事提出性善论，性善论的出现就是预设了性恶论的前提，若性只是善，提出性善就毫无意义，连圣人也没有存在的必要了，因为人人都已是圣人了。

不过，一个成熟的理论不仅能批倒别的理论还要不被别的理论所批倒，不被批倒更难。事实上，荀子的性恶论也面临被批倒的危险。

首先，人性既是恶，善何由产生。荀子回答礼义生于圣人时说：“圣人积思虑，习伪故，以生礼义而起法度，然则礼义法度者，是生于圣人之伪，非故生于人之性也。……故圣人化性而起伪，伪起而生礼义，礼义生而制法度。然则礼义法度者，是圣人之所生也。”既然人性恶，圣人也是人，圣人必有人性恶，圣人如何能“化性起伪”呢，圣人是什么样的人呢？“故圣人之所以同于众，其不异于众者，性也；所以异而过众者，伪也。”荀子的性恶论在这里暴露了它的不彻底性。形式上，他也承认圣人性恶，但他同时假定了圣人性善，具有“化性起伪”的能力，问题是圣人的这种能力从何而来，荀子对此语焉而未详。如果圣人有性善的例外，这就证明孟子性善论的存在。

其次，荀子认为，“礼义积伪”由圣人所生，非人之性。那么，礼义积伪与性恶无关，又如何做到化性起伪呢？如果礼义积伪完全外在于人性，人性对它就是完全的排斥，它就无法对人性发挥改造作用。圣人只能对人“化性起伪”，却不能对其他动物“化性起伪”，这表明，人性中具备有“化性起伪”的可能性，“化性起伪”《性恶》的事实才可能发生。荀子也意识到这个问题的严重性，在回答“涂之人可以为禹”时，他说：“凡禹之所以为禹者，以其为仁义法正也。然则仁义法正有可知可能之理，然而涂之人也，皆有可以知仁义法正之度，皆有可以能仁义法正之具，然则其可以为禹明矣。……今涂之人者皆内可以知父子之义，外可以知君臣之正，然则其可以知之质，可以能之具，其在涂之人明矣。今使涂之人者以其可以知之质，可以能之具，本夫仁义之可知之理，可能之具，然则其可以为禹明矣。”仁义有“可知之理，可能之具”，涂人有“可以知之质，可以能之具”，这表明仁义与涂之人具有天然的亲和性，仁义并非是对涂之人的外在强加，而是涂之人的内在需求，这就等于承认涂之人也有善性。涂之人与圣人不仅性恶相同，性善也相同。涂之人与圣人的性恶性善只有程度的区别，圣人善性更多，涂之人恶性更多。不管涂之人恶性如何多善性如何少，只要有善性，性恶论就不能成立。荀子原本以性善论证明性恶论的合理，现在他的性恶论却证明了性善论的合理。也许荀子可以模仿孟子重新界定性恶，孟子说，性善只是可以为善，并非必然为善。那么性恶也只是可以为恶，并非必然为恶。可见，人性不是别的，只是可能性。性善是一种可能性，性恶也是一种可能性。一种可能性不能否认另一种可能性，可能性之间是不能相互否定的，它们只是一种互补性。

若性只是善，便不能是恶，若性只是恶，便不能是善，善恶必然要冲突。但性可以为善，并不否定性可以为恶；性可以为恶，也不排斥性可以为善。人性的可能性既包含性善，也包含性恶，还包含善恶之外的其他。如果说孟子的性善只是性可以为善，荀子的性恶也只是性可以为恶，那么，孟荀之间的性善、性恶的争论便化为乌有。

那么,孟子为什么不直接说性“可以为善”,而说性善呢?性善是性可以为善的结果,是善的现实性;性可以为善是导向善的过程,是善的可能性。性善与性可以为善明显不同,孟子对人性为什么有两种截然不同的说法?哪种观点更能代表孟子的真实思想?我的理解,性善论来自孟子的道德信念,与他个人的精神气质、直觉体验密切相关,具有某种神秘的性质。在一个恶的社会中,性善论旗帜鲜明地褒扬肯定性善,容易让人坚定善的信念,增强向善的信心,起到振聋发聩的效果。而性可以为善,则是孟子对人性论作理性思考的结果,它明显削弱了性善论所具有的鼓动性,但思想本身却更加成熟,在这里,可以看到孟子思想内部道德信念和理性思考的冲突。就孟子本心而言,就他的个人气质而言,他更看重“性善”,而“性可以为善”只是面对外部攻击时迫不得已的理论回应,是他性善论的最后底线,即使性不就是善,也还可以为善。应该说,孟子是在被动状况下提及性可以为善,但他却主动宣扬性善,难怪后人把他视作性善论者。既然孟子倡导性善,荀子便只能逆着孟子的思路论性恶。他们观点相反,但思维方式却惊人的一致。孟子首先规定了论题及论说方式,荀子也就不自觉地陷入到孟子规定的论题和论说方式之中,不能自拔。孟子是主动提出性善论,荀子是被动应之以性恶论。

三、荀子性恶论的价值与实践效果

人性是可能性,但在人性的无限可能性中,人们最关注的无疑是为善的可能性和为恶的可能性,因为它们涉及人何以为人,社会何以为社会的根本问题。人们必须提前谋划可能性,使可能性趋向好的可能性,避免坏的可能性,人性善(为善的可能性)、人性恶(为恶的可能性)不只是个理论问题,还是个实践问题。人性中有什么,人们才能围绕它做什么,人性中没有的,围绕它的实践就不可能发生。通常,人们认为,人性可以为善是道德所以可能的根据,人性可以为恶,是人类社会制度建设必要性的根据。这个观点有些似是而非，只看到表面，未触到本质。准确地说，人性可以为善与人性可以为恶两者共同构成道德可能性的根据，只有先有为恶的可能性，才能有为善的可能性。若无为恶的可能性，为善就成了必然性，这既取消了为善的命题，也无法解释恶存在的事实。所以，为善不能简单看做是一种善的结果，应当理解为善恶交锋的动态过程。在这个过程中，善恶始终保持着冲突的态势，最终为善战胜了为恶。但是，人们不必为这战胜沾沾自喜，为善战胜为恶不是一劳永逸的。旧的善恶交锋刚刚结束，新的善恶交锋又已经开始。人们无法保证，每次善恶交锋，善总是能战胜恶。所以，为善是一个永不间断的艰难历程，唯其如此，为善才值得人们的崇敬。同样，人性可以为善与人性可以为恶共同构成人类社会制度建设必要性，只有为善的可能性在先，才有通过制度建设预防为恶的可能性。若无为善的可能性，为恶就是必然的现实，任何制度限制也就无济于事，而且，任何制度根本就不可能产生。当然，人性可以为恶是道德可能性的隐性原因，人性可以为善是道德可能性的显性原因。人性可以为善使社会制度建设得以可能，这个可能性是制度建设的隐性原因；人性可以为恶使社会制度建设成为必要，这个必要性是制度建设的显性原因。在理论的层面上，我们必须同时关注道德可能性的隐性原因和显性原因及制度建设的隐性原因和显性原因，以保持其理论的深度。但在实践的层面上，我们只要关注道德可能性和制度建设必要性的显性原因就已足够。我们可以单独说性可以为善是道德可能性的根据，性可以为恶是制度建设必要性的根据。

尽管性可以为善可以为恶在理论上同等重要，但在中国文化中，至少在儒家文化中，人们却更青睐性善。在某种意义上，儒学都是围绕性善展开的。比较而言，性恶论就没有那么幸运了。它似乎成了儒学的异端而备受冷落，以致有人怀疑荀子是否还是个儒家。宋明儒学高扬孟学，贬斥荀学，当与荀子倡导性恶论有关。

荀子倡导性恶论，其思想意义不在孟子性善论之下，就思想的深刻性而言，它甚至在性善论之上，但性恶论由于它的理性冷峻甚至略带残酷,一直受到性善论者的排斥。荀子性恶论的突出贡献在于,他以性恶论礼的产生。《礼论》说:“人生而有欲,欲而不得,则不能无求;求而无度量分界,则不能不争;争则乱,乱则穷。先王恶其乱也,故制礼义以分之,以养人之欲,给人之求,使欲必不穷乎物,物必不屈于欲,两者相持而长,是礼之所起也。”礼是一种广义的文化,儒家赋予礼文化过多的温情。荀子虽然没有揭去礼的温情脉脉的面纱,但却理性地揭示出礼背后性恶的事实,这让正统的儒家难以接受。一般说来,儒家也有自己的辩证法,但孔孟的辩证法只是善与善的辩证法,辩证的双方都具有正面价值,如仁义、礼乐。仁与义作为两种优秀品质,彼此相互依存相互补充,任何一方脱离另一方,单独突出自我,都会走向自我的反面,既会损害自我,又会损害道德的整体。两者之间即便有偏废,也是在道德范围内善与善的偏废,尽管偏废的结果不一定好,但动机却是绝对好的,好心做了坏事,但好心还是应该肯定的。同样,礼与乐也是两种好的文化制度,两种制度的协同,共同造就一个理想的社会。若两者分离,单独发展自己,对自己、对社会都会产生不利后果。但即使产生了这种不利后果,人们也会抱着同情的态度去理解,这是自家人内部的事,不关他人。荀子的思想贡献在于,他从儒家善与善的辩证法中突围出来,创立了善与恶的辩证法,他不满足于善存在的现实,而是近一步探究善的根源,这就引出那个他人——恶。善和恶之间构成了一个辩证关系,因为恶才需要善,才有了善。人们不禁要问,如果哪天恶不存在了,善还存在吗?人们孜孜以求去恶求善还有意义吗?难道为了那个善的存在必须容忍恶的存在,为了礼的存在,先得肯定欲的存在?一个正统的儒者当然会断然否定这样一个怪论。荀子的儒学由此也成为儒家思想内部的一个异端。

不过,荀子自己可能并未意识到他的性恶论思想的革命性,他也没打算彻底贯彻性恶论思想,他的儒者身份不允许他这样做,他的政治理想也不能让他这样做。于是,我们发现荀子贡献了一个伟大的思想,但却没有运用好这个思想。换言之,他在理论上认识到这个思想，却未能在实践上落实这个思想。

上面所引《礼论》的文字，既体现了性恶论，又表现出性恶论的不彻底性。“人生而有欲”需要“制礼义以分之”，由谁来“制礼义”呢？这些“有欲”之人自然不能“制礼义”，“制礼义”的任务一定要由“先王”来完成。“先王”凭什么就能“制礼义”呢？按照荀子的理论，“先王”也性恶，“先王”又是如何克服性恶的呢？如果“先王”能克服性恶，那是否意味着“先王”的性中蕴藏着克服恶的善性呢，抑或“先王”的性恶程度要低于常人呢？无论如何，“先王”是一个特殊的人，或者是一群特殊的人。如果没有这个或这群特殊的人，大家同等地性恶，谁都没有资格，也没有能力制礼，礼如何产生？若假定有这个或这群特殊的人，他或他们的人性不同于一般的人，他或他们能制礼作乐，那人性恶的理论又面临威胁。荀子的儒家立场最终使他在两难中，选择相信“先王”的存在，荀子的这个选择是决定性的，它意味着“先王”是特殊的个人或人群，他或他们拥有制礼作乐的特权，这些礼乐制度用来规范他人，而“先王”自己却在这些规范之外，不受规范的约束。当然，荀子心目中的“先王”都是古圣贤，他们的贤能品德决定了他们所制之礼绝对公平公正，符合百姓的利益，他们自己的行为也绝对符合他们所制之礼。问题是，荀子又主张法后王，这些后王只能是时下的君主，这些君主当然没有想象中“先王”那么理想，“先王”多少带有艺术加工成分，而现实中的君主迫于现实的压力，更多关注现实中的问题，而现实问题大多关联着利益，关联着私欲，关联着人性恶。但这些后王同样被赋予与先王一样的绝对权威性。他们具有了制礼作乐的特权，自己却不受所制礼乐的约束。他们管理别人，却不被人管理。

君主的一举一动对国家社会产生举足轻重的影响。《君道》中说：“君者，民之原也，原清则流清，原浊则流浊。”“原清”的情况是这样的：“君者，何也？曰：能群也。能群也者，何也？曰：善生养人者也，善班治人者也，善显设人者也，善藩饰人者也。善生养人者人亲之，善班治人者人安之，善显设人者人乐之，善藩饰人者人荣之。四统者俱而天下归之,夫是之谓群。”“原浊”的时候又是另一番景象:“上好权谋,则臣下百吏诞诈之人乘是而后欺。……上好倾覆,则臣下百吏乘是而后险。……上好贪利,则臣下百吏乘是而后丰取刻与,以无度取于民。”荀子曾把君主分成三类:圣君、中君、暴君。圣君是绝对的“原清”,暴君是绝对的“原浊”,只有中君在两可之间,可“原浊”,也可“原清”。这即是说,中君可以为善,也可以为恶。那么,现实中的中君表现如何呢?《君道》中说:“今人主有大(依俞樾,改“六”为“大”)患:使贤者为之,则与不肖者规之;使知者虑之,则与愚者论之;使修之行之,则与污邪之人疑之。虽欲成功,得乎哉!”在《王霸》中说到君臣不遇的原因时说:“人主不公,人臣不忠也。人主则外贤而偏举,人臣则争职而妒贤,是其所以不合之故也。”可见,荀子对中君有着清醒的认识,中君的现实表现令人失望,为恶不再是一种可能,而已经是一种现实。

现在的问题是,如何让这些中君为善而不为恶。荀子在《君道》中回答如何为国时,这样说:“闻修身,未尝闻为国也。君者,仪也,仪正而景正;君者,槃也,槃圆而水圆;君者盂也,盂方而水方。”这里荀子将为国转化为修身,权利转化为道德,将不同性质的东西混为一谈,让人有些不可思议。但在荀子看来,却是个合理的转换。君主治国取决于君主如何修身,修身完全是君主一个人的事,他人无权干涉,也没有能力干涉,他人不能强迫别人修身。这就把通过制度设计制约国君的可能性完全排除了。荀子倡导人性恶,但他似乎没有意识到权力的恶,权力越大,恶的可能性越大,最高权力是最大的恶,因为最高权力绝对没有制约。或者荀子也意识到权力之恶,才试图以道德修身去制约权力。但如果君主不愿修身该怎么办呢?在儒家思想内部,这是个无法回答也解决不了的问题。荀子的性恶论原本带来解决问题的一线生机,但却遗憾地与问题的解决擦肩而过。最终还是沦落为对君主的乞求,并许诺假定中的修身会带来美好的愿景。《王霸》中是这样表述的:“人主胡不广焉无恤亲疏,无偏贵贱,唯诚能之求?若是，则人臣轻职业让贤而安随其后，如是，舜禹还至，王业还起。功壹天下，名配舜禹，物由有可乐如其美焉者乎？"这种愿景似的表达，《荀子》中比比皆是。这也是儒者们最常用的经典表达。但收效却都甚微，不过，儒者们却很满足于这些表达，他们已经尽职尽责，可以心安理得了。

可见，荀子走的仍然是儒家修身齐家治国平天下的路线，性恶论只是其中一个插曲，一个不太和谐的音符。所以，说荀子不是儒家有点冤，但他毕竟提出了性恶，涉及国君，国君们自然都不喜欢他的学说，有尊君情结的儒者们自然也就不喜欢他的学说。但性恶论是必须要牢记的。

批判与方法：荀子思想及其儒家地位诠释的新视野

□曾暐杰[①]

一、重探、重建、再定位：将研究的焦点由形而上转移到形而下

对于荀子在儒家体系中的再定位，关键即在于究竟儒家的真正内涵为何？孔子的核心学说又是什么？以及重新定义荀子与法家及韩非的关系。那么正如我前文所说，我们应该跳出当代新儒家形而上学的思维窠臼，将儒学塑造成一个强调绝对自觉的主体哲学。我以为，儒学应该是注重具体与外在礼义、制度与伦理的道德体系，因此，我们首先就必须脱离所谓的形而上的论述，才能探得荀学的真义与儒学的真实样貌。

我们可以了解到，荀子的思想是一种注重经验的论述，他所

---

① 作者简介：曾暐杰，台湾东南科技大学通识教育中心兼任讲师。本文选自曾暐杰：《儒家思想再定位与儒家体系的重建》第四部分。

关注的并不是形而上学的系统，徐复观就认为："人性论的成立，本来即含有点形上的意义。但荀子思想的性格，完全不承认形上的意义，于是他实际不在形上的地方肯定性，所以把性与情的不同部位也扯平了。"[①]路德斌也观察到："一切形上学问题在一个经验论者眼里都是不必要或没有意义的。故在荀子，对于形上学问题，基本上是'存而不论'的。"[②]但一般来说学者们普遍都企图以形而上的哲学理路去探索之，我以为假使我们暂时放弃以形上思维去理解荀子的素朴思想，或许能够有另一种新视野。

至于孔子的学说，更是在具体事例与生活中呈现，与当代新儒家所谓的形上学视角与高度自觉的主体哲学不类。以孔子论"孝"来说，在《为政》中就有四种解说：[③]

> 孟懿子问孝。子曰："无违。"
>
> 孟武伯问孝。子曰："父母唯其疾之忧。"
>
> 子游问孝。子曰："今之孝者，是谓能养。至于犬马，皆能有养；不敬，何以别乎？"
>
> 子夏问孝。子曰："色难。有事弟子服其劳，有酒食先生馔，曾是以为孝乎？"

可以见得，孔子学说所重视的是在具体情境中的随机提点，因此我们如果对于孔子这样的哲学思维以形而上的进路去探索之，必然会徒然无功，甚至形成误解。就如杨国荣所说：

> 就行为过程而言，其由以展开的具体情景也常常变动不居；

---

① 徐复观：《中国人性论史——先秦篇》，台北：商务印书馆，2007年，第233页。

② 路德斌：《荀子与儒家哲学》，济南：齐鲁书社，2010年，第101页。

③ 〔魏〕何晏注，〔宋〕邢昺疏：《论语集解》，台北：新文丰出版公司《十三经注疏》本，1978年，第16-17页。以下引用《论语》仅注篇名。

要选择合理的行为方式，仅仅依赖一般的行为规范显然是不够的，因为规范无法穷尽行为与情景的全部多样性与变动性。在这里，情景的具体分析，便显得尤为重要。①

我们应该注重的是孔子学说中的具体情境，那是一种变动不居的应变与提点，我们不能硬是将这样的论述赋予永恒而神圣的形上价值，否则就显得突兀而格格不入。

至于韩非的论述，更是注重在形而下的具体制度与实际的实行，通观《韩非子》一书，其论说言理十之八九皆以实际的政治局势、历史故事或是寓言来说解之，可以见得其对于具体情境之重视非常。劳思光甚至认为，韩非子这样的学说根本不是哲学，而只是一种权术之言②，足见其在惯于以心性论与形上学思考的当代学者眼中，是何等扞格。

由此，我认为在以荀子为核心，上探孔子思想的内涵与真义，下究其与韩非的联系与转化，并由此对于儒学体系的重建进路，是必须以不同于过往的崭新视角来探究，才能有新的格局与意义，"再定位"与"重建"的企图也才有价值。否则一切都是老生常谈——同样在唐宋以降，当代新儒家所建构的那套"图式"中翻搅，无论如何都无法有所突破，遮蔽的永远被遮蔽、压抑的始终被压抑，并不能对于荀子与儒学研究有任何帮助，只是让废纸篓中多了些无用的扉页罢了！因此，要重新定位荀子在儒家体系的位置，要重探其与孔子、韩非的关系，要重建儒家的内涵体系，可以试图由形而上的哲学转移到形而下的思维，或能有所突破与价值！

① 杨国荣：《伦理与存在——道德哲学研究》，北京：北京大学出版社，2011年，第49页。

② 参见劳思光：《新编中国哲学史》(一)，台北：三民书局，2006年，第339-340页。

二、探索儒学的真义：实用主义的进路与方法

诚如前段所说，荀子、孔子、韩非子与儒学，都是一种重视形而下的具体思维的哲学，那么我们就应该抛弃固有基础主义哲学，也就是柏拉图以来的哲学传统——一种关注现象背后的更高价值根源的哲学，我们更应该放弃"元伦理学"(meta-ethics)的追求。我以为如要突破这样的思考进路，实用主义(Pragmatism)是很好的进路与方法。怀德海(Alfred North Whitehead, 1861—1947)就说过："要想了解孔子，去读杜威；要想了解杜威，去读孔子。"①张亨则认为：

> 荀子所谓善恶乃指社会政治的治与乱而言；能使社会安定者谓之善，导致社会紊乱者谓之恶。……荀子这种观点跟杜威所谓"我们的道德信念，实是一种社会环境的产物"非常近似。其道德价值的标准是客观而外在的，跟反应于社会环境的结果有密切的关系。②

所以说，无论是孔子或是荀子，甚至可以说儒学的本来样貌，和实用主义是接近而相似的——都不以追求永恒不变的形上价值为进路，都强调外在具体情境的变化性与可错性，而不迷信于内在价值根源，这是与当代新儒家的思维截然不同的进路。因此，就如我所说的，既然要重探与重建，就必须跃出当代新儒家的深谷，才能探得一片新天地。那么，我们就必须放弃当代新儒家所据以发挥的柏拉图主义、康德主义，转而以实用主义为方法、为信仰——一种从欧陆哲学到英美哲学的转换。

其实儒家本就是偏向实用主义的，是在当代新儒家的脉络

---

① 参见〔美〕拉里·希克曼主编：《阅读杜威——为后现代做的阐释》，徐陶等译，北京：北京大学出版社，2010年，第119页。

② 张亨：《荀子对人的认知及其问题》，《文史哲学报》，1971年6月第22期，第175页。

下，或者说是在宋明理学的思维下，儒家才被改造成我们今日所习以为常的图像——一种类似于康德的“道德的形上学”的心性论理路。蔡仁厚就说：“荀子的思路，与儒家正宗的重仁系统似乎格格不入，反而与西方重智系统相接近。”[①]其师牟宗三也认为，荀子与孔孟的重仁系统不合，而类于杜威，他说：

> 荀子之吸纳知识系统，有类于杜威之唯用论：在行中成知。然意指不同者，荀子以依道德系统之行而知“天有”兼以同时治正“天有”也。此则终不同于杜威之以知识为中心而为自然主义也。故荀子尤较崇高而较为古典也。凡儒者皆然。惟孔孟及理学家皆以荀子所说之礼义之统为本于天，而非徒由人为也。[②]

就是因为当代新儒家的孟学本位思想，才使得我们蒙蔽于形上的主体哲学之中，而将荀子那种实用主义的哲学斥为歧出；又因为孔子是为儒家的源头，不得更易，便只能将之改造为与孟子对内在根源追求一致的心性哲学。于是，正统的变为歧出，原本在儒家内非主流的思维易为正统，如此一消一长之下，就形成了儒家体系的逆转。要探求儒家本来面貌，将儒家体系进行二次逆转，或可从实用主义进路重立孔子与荀子那样在具体情境中呈现的实用哲学。

（一）放弃追求内在价值的神圣性，开展现实的意义与价值

在重新定位荀子在儒学体系中的定位，以及重建儒家体系的内涵之际，以实用主义为方法与进路，最重要的就是要破除基础主义的信仰、对于形上永恒价值的执着。对杜威有深刻理解与研究，并奉其理论为圭臬的美国哲学家罗蒂（Richard Rorty，1931—

① 蔡仁厚：《孔孟荀哲学》，台北：学生书局，1990年，第530页。

② 牟宗三：《名家与荀子》，台北：学生书局，2006年，第221页。

2007)就指出：

杜威主张，迄今为止，哲学的动力一直是保守的；它一直站在悠闲阶级一边，赞成稳定而反对变化。哲学一直千方百计地赋予永恒以威望。他说道："欧洲古典哲学的主题"一直是使形而上学"取代习惯而成为较高道德和社会价值的源泉和维护者。"杜威试图把注意力从永恒不变的事物转向未来，为了做到这一点，他就要使哲学成为变化的工具而非保守的工具。[①]

也就是说，我们应该如杜威一般，抛弃那种自古希腊以来一直统治着我们的哲学观念，即是追求一种先于存在的实在、一种高于具体事物与现象的形上价值。像荀子对于礼的来源之解释即为："凡礼，事生，饰欢也；送死，饰哀也；祭祀，饰敬也；师旅，饰威也：是百王之所同，古今之所一也，未有知其所由来者也。"(《礼论》)[②]其中并没有一丝追求"礼"背后的形上根源与价值的企图，而只是注重于"礼"的实际治乱与教化作用。

而孔子所谓的"礼"，也是就具体情境而言的道德体系，并没形而上的内涵，如其言"道之以德，齐之以礼"(《论语·为政》)、"生事之以礼；死葬之以礼，祭之以礼"(《论语·为政》)、"殷因于夏礼，所损益，可知也；周因于殷礼，所损益，可知也；其或继周者，虽百世可知也"(《论语·为政》)，都是就形而下的道德行为与制度而论之，对于"礼"的根据也与荀子一样是从故有习俗与传统中

① 〔美〕理查德·罗蒂：《后形而上学希望》，张国清译，上海：上海译文出版社，2009年，第9页。

② 〔清〕王先谦撰：《荀子集解》，北京：中华书局，2010年，第369页。

得到经验的整合而来，同样没有追求“礼”的形上根源与价值的企图。[①]

至于韩非为法家，如前所述，其学说更是以具体的事例、故事为阐发治乱体系的论述，并没有形而上的意涵。韩非有言：“礼者，所以貌情也，群义之文章也，君臣父子之交也，贵贱贤不肖之所以别也。”(《解老》)[②]“夫礼，天子爱天下，诸侯爱境内，大夫爱官职，士爱其家，过其所爱曰侵。”(《外储说右上》)[③]都可以见得，其所谓“礼”也都是就实际的治乱、人际互动的具体情境而言之。值得一提的是，我们都认为韩非为法家，必然多言刑罚而少谈礼义，实则《韩非子》全书谈及“礼”之处共有近 140 个段落，更高达 250 余次，如此岂可不说韩非思想是有受到荀子的儒家思想熏陶呢？

由此，我们必须了解到，应该放弃以孟子强调内在价值本源的思维进路来作为儒家正变的判准。也就是说我们不应该如当代新儒家者流，将孟子所谓“人之所不学而能者，其良能也；所不虑而知者，其良知也”(《尽心上》)[④]、“人之有是四端也，犹其有四体也”(《公孙丑上》)[⑤]的思维，灌注于孔子的学说之中，并以此来质问荀子之“本原不足”[⑥]。孟学论者这样的思维，正如莱肯

---

① 荀子所谓的“礼”不具有内在根源价值意义，而是从故有传统与习俗、人的需要以及现实环境三者互动之下所整合而形成的道德体系，而孔子的“礼”显然也是如此，二者有其一致性，同样有着实用主义的性格。关于荀子无根源的礼义建构，请参考曾暐杰：《打破性善的诱惑——重探荀子性恶论的意义与价值》，第 131-140 页。

② 张觉：《韩非子校疏》，上海：上海古籍出版社，2010 年，第 356 页。

③ 张觉：《韩非子校疏》，上海：上海古籍出版社，2010 年，第 839 页。

④ 〔汉〕赵岐注，〔宋〕孙奭疏：《孟子注疏》，台北：新文丰出版公司《十三经注疏》本，1978 年，第 232 页。

⑤ 〔汉〕赵岐注，〔宋〕孙奭疏：《孟子注疏》，台北：新文丰出版公司《十三经注疏》本，1978 年，第 65-66 页。

⑥ 牟宗三用以言荀子顺孔子外王礼宪发展之弊，参见氏著：《名家与荀子》，台北：学生书局，2006 年，第 203 页。

(Todd Lekan)所说：

我们对人类的有限性和偶然性的焦虑，致使我们设计出更高级的不变的实在，这就是上帝、形式、道德法则，或世界自身。我们不是运用我们的概念创造去应对我们所面对的不确定的现实(realities)，而是设计出一个远离我们的完美存在的王国，让我们逃避不确定的现实。[①]

是一种追求形而上的永恒与超越的慰藉，藉此逃避现实的不确定性与变异性。而实用主义所诉求的，正是打破“柏拉图以来的哲学传统：寻求超越意见的真实知识，发现现象背后的绝对实在”[②]。杜威认为：“只有这样一个施虐—受虐倾向才会导致这样一个观念：‘缺乏永远固定且普遍适用的现存原则等于道德的混乱。’”[③]如李泽厚所说：

从宋明理学到“现代新儒家”，都一贯抨击荀子，表彰孟子，并以朱熹、王阳明直接孟子，认为这才是值得继承发扬的中国思想史的主流正宗。而三十年来国内的研究则又大都只赞扬表彰荀的唯物论，或则抨击他的尊君尚礼的法家倾向。这些似乎都没抓着荀学的要害。孟子固然有其光辉的一面，但如果完全遵循孟子的路线发展下去，儒家很可能早已走进神秘主义和宗教里去了。正是荀子强调人为，并以改造自然的性恶论与孟子追求先验的性善论鲜明对立，才克服和冲淡了这种神秘方向；同时由于尽量吸

① 〔美〕托德·莱肯：《造就道德——伦理学理论的实用主义重构》，陶秀璈等译，北京：北京大学出版社，2010年，第2页。

② 黄勇：《罗蒂实用主义的后哲学文化观》，参见〔美〕理查德·罗蒂：《后哲学文化》，上海：上海译文出版社，2004年，《译者序》第3页。

③ 〔美〕理查德·罗蒂：《后形而上学希望》，张国清译，上海：上海译文出版社，2009年，第54-55页。

取了墨家、道家、法家中冷静理智和重实际经验的历史因素，使儒学的重人为、重社会的传统得到了很大的充实，从而把儒家积极乐观的人生理想提高到“与天地参”的世界观的崇高地位。[①]

那么，当代新儒家所谓的心性之学，如果以现代经验主义而言，无疑是带有一种神秘主义的倾向，因为所谓的内在命令就是简单地相信“我想要做X”，我们就可以立刻完成X，这难道不含有“巫术思维”于其中吗？[②] 也就是基础主义者与心性论者这样的信仰与慰藉，使得荀学的价值不彰、儒学的本源素朴的图像被改易，这正是今日要以实用主义为进路与方法突破之枢纽！

（二）抛弃追寻最高真理的永恒性，关注具体的理路与脉络

另外一个针对当前荀子定位及儒家体系图像的研究趋势所要面对的问题在于，大部分的人都不愿意面对现实的不确定性、偶然性与可错性，而花费一切心神去探求与追寻那永恒的、不变的最高真理。也因为如此，当人们面对荀子所谓的礼义，是在现实中依靠经验与传统、习俗整合建构起来的论述，就感到不安，进而不满并批判之。因为我们都处于当代新儒家的思维当中，也是基础主义的思维之中，更是在于柏拉图以降的哲学传统之内，我们总认为“理”与价值就应该是永恒不变而普遍的，不应该是随着时空而改易、修正的。因此荀子谓：“圣人积思虑，习伪故，以生礼义而起法度”[③]，这样在现实中生成的礼义与道德体系，就被多数

① 李泽厚：《中国古代思想史论》，北京：生活·读书·新知三联书店，2008年，第122-123页。

② 杜威认为，对于内在道德的追求与信仰，是一种类似于“巫术思维”的简单迷信。参见〔美〕托德·莱肯：《造就道德——伦理学理论的实用主义重构》，陶秀璈等译，北京：北京大学出版社，2010年，第54页。

③ 〔清〕王先谦撰：《荀子集解》，北京：中华书局，2010年，第437页。

学者斥为无根、本源不足。[①] 而即便近来越来越多学者大声疾呼荀学的价值，但他们也不是肯认荀子"礼(理)在事中显"的思维，反而是致力于为荀子找内在根源与价值。[②]

那么我们必须以实用主义的精神，以之作为方法与信仰，才能够改变这样的现象——坦然面对生命的不确定性、暂时性、可变性，并不迷信绝对普遍价值，而能够面对具体的现实意义。实用主义学者莱肯的一段话，倒是可以揭示出当前汉语文化圈所面对的哲学困境，即现下所要面对与处理的哲学现象，他说：

在当代元伦理学中，我们发现某种抽掉实际义务和实践的趋向。哲学家运用人类的理论的和想象的思辨能力把我们作为道德实践的参与者的经验抽象掉了。……一旦你把道德品性设想为可以从上帝的视角观察的某一"外在"对象的属性，那么，不论你承认或否定这种品性的存在，你都已经采取了一种脱离了实践的外在视角来看待道德，可正是在实践中，道德考虑才被应用、讨论、修改、维护或排斥。实用主义是一种对道德信念进行重构的修正主义。它以绝对严肃的态度来看待实践生活的相当普通的特点，并由此而纠正对待道德的理论的和常识性的解释，而常识

① 如牟宗三言："荀子特顺孔子外王之礼宪而发展，客观精神彰著矣，而本原又不足。"见氏著：《名家与荀子》，台北：学生书局，2006年，第203页。唐君毅亦言："荀子对其修养工夫之所以可能，尚缺乏一超越的反省。"见氏著：《中国哲学原论·原性篇》，页75。

② 王楷曾说："任何对荀子伦理学特定的、具体的层面和问题的讨论都必须建立在这一个问题(笔者案：指本性与内在根源的问题)的解决基础之上方始具有真正的理论意义，否则只能流于一种'无根的'讨论。"当然，王楷的荀子研究深入而精彩，但我认为可以试着从内在根源问题跳脱，企图开展出一种新的荀子诠释的视野。参见氏著：《天然与修为——荀子道德哲学的精神》，北京：北京大学出版社，2011年，第52页。

和哲学思辨往往忽略实践生活的内涵。[①]

的确,我现在所要面对的问题就是,近当代学者总把问题抽象化、普遍化,使得道德价值成为一种超越性的神圣。即便当代新儒家者流并不认为他们脱离现实的实践,但是当他们赋予道德价值一个最高的形上道德根源,而不是从现实事理中去发掘"事理",在实用主义者或我这样的思考者眼中,就是一种现实与真理的分裂与二元的对立。实用主义者——同时也是我现在作为一个欲再定位荀子在儒家体系内的价值并重构儒家图像的探求者,我们所试图摆脱的就是那从古希腊哲学传统传承下来的二元论,也就是一种本质和偶然、本性和属性、表象和实在的对立思维。[②]

因此,有必要以实用主义的态度,去重新探究儒学的内涵,并藉此达到重新定位荀子与重建儒学体系的目的。儒学谈的不是永恒不变的天理价值,儒学所说的是在特殊脉络下所建构的道德体系,这个道德体系必然是随着时空而修正、更动的。如孔子说:"唯女子与小人为难养也,近之则不孙,远之则怨。"(《阳货》)[③]如果说这是永恒不变的哲学定律,我想没有人会同意吧!但我们也不必为孔子辩护,对此章作些九弯十八拐的曲折解释。其实,孔子那个时代有那时代的脉络与情境,当时"男尊女卑"是一种道德价值,孔子做这样的论述是道德的、符合社会意义的。只是"男尊女卑"的思维时至今日已成为一种不道德的价值,我们必须对其作出转化或理解,而不能一味将之奉为不可改易的经典。如此也才与儒学在具体脉络中酝酿出道德价值的真义相符,这也是实用

① 〔美〕托德·莱肯:《造就道德——伦理学理论的实用主义重构》,陶秀璈等译,北京:北京大学出版社,2010年,第3页。

② 参见〔美〕理查德·罗蒂:《后形而上学希望》,张国清译,上海:上海译文出版社,2009年,第25页。

③ 〔魏〕何晏注,〔宋〕邢昺疏:《论语集解》,台北:新文丰出版公司《十三经注疏》本,1978年,第159页。

主义所信仰的内涵与方法。

就像杜威所认为，道德理论是来自具体的事实和对具体道德情境的思考[①]，而原则看似是普遍而恒常的道德观点，实际上，它们的有效性还是依赖于特定的情境之中，其本身不具备任何规范的力量。[②] 致力于杜威研究的帕帕斯(Gregory F. Pappas)教授阐述杜威对于“黄金律”的态度的一段文字，颇可以说明我当前的研究进路与方法，并以之借镜：

> 杜威所指的原则并不是规定或决定主体该做什么的固定或放之四海而皆准的箴言。原则是继承下来的、用于分析个别和独特情境的工具。例如，他愿意接受并采纳“金律”(the golden rule，己所不欲，勿施于人)，但只是作为必要的分析工具以帮助决定具体情境中哪些应被视为相关因素。杜威解释说：“金律绝对没有给我提供任何知识，不论是有关它自身的还是我应该做的。我在这种情况下该做什么才可能是做别人会对我做的事？这个问题是没有得到解决，虽然我曾千百次把金律当作我的处事格言。”[③]

我以为，就是要以杜威这样的态度，才能够真正体会儒学的意义与价值。如果我们将孔子说的“己所不欲，勿施于人”(《颜

---

① 参见拉里·希克曼主编：《阅读杜威——为后现代做的阐释》，徐陶等译，北京：北京大学出版社，2010年，第117页。

② 参见拉里·希克曼主编：《阅读杜威——为后现代做的阐释》，徐陶等译，北京：北京大学出版社，2010年，第119页。

③ 〔美〕格雷戈里·F. 帕帕斯：《杜威的伦理学：作为经验的道德》，参见拉里·希克曼主编：《阅读杜威——为后现代做的阐释》，徐陶等译，北京：北京大学出版社，2010年，第119页。

渊》)[①]提高到一种至高不变的道德价值,那么就失去了儒学语境的脉络性意义,也将儒学最为可贵的价值所抛弃了!由此,或许可以试着以实用主义的态度作为信仰与方法、以杜威的思考为借镜,将荀子还诸荀子、将孔子还诸孔子、将儒学还诸儒学!

三、以"我们"的问题为研究范围

诚如我在前文所说的,既然我以实用主义为信仰与方法,那么自然不会同意有一个普遍的、永恒的真理。因此在研究的态度与范围的取舍上,我也就不渴望能够对于世界上的整全普遍的问题做出解决与研究。因为每个时空都有自己的问题存在,我们所能处理的,也就只有我们视野能够触及的一切,没有超越与绝对客观的可能。这正如杜威的信仰者罗蒂所说:"只有上帝才能超越我们所有的各种不同观点,来断定它们是否同样地真或者同样地假。"[②]因此,我不可能是上帝,也不渴求做一个超越者,我所企盼的,只是面对当下的问题——学界未能完全跳脱心性论与基础主义的制约,而对于荀子的定位有所偏见,对于孔子、对于儒家、对于儒法的关系有所偏执。这是当前迫切的问题与目标,也是憧憬未来的研究方向。所以说,我的研究将关注"我们"的问题,在时间与空间上把握与解决"我们"的问题。

(一)时间:回首文献,解决当下

首先就时间的坐标来看,我首要必须解决的是当前多数学者陷于基础主义的泥沼中的现况。必须特别说明的是,我并没有否定当代新儒家对于中国传统文化的伟大贡献,我更没有说心性论

① 〔魏〕何晏注,〔宋〕邢昺疏:《论语集解》,台北:新文丰出版公司十三经注疏本,1978年,第106页。

② 张国清:《当代美国著名哲学家罗蒂》,参见〔美〕理查德·罗蒂:《后形而上学希望》,张国清译,上海:上海译文出版社,2009年,《译者序》第10页。

哲学与基础主义没有价值;但我所强调的问题关键在于,我们的学术研究不应该局限在心性论与基础主义制约的一元系统当中,而应该是能够多元发展,使各种学说都有着自身的标准与判准,而不是一概以基础主义或心性论的标准为标准。我并无意剥夺当代新儒家的正当性,我也不愿贬抑当代新儒家的追随者与心性论的信仰者;我所追求的,只是给予实用主义式的儒者一个发言的正当空间,给荀学论者一个公允的回应。我的研究目的不在于塑造另一个学术霸权,回溯正统与重构儒学体系不是为了名与利、权与势,而是要还荀子清晰眉目、还孔子真实容颜、还儒学完整身影,以解决当前学术界所面对的问题,使各种信仰、各种方法、各种学说,都能够有自己的定位与空间!

(二)空间:在地问题,全球视野

我们所关注的文献,应该是以汉语文化圈的论述为主,也是为了以解决汉语文化圈的学术问题为核心的研究,因为我认为——也是实用主义者所相信,没有一种完全普遍、放诸四海而皆准的道德体系或论述,也没有一种"上帝之眼"可能关照所有的问题与视角。每个文化、每个区域有各自的问题,我们不需要一以贯之地去追求绝对的普遍性,那只会造成虚无、泛滥,甚至可能成为一种"套套逻辑"(Tautology)。正如梁家荣所说的:"对阿拉伯沙漠的生活环境有正面效用的文化,对北极冰原的生活环境不但未必也有正面的效用,抑且还可能会有致命的负面效果。"①

所以我将针对汉语文化圈在长期受到当代新儒家的心性论的熏陶的情况下,其研究与视野受到制约的研究现象做出对应的研究。除此之外,我更希望能够透过这样的研究,解决当前汉语文化圈受到追求圆融、美好、真淳之集体意识的压抑与扭曲的问题,使我的研究成果不只是在学术界发酵,而是能够提升到社会

① 参见梁家荣:《仁礼之辩——孔子之道的再释与重估》,北京:北京大学出版社,2010年,《引言》第3页。

的层次与脉络，以改变当前汉语文化圈中的某种病态心理。①

然而这并不表示我们的研究应该是故步自封的。以大陆和台港澳的研究成果为主轴，并不代表我们不能运用其他文化、其他地区的视角、方法甚至是研究成果为借镜与参照，来增进我的研究价值与其可信度。就如同我以实用主义为研究的方法与进路，以之为探寻儒家真义的途径，这就是以他山之石攻错之，是一种透过中西文化的交融与交锋，进而企图达到一种动态平衡与和谐的状态，以期在我的研究中能够开出新的意义与价值。

（三）跨时空的互动：从“我”出发的对话与尝试

我在前文曾经提到，我希望透过哈贝玛斯所谓的“交谈伦理学”模式，达到与读者互动与辩证的关系。但我更要以“交谈伦理学”为基础，进一步透过自我的定位与论述，以达到充分表述我的荀学立场的目的。正如杨国荣所说的：“哈贝玛斯的交谈伦理学中，主体间的一致、共识，往往压倒了主体的独语、自得”②，因此，我们应该透过杜威、罗蒂等人对于哈伯玛斯思维的转化与反思，来达到真正对话的可能。也就是说，我认同也采取哈伯玛斯交谈、互动以寻求共识的企图，但同时我们应该认清一个事实：我们不可能完全地中立，也不可能达到完全的一致，所谓“一致”，必然

① 所谓的病态心理是指人们不愿面对变动的、黑暗的与暂时的限制性意义，而只敢于面对阳光的、永恒的一面。也就是说人们不敢面对人性的黑暗面，不敢正视人的欲望，因而形成了一种压抑的心理，有欲望却不能正确地表现与讨论，还要在社会压力下对于性、对于恶等议题表示忌讳并嗤之以鼻，而变成一种虚假的社会风气。关于汉语文化圈社会的人性观点之病态现象，可参考我在硕士论文中的论述。参见曾暐杰：《打破性善的诱惑——重探荀子性恶论的意义与价值》，第25-26页。

② 参见杨国荣：《伦理与存在——道德哲学研究》，北京：北京大学出版社，2011年，第231-232页。

会消解了主体的意见和自主选择。[①] 因此我避讳表达我的荀学立场，来重新定位荀子的儒家地位，并藉此重建儒家体系。因为，唯有坚定自身的立场，却不蛮横地追求自身价值，而是敞开沟通与互动的大门，才有达到对话的可能。[②] 追求绝对的中立与客观、寻求人们在对话与互动中达到完全的一致，在实用主义者眼里，就如同追求绝对的普遍性、永恒的真理与上帝之眼一样天真而不可行。

我以实用主义的方法与进路的研究，我们不必担心以"我们"的问题为探究核心有所局限，因为我们是以此为中心向外发展，在具体的脉络中寻求问题的解答，却没有失去跨文化的视野与对话。正如张鼎国对于高达美（Hans-Georg Gadamer，1900—2002）诠释学所做的说明：

诠释的活动是一直不停在进行当中的，理解则不必说成是更好地理解，因为进行理解最终究意义，仍然是要着落在人的自我理解上：能够理解自身的历史性，理解自身的有限性，理解自身归属于历史传统、且始终受历史传统的时效影响之事实性。"所有这样的理解最终都是一个自我理解（Sichverstehen）。"[③]

我以为，没有任何一种诠释与理解是不带有主观与时代的背景，但这样的诠释是有意义的。无论如何，他解决了自我定位的问题。我在本文的论述，可能目标在于解决"我们"的问题，甚至可能只是"我"的问题，但是正因为我保有自身的立场，并企图以我的文字与不同时空下的读者进行交流与互动——当你在阅读

① 参见杨国荣：《伦理与存在——道德哲学研究》，北京：北京大学出版社，2011 年，第 34 页。

② 参见〔美〕理查德·罗蒂：《实用主义哲学》，林南译，上海：上海译文出版社，2009 年，第 141-145 页。

③ 张鼎国：《"较好地"还是"不同地"理解》，收入黄俊杰主编：《中国经典诠释传统（一）：通论篇》，台北：台湾大学出版社，2006 年，第 35 页。

我所罗列的文献、我的说明、我的诠释的同时，你很可能以孟学的立场对我进行质疑与批判，那么这就是一种对话与辩证。我在这里论述的目的之一，就是希望激起孟荀之间的涟漪，增加彼此间的冲突与对话，因为唯有如此，儒学才可能因为如此不断辩证而达到平衡与和谐的状态——虽然这样的和谐可能是暂时的，但实用主义者与我所信仰、所追求的，就是这样的动态平衡。透过每一次的对话、辩证，我们就会更趋向于"理想"的状态，这是一个永无止境的追寻，对话并不会停止！

我也不必害怕论述的"错误"，因为所谓的"对"与"错"都是带有主观的背景与价值，并非绝对。只要保有自身的立场去对话，正如杜威所说："变化、冲突、偶发事件、无常和斗争是道德经验的核心"，"即使是最稳定的道德原则都将不得不随着时间的流逝而被我们修改"[①]。我们永远不必担心我们的论述有所不足，因为对于"真理"，我们永远处在"修正"的路途之中。身为一个实用主义者，我已了解，"一个慎思事件的解决也许会导致新的问题，而新的问题又需要新的慎思。"[②]只要主体能够通过不断对话、交谈、讨论而相互理解、沟通，并形成一种相对的共识，这就有助于社会整合的实现及道德秩序的建立。[③]

因此，企盼本文的论述与开展，能够赋予荀学论者一个自我表达的音声，以促发整个儒学的对话与省思，达到整体的提升与进步。期盼读者参与这场对话与辩证，一同回顾过往，创造属于我们当下的价值，进而展望未来！

---

① 拉里·希克曼主编：《阅读杜威——为后现代做的阐释》，徐陶等译，北京：北京大学出版社，2010年，第122页。

② 〔美〕托德·莱肯：《造就道德——伦理学理论的实用主义重构》，陶秀璈等译，北京：北京大学出版社，2010年，第115页。

③ 参见杨国荣：《伦理与存在——道德哲学研究》，北京：北京大学出版社，2011年，第228页。

法与义之辩
——亚里士多德与荀子法律思想比较研究

□李慧子[①]

生活于公元前4—前3世纪的中西两位哲人——荀子和亚里士多德，都立足于群体生存的秩序，关注到法律与正义的关系问题。亚里士多德的法律思想有着很深的思想渊源。“古希腊法律思想产生的直接原因却应该追溯到公元前八世纪希腊开始步入城邦社会的时代。城邦的诞生不仅为法律开辟了广阔的用武之地，而且也为人们的思想观念提供了一个自由的空间。”[②]亚里士多德的老师柏拉图在《理想国》中提出的“哲学王”的治国理想，经

① 作者简介：李慧子，河北唐山人，山东大学儒学高等研究院中国哲学专业博士生，主要研究方向为儒学与西方哲学比较研究。

② 顾准认为，频繁的国际交往又发展到两个城邦间订立等权协定。同样的原因，在古希腊城邦之间也逐渐发展出来一套关于宣战媾和、同盟条约、和平条约、交换战俘，为发还对方阵亡者尸体而协议休战等的国际惯例；同时城邦公民集团“轮番为治”的原则，也使得它必须发展出一套国家法和私法来。参见顾准：《希腊城邦制度》，北京：中国社会科学出版社，1982年，第18-19页。

不起严酷现实的冲击，他在后期的《法篇》中，不仅恢复了法律头等重要地位，而且勾勒了一幅依法治国的蓝图。亚里士多德接续柏拉图在《法篇》[①]中的依法治国的构想，强调法律的根本性，认为法律就体现着正义本身。

荀子的法律思想接续着孔子、孟子的儒家思想传承而来。由于荀子更加关注人性中“性恶”的一面，他也更为强调“隆礼重法”，但是荀子的“有治人，无治法”[②]的思想，并不把法律放在至高地位，而是强调义的重要性。将亚里士多德和荀子的法律思想从人性论基础、人治对法治的补充、法律与不成文法，以及法律与正义四个方面进行比较，可以呈现两位哲人思想的补充与内在张力。

一、亚里士多德与荀子法律思想的人性论基础

法律作为一种社会秩序，其制定者与服务对象都是人。如果不将法律与人性结合进行考察，就很难对法律思想做出深刻的理解。亚里士多德在《尼各马可伦理学》和《政治学》中对法律的阐释较多，对人性所做出的相关论断也多出现在对法律的相关论述之中。

亚里士多德认为人的本性有善的一面，也有恶的一面。“人类由于志趋向善而有所成就，成为最优良的动物，如果不讲礼法、违背正义，他就堕落为最恶劣的动物。”[③]

总的说来，亚里士多德认为人的本性有善有恶，人区别于其

① 柏拉图：《法篇》，《柏拉图全集》第三册，王晓朝译，北京：人民出版社，2012年。

② 王先谦：《荀子集解》，北京：中华书局，2011年。以下凡引此书，只注篇名。

③ 亚里士多德：《政治学》，吴寿彭译，北京：商务印书馆，2010年，第9页。

他动物的标志就是“人是有理性的动物”。关于人性中善的一面，他说，“人们认为，有些人由于本性而成为善良的，另一些人则由于习惯，还有一些人是由于教育。本性上的事情，自然而然，显然非人力所能及，而是由于神的判定而赋予那些实际上是幸运的人”①。而关于人的本性中恶的一面，亚里士多德认为那是因为人的欲望的无限度索取导致的。“人类的恶德就在于他那漫无止境的贪心，一时他很满意于获得有两个奥布尔的津贴，到了习以为常时，又希望有更多的津贴了，他就是这样的永不知足，人类的欲望原是无止境的，而许多人正是终生营营，力求填充自己的欲壑。财产的平均分配终于不足以救治这种劣性及其罪恶。”②

亚里士多德对人性的分析，深深影响了他对法律思想的构建。那就是绝不能赋予任何个人以绝对的权力，而只能赋予公平、公正以绝对的权威。在人治的状态下，人的恶，更容易扩张并给社会造成祸害。亚里士多德清楚地认识到这一点，他说：“让一个人来统治，这就是在政治中混入了兽性的因素”，“所以可以说崇尚法律的人是只相信神和理性的，而那些崇尚人治的人则在其中添了几分兽性，因为欲望就是兽性，激情会扭曲统治者的灵魂，即使他是最好的人，法律是摒弃了欲望的理性。”③亚里士多德说：“立法者要用高尚的动机来鼓励人们趋向德性，不断前进，因为一旦形成习惯就容易接受影响。”④

亚里士多德认为，由若干好人所共同组织的贵族政体，比一

① 亚里士多德：《尼各马可伦理学》，苗力田译，北京：中国人民大学出版社，2003 年，第 229-230 页。

② 亚里士多德：《政治学》，吴寿彭译，北京：商务印书馆，2010 年，第 74 页。

③ 亚里士多德：《政治学》，吴寿彭译，北京：商务印书馆，1965 年，第 169 页。

④ 亚里士多德：《尼各马可伦理学》，苗力田译，北京：中国人民大学出版社，2003 年，第 230 页。

人为治的君主政体更为合理。他根据当时的公民大会制度，认为特殊事例是由人民进行议事和审断。尽管集会上的人可能都不及才能最高的那个人，但是城邦原是由许多人组成的团体，群体比任何一人又可能作较好的裁断。而且，他又追加了一种假设，即若干好人的群体与那一个好人相比较不易于腐败；由于好人群体里的每个人都是好人，所以也不会发生内讧。

与亚里士多德相似，荀子的法律思想的建构也基于其对人性问题的分析。"今人之性，生而有好利焉，顺是，故争夺生而辞让亡焉。生而有疾恶焉，顺势，故争夺生而辞让亡焉。生而有耳目之欲，有好声色焉，顺是，故淫乱生而礼义文理亡焉。"(《荀子·性恶》)

荀子的《性恶》一篇并非要判定人性是恶，而是要呈现在群体关系中，人性的本然状态，即个体的自然欲望如果不加节制与规范，会导致群体秩序的失序。这种人性论主张为他的伦理与政治思想的建构奠定了基础。

由此可见，亚里士多德和荀子都是基于人性恶的分析，制定法律。两者的立论基础是一致的，即对人性中过度的私欲所导致的利益纷争与群体失序的约束与管治。

二、人治对法治的补充

尽管法律的制定和执行是根据正义的，但是完全依照法律裁断事务，依旧会遇到问题。比如，"主张君主政体较为有利的人认为，法律只能制定一些通则；当国事演变的时候，法律不会发布适应各种事故的号令。"[①]用固定化的法律面对变化的、丰富的情况，难免僵化，尤其是面对前所未有的事变，法律就更加束手无策。"法律之所以没有对所有事情都作出规定，就是因为有些事情不

① 亚里士多德：《政治学》，吴彭寿译，北京：商务印书馆，2010年，第166页。

可能由法律来规定,还是靠判断来规定。因为,如果要测度的事物是不确定的,测度的尺度也就是不确定的。”①

因此,亚里士多德认为贤人政治是对法治的补充。他认为,“完全按照成文法律统治的政体不会是最优良的政体。……个人虽然不免有毛病,然而一旦遭遇通则所不能解决的特殊事例时,还得让个人较好的理智进行较好的审裁。那么,就应该让最好的(才德最高的)人为立法施令的统治者了,但在这样的一人为治的城邦中,一切政务还得以整部法律为依归,只在律法不能包括而失去权威的问题上才可以让人运用其理智。”②

在法律所未曾规定,未曾涉及的领域,人治的好处就凸显出来。裁决者可以根据具体情况具体分析,给出适当的处理裁断。而这位统治者一定是才德最高的那一个。亚里士多德马上补充说,尽管是一人为治,一切的事务还是以法律为依据。而个人的裁断只在法律所未曾涉及的地带。亚里士多德的主张是,在有法律明确规定的情况上,以法律为依据;在法律没有规定的情况下,以最好的人的理智进行审断。关于法治,还是人治的问题,亚里士多德还是强调法律的重要且优先地位。因为他对人性之恶有所警惕,认为“法律恰恰正是免除一切情欲影响的神祇和理智的体现”③。

与亚里士多德的不同,荀子认为,在良法与君子的选择上,君子比良法更为重要。“有乱君,无乱国;有治人,无治法。”(《荀子·君道》)这非常典型地体现了荀子的法律观。这句话可以理解为,能够治理天下的人存在,而能够治理天下的法律不存在。

---

① 亚里士多德:《尼格马克伦理学》,廖申白译,北京:商务印书馆,2011年,第161页。

② 亚里士多德:《政治学》,吴彭寿译,北京:商务印书馆,2010年,第166页。

③ 亚里士多德:《政治学》,吴彭寿译,北京:商务印书馆,2010年,第172页。

王先谦将其解释为:“无治法者,法无定也,故贵有治人”。荀子认为:“有良法而乱者有之,有君子而乱者,自古及今,未尝闻也。”(《荀子·致士》)

遍检《荀子》一书,两度谈到“治法”,意义有所不同:一处是说,任何一个国家都是如此,既存在着“治法”(会导向治理的好法),也存在着“乱法”(会导向混乱的坏法)(《王霸》);另一处则是说,离开了“治人”(善于治理的贤人君子),其实并不存在所谓“治法”(《荀子·君道》)。这看起来是矛盾的,其实是更进一步的深入分析。

具体来看,首先是《荀子·王霸》说:

无国而不有治法,无国而不有乱法;无国而不有贤士,无国而不有罢士;无国而不有愿民,无国而不有悍民;无国而不有美俗,无国而不有恶俗。两者并行而国在,上偏而国安,在下偏而国危,上一而王,下一而亡。故其法治,其佐贤,其民愿,其俗美,而四者齐,夫是之谓上一。如是,则不战而胜,不攻而得,甲兵不劳而天下服。故汤以亳,武王以鄗,皆百里之地也,天下为一,诸侯为臣,通达之属莫不从服,无它故焉,四者齐也。桀纣即序于有天下之势,索为匹夫而不可得也,是无它故焉,四者并亡也。故百王之法不同若是,所归者一也。

这里有两点是值得注意的:一是指出:“法”并不意味着它就是“治法”,而可能是“乱法”。所以,所谓“以法治国”、法律至上的观念其实是很偏颇的。例如,以法家思想为国策的暴秦,就是以法治国的典型,但其法未必是“治法”、“善法”,倒有许多“乱法”、“恶法”。因此,真正根本的不是“法”本身和如何“执法”,而是“法之义”和如何“立法”。在这点上,荀子恐怕比柏拉图、亚里士多德等人更深刻,后者往往仅仅强调现存的法的重要性。二是肯定“治法”的存在及其重大意义。在这点上,荀子的“隆礼重法”是和法家一致的。

但是，荀子便进一步分析：一旦离开了“治人”，所谓“治法”也就名存实亡了。所以，《荣辱篇》说：“三代虽亡，治法犹存。”夏商周三代的治法都还存在着，但三代还是灭亡了。于是，《君道篇》说：

有乱君，无乱国；有治人，无治法。羿之法非亡也，而羿不世中；禹之法犹存，而夏不世王。故法不能独立，类不能自行，得其人则存，失其人则亡。法者，治之端也；君子者，法之原也。故有君子，则法虽省，足以遍矣；无君子，则法虽具，失先后之施，不能应事之变，足以乱矣。不知法之义而正法之数者，虽博，临事必乱。

这一段话是谈论贤人君子的重要性，但要注意，荀子涉及了两个层次的问题，也是层层深入的分析，乃是“有治人，无治法”的两层含义。一层是谈的“法”本身，是“执法”问题：“得其人则存，失其人则亡”（名存实亡）。更深一层是谈的“法之义”，是谈的“立法”问题：“不知法之义而正法之数者，虽博，临事必乱。”所谓“法”属于社会规范及其制度，而所谓“法之义”则是其背后的正义原则。这就回到了开头关于“治法”、“乱法”的问题：如果没有贤人君子，那就可能不立“治法”而立“乱法”、不执行“治法”而执行“乱法”；唯有贤人君子才能不仅立“治法”而废“乱法”、而且行“治法”而去“乱法”。

亚里士多德尽管考虑到了特殊情况，但始终强调法律的优先性。而荀子认为，不管是特殊情况，还是一般常态，人才是执行法律的关键。他认为，没有君子去明智裁断和审慎执行，而仅仅盲目地执行现有法律是不妥当，甚至是会导致失序的。

三、法律与不成文法（礼）的关系

除了人治对法治的补充之外，不成文法也与法律一样对规范与惩戒人的行为有着重要作用。亚氏认为,“法律恰恰正是这样一个中道的权衡。但积习所成的‘不成文法’比‘成文法’实际上还更有权威,所涉及的事情也更为重要;由此,对于一人之治可以这样推想,这个人的智虑虽然可能比成文法周详,却未必比所有不成文法还更广博”。[①] 约定俗成的不成文法,与成文法一样起着作用,而不成文法甚至更有权威性。

这里的不成文法,是公民在日常生活中遵循的一套对行为起到规范性作用的律令,尽管没有明文写出法典,但是这些不成文法的作用却是巨大的。它在群体生存中起到了规范性的作用。因此,亚氏认为这些在广泛的生活经验中约定俗成的多种多样的不成文法,是一个最明智的统治者的智慧所不能企及的。

荀子认为,礼与法应当共同在国家治理中发挥作用,认为“治之经,礼与刑,君子以修百姓宁。明德慎罚,国家既治四海平。”(《荀子·成相》)虽然荀子在“隆礼”的同时也十分“重法”,提升了法的地位,认为礼与法相辅相成,应当共同起作用,但是他依然强调礼才是治国安邦的大宪,是法的根本纲领,法必须以礼为本。

亚里士多德与荀子都强调不成文法对社会行为的规范价值。在荀子那里,礼虽然不是法律那种强制性的明文规定,也是一种不成文法。

四、法律与正义

亚里士多德和荀子都发现法律的不全备性,也都觉察到法律不能应对之前未曾涉及的事务。因此,两人都提出了人治的问题。而且,他们都认为人治中的人必须是最为明智、最有才德的人。但是,在亚里士多德那里,人治只是法治的补充。法律是根本,是人作裁断的依归;人只有在法律所未曾涉及的问题上才能

---

① 亚里士多德:《政治学》,吴彭寿译,北京:商务印书馆,2010年,第173页。

给予裁断。而荀子认为,君子还是根本,离开君子的法律是没有任何效用的。两位哲人的分歧十分显豁,他们法律思想的不同与他们对正义的理解有关。

(一)亚里士多德的正义观念

亚里士多德认为,法律的制定要以政体为依据。"法律必然是根据政体(宪法)制定的;既然如此,那么符合于正宗政体所制定的法律就一定合乎正义,而符合于变态或乖戾的政体所制订的法律就不合乎正义"。① 在这段话中,出现了法律、政体、正义三个关键词。法律只有符合体现正义的政体的要求时,才是正义的。

亚里士多德在《政治学》第三卷第六章至第八章中论述政体及其类别。就政体的宗旨而言,凡顾及全邦人民的共同利益而为之图谋优良生活者被列为优良政体。仅图统治阶级的利益的为变态政体。而就政权的形态而言,正宗政体可依照统治者数目的多少而分为君主政体(王制)、贵族政体和共和政体三个类型。变态政体分为僭主政体、寡头政体和平民政体三个类型。那么在符合正义的君主政体中,符合君主政体而制定的法律是正义的。

亚里士多德在《政治学》第三卷第九章中,明确谈到了他的正义观念:

> 一个城邦的作用及其终极目的却是"优良生活",而社会生活中的这些活动却只是达到这种目的的一些手段而已。……政治团体的存在并不由于社会生活,而是为了美善的行为。[我们就应依照这个结论建立"正义"的观念。]所以,谁对这种团体所贡献的[美善的行为]最多,[按正义即公平的精神,]他既比和他同等为自由人血统(身份)或门第更为尊贵的人们,或比饶于财富的人

---

① 亚里士多德:《政治学》,吴彭寿译,北京:商务印书馆,2010年,第151页。

们，具有较为优越的政治品德，就应该在这个城邦中享有较大的一份。[①]

亚氏的这段文字，集中表明了他的正义观。他分析各种政体所持有的不同的正义观念：平民主义者认为人们出身相等（同为自由人），便应当一切权利都相等；寡头主义者认为人们财富不等，便应一切权利都不等。而亚里士多德认为，平民派和寡头派所持的正义观都有偏颇，强调权利的平等或不平等，都不是正义的核心所在。

第一，城邦的终极目的是实现优良生活。达成优良生活的方式只是手段而已，并不是决定正义的关键。亚里士多德认为，"世上一切学问（知识）和技术，其终极（目的）各有一种善；政治学术是一切学术中最很重要的学术，其终极（目的）正是为大家所重视的善德，也就是人间的至善"。政治学上的善就是"正义"。正义以公共利益为依归。[②]

第二，团体的存在是为了美善，而不是由于社会生活。城邦为若干家庭和村坊的结合，由此结合，全城邦可以得到自足而至善的生活，这些就是我们所谓人类真正的美满幸福。[③]

第三，正义的分配不是根据血统、身份，也不是根据财富，而是根据美善的行为和优越的政治品德。谁为团体所贡献的美善行为越多，他的政治品德越是优越，那么他在城邦中就应当获得更多的尊贵和财富。亚里士多德认为，"所谓'公正'，它的真实意义，主要在于'平等'。如果要说'平等的公正'，这就得以城邦整

① 亚里士多德：《政治学》，吴彭寿译，北京：商务印书馆，2010年，第143-144页。

② 亚里士多德：《政治学》，吴彭寿译，北京：商务印书馆，2010年，第152页。

③ 亚里士多德：《政治学》，吴彭寿译，北京：商务印书馆，2010年，第143页。

个利益以及全体公民的共同善业为依据”[①]。也就是说，这里的平等不是绝对的权利的拉平，而是根据一个人的美善行为的多少而有所高低。

由此可以提炼出亚里士多德的正义观念，即正义即优良生活的实现，或者说是至善的实现。“世上一切学问（知识）和技术，其终极（目的）各有一善；政治学术本来是一切学术中最重要的学术，其终极目的正是为大家所重视的善德，也就是人间的至善。政治学上的善就是‘正义’，正义以公共利益为依归。”[②]在这里，亚里士多德明确提出，正义就是善。

（二）荀子的“义”观念

“义”是荀子多次且反复提及的关键词。荀子的“义”与西方

① 亚里士多德：《政治学》，吴彭寿译，北京：商务印书馆，2010年，第157页。

② 亚里士多德：《政治学》，吴彭寿译，北京：商务印书馆，2010年，第151页。

的“正义”一词有着对应性。[①] 荀子“义”的提出是与群体的生存方式有关的。他认为，人类之所以能够优胜于其他生物的原因，就因为有“义”，并且能够“分义”。

水火有气而无生，草木有生而无知，禽兽有知而无义，人有气、有生、有知，亦且有义，故最为天下贵也。力不若牛，走不若马，而牛马为用，何也？曰：人能群，彼不能群也。人何以能群？曰：分。分何以能行？曰：义。故义以分则和，和则一，一则多力，多力则强，强则胜物，故宫室可得而居也。故序四时，裁万物，兼利天下，无它故焉，得之分义也。（《荀子·王制》）

荀子认为，群体生存方式是必须的。因为如果利益没有分

① 黄玉顺教授在《荀子的社会正义理论》一文中，分析了荀子的“义”与西方正义的可对应性。他认为“将‘义’表达为‘正义’，最早见于《荀子》。汉语‘正义’一词在《荀子》中总共出现四次。其中三处‘正义’所指的正是社会正义。①《正名》：‘正利而为谓之事，正义而为谓之行。’杨倞注：‘为正道之事利，则谓之事业，谓商农工贾也’；‘苟非正义，则谓之姦邪’。所谓‘正义’就是‘为正道之事利’，即由正道而获利益。所谓‘正道’就是正路——正当的途径，也就是‘正义’，犹如孟子所说：‘义，人之正路也’（《孟子·离娄上》）。这就是说，正当的功利就是‘正利’，而作为其前提的正当就是‘正义’。②《儒效》：‘不学问，无正义，以富利为隆：是俗人者也。……法先王，统礼义，一制度；……张法而度之，则晻然若合符节：是大儒者也。’这里以‘俗人’与‘大儒’对举，相应地以‘正义’与‘礼义’及其‘制度’对应，显然，‘正义’指‘礼义’，即‘礼之义’，亦即建构‘礼’（制度）所需依循的‘义’（正义原则）。这正是我们这里所讨论的社会正义范畴。③《臣道》：‘《传》曰：‘从道不从君。’故正义之臣设，则朝廷不颇；谏争辅拂之人信，则君过不远。‘这是论‘谏、争、辅、拂’四种‘社稷之臣’，都是‘从道’的‘正义之臣’，这也属于这里所要讨论的‘正义’范畴，其所从之‘道’即正道、正路，亦即正义”。参见黄玉顺：《荀子的社会正义理论》，《社会科学研究》，2012年第3期。

配，就会弱肉强食，社会就会因纷争而动荡，那么群体性的生存就会分崩离析。而分裂的个人或者小群体就难以适应险峻的自然和社会环境，生存都会成为问题。“故人生不能无群，群而无分则争，争则乱，乱则离，离则弱，弱则不能胜物；故宫室不可得而居也”。(《荀子·王制》)

荀子认为，群体生存需要有正义进行分配与调节。人与动物、植物和其他事物的不同，除了有生命，有知觉之外，最重要的是有义。而人之所以可以使用万物，乃在于人能够利用和发挥群体的力量。而群体的力量的关键，乃在于“分”。而分的依据是“义”。按照“义”的依据去分配，则万事和顺，群体和睦，则单个个体的力量就能合而为一，而集中的力量就更为强大。荀子认为，按照义的原则去“序四时、裁万物”，就能兼利天下。

因而，荀子强调将“义”的观念灌注到个人、家庭和社会等各种关系秩序之中。也就是说“义”是与群体性生存息息相关的。荀子在《荀子·强国》中指出：

凡奸人之所以起者，以上之不贵义，不敬义也。夫义者，所以限禁人之为恶与奸者也。今上不贵义，不敬义，如是，则天下之人百姓皆有弃义之志，而有趋奸之心矣，此奸人之所以起也。且上者，下之师也，夫下之和上，譬之犹响之应声，影之像形也。故为人上者不可不顺也。夫义者，内节於人而外节於万物者也。上安於主而下调於民者也。内外上下节者，义之情也。然则凡为天下之要，义为本而信次之。古者禹、汤本义务信而天下治，桀、纣弃义倍信而天下乱，故为人上者必将慎礼义，务忠信然后可。此君人之大本也。

首先，在个体层面，“义”，可以起限制人欲、规导人心、规范礼义、规制秩序的作用。

第二，在家庭成员与君臣伦理关系上，“义”可以调理人伦。“不可少顷舍礼义之谓也。能以事亲谓之孝，能以事兄谓之弟，能

以事上谓之顺，能以使下谓之君。"（《荀子·王制》）

第三，荀子强调明君对于"义"的践行对于群体生存具有重要作用。荀子提出了"义立而王"的观点。"今亦以天下之显诸侯诚义乎志意，加义乎则法则度量，著之以政事，案申重之以贵贱杀生，使袭然始终犹一也，如是，则夫名声之部发于天地之间也，岂不如日月雷霆然矣哉！故曰：以国齐义，一日而白，汤、武是也。汤以亳，武王以鄗，皆百里之地也，天下为一，诸侯为臣，通达之属莫不从服，无它故焉，以济义矣。是所谓义立而王也。"（《荀子·王霸》）

五、结论：超越法律，对正义的追寻

面对人性中恶的一面，以及社会生活中的各种冲突和矛盾，伦理准则不能完全起到制约作用。更加具有强制作用的法律也是维护社会稳定的不可或缺的重要手段。荀子和亚里士多德都关注群体生存的秩序问题，也都强调运用法律以抑制人性中的恶，以此来实现社会的稳定与完善。亚里士多德与荀子的法律思想的分歧体现在对以下三个问题的争议。

第一，法律是否具有至高地位？亚里士多德尽管考虑到了法律所未曾涉及的特殊情况，但始终强调法律的优先性。而荀子认为，不管是特殊情况，还是一般常态，人才是执行法律的关键。他认为，没有君子去明智裁断和审慎执行，而仅仅盲目地执行现有法律是不妥当的，甚至是会导致失序的。

第二，法治与人治，何者更为有效？亚里士多德强调正义就是对至善的实现，但是考虑到纷繁的现实以及人性之恶的方面之后，他还是认为"法律恰恰正是这样一个中道的权衡"，"法律恰恰正是免除一切情欲影响的神祇和理智的体现"。[①] 而人治只是法

① 亚里士多德：《政治学》，吴彭寿译，北京：商务印书馆，2010年，第172页。

治的补充。但是，在法律执行过程中，执法人可能出现的腐败和不义却是他没能注意到和论及的。

在荀子那里，法的作用受制于君子。君子的德性与善德是保证法律得以有效实现的关键。但是如何保障君子的德性一直贯穿，不会受到物欲、私欲的诱惑而有所动摇呢？即使有如此坚定不移的君子，又如何能保证所有的执法人都是君子，都能公正地裁断呢？荀子认为，君子德行的保持凭据的是心中的义，在行动上靠法约束，以礼进行规导。

第三，法律与正义之间存在冲突。亚里士多德始终认为，法律是正义的体现。对法律的严格最终就是对正义的实现。而在荀子看来，即使法律再如何完备，但是如果执行法律的人是不正义的，或者是道德败坏的，那么法律的滥用就可能出现，那么义就会被损害。也就是说在执行法律的层面上，执法者必须是道德高尚的君子。

通过以上的分析，我们可以看出，符合正义的法律和明智的执法人都是必需的。亚里士多德严格执行法律，从而实现正义的思想，在基本层面上，可以保障社会的安定和有序。而荀子“有治人，无治法”的思想，超越了亚里士多德的法的层面，在义的层面，调节凝固化的法律条文，使得在法律范围内不能解决，或者在法律范围内存在争议的问题能够得以妥善安排。荀子不把凝固化的法律条文作为至高律令，而是强调明君对于法律的执行。在荀子那里，义是核心，法只是手段，而君子是依靠“义”，运用法律，从而实现义的人。荀子的法律思想超越了法律层面，在更高的义的层面，使得法律的运用更灵活，更能体现义。对两位哲人法律思想的比较研究，可以凸显法与义的彼此补充与内在张力。

当代儒家思想探索

诠释学语境下《中庸》宗教性意义的解读

——论杜维明对《中庸》的现代诠释

□张宇　姜红明①

【内容摘要】从"前理解"下对经典文本的选择，到"视域融合"中"效果历史"的创生和诠释学循环下对《中庸》结构的整体性把握，杜维明对《中庸》文本加以释读，通过对诠释学理论的娴熟运用，系统地论证了《中庸》所体现的儒学人文精神的宗教性：儒家的人生哲学虽然入世却有向往天道的维度，具有"人道"与"天道"、"终极关怀"与"现实关怀"、"内在性"与"超越性"、"人文精神"与"宗教精神"的同一。

【关键词】中庸；杜维明；诠释学；宗教

---

① 作者简介：张宇，1967年生，湖北公安人，历史学博士后，现为空军预警学院人文社科部副教授，主要研究方向为历史学；姜红明，1966年生，湖北监利人，法学硕士，现为空军预警学院人文社科部教授，主要研究方向为国际关系。

海外新儒家代表人物杜维明先生的《〈中庸〉洞见》一书，是对儒家经典文本《中庸》的系统性新解读。[①] 他系统应用西方诠释学原则和方法，对《中庸》的内在逻辑和总体意义作出了颇具新意的总结，论证了《中庸》所体现的儒学人文精神的宗教性，解读出了儒学深厚的宗教品格。

一、"前理解"下的诠释文本选择

杜维明先生的儒学研究既有深厚的儒家学养基础，同时又以善于运用西方的观念和方法见长。他自言"马塞尔的深挖取径、布伯的存在反思论以及伽达默尔的本体诠释，都在方法学上给予我很大的帮助。"[②]他在总结自己的治学理念时提出的三大原则"提倡问题性、强调分析性和重视体证内悟"，几乎可以视为对诠释学理论的精练表达。[③] 对《中庸》文本的诠释，就是他对伽达默尔诠释学的一次深入实践。

诠释学理论认为，诠释者对任何文本的阐释，都离不开"前理解"，即理解者理解某一事物的先行立场或视角。既然所有的人都离不开其生存的历史环境，具有自身独特的思想倾向，则"一切理解都不可能是对对象的无前提的理解，对象其实已经在某种模糊的方式里被理解，理解是基于理解者的前结构的先行的前理解，前结构将构成理解者的不可言喻的无可争论的先入之见"。[④]

---

① 杜维明：《〈中庸〉洞见》（中英对照本），段德智译，林同奇校，北京：人民出版社，2008年。此书曾于1999年由武汉大学出版社出版，名为《论儒学的宗教性——对〈中庸〉的现代解读》。

② 郭齐勇、郑文龙编：《杜维明文集》第五卷，武汉：武汉出版社，2002年，第634-635页。

③ 郭齐勇、郑文龙编：《杜维明文集》第五卷，第635页。

④ 洪汉鼎：《诠释学：它的历史和当代发展》，北京：人民出版社，2001年，第205页。

理解的起点就是“前理解”、“前见”和“前把握”。与经典诠释学和一般诠释学致力于消除“前见”,力图掌握文本和作者的“原意”不同,伽达默尔认为正是因为解释者在对文本进行解释之前已经拥有了“前理解”,才能对文本的“问题”进行重构,并通过问题的重构而规定文本意义的方向(意义预期),从而在对旧文本的诠释中生成新意义。

杜维明选择《中庸》作为诠释对象,并着重揭示其内在超越的本质,即基于他的“前理解”——他的先行的立场和视角——对儒学价值的认同,对儒学危机的忧患,对儒学现代性转换的关怀,对西方启蒙精神的反思和对《中庸》文本已有的强烈感受。

个人经历和时代环境构成了杜维明意识中的“前理解”,形成了他的思想倾向。他认同儒家基本价值,但又不得不直面现代化背景下对儒家的质疑与挑战。对儒学生命力和现代性的质疑激发出其深刻的忧患意识,他所阐释的儒家理念,首先要完成的是对西方挑战的回应。“一方面我要直面西方文化的挑战而深入了解自己的思想资源,以便去其糟粕,存其精华,并开拓它的可能发展的空间。另一方面,基于我的特殊的文化背景,我要了解在这种平等互惠的交往中,我能够向西方学术界提供什么,或者说回报什么。”①

对儒学质疑的重点之一指向其生命存续能力,即儒家文化已经死亡还是仍葆有其生命力;若其生命力仍存,生长点又在何处。新儒家代表人物徐复观、牟宗三、唐君毅、张君劢等人于1958年联名发表《为中国文化敬告世界人士宣言》指出:中国文化精神生命仍是活的存在,它特殊的心性之学、超越的宗教感情和伦理生活造就了中华民族悠久的历史,并将继续提供民族生存的文化动力。对中国文化具有的特殊智慧,西方人士应给予尊重及了解。杜维明承继了他们对儒学的深情,由于长期身处西方文化环境,

① 参见胡治洪:《康桥清夏访硕儒——杜维明教授访谈录》,《哲学评论》(2002年第1辑),武汉:湖北人民出版社,2002年。

对儒家文化所面临的挑战有更深刻的感受。对于他而言，要构建儒学与西方文化对话、交流和沟通的平台，使海外学界对儒学的生命力和现代性有更多的认可，就需要在前辈的基础上更为深入地把握西方走向现代的文化思想根基，更为深入地阐释儒学实现现代性转换的生长点。他在充分肯定西方启蒙精神、启蒙价值的基础上，进行"启蒙反思"，认为宗教因素在欧美文化传统中一直发挥巨大作用[①]，是欧美社会走向现代的深层思想资源。而欧美学界一直认为，儒学主要是一种社会哲学或伦理体系，在儒家文化传统里缺乏宗教资源。因此，对杜维明而言，儒学要证明其价值和生命力，应该展现其宗教关注的维度。正是在这样的背景之下，杜维明开始致力于儒家思想内宗教性资源的挖掘与诠释。而选择对《中庸》进行文本诠释，正是这样一个基础性的工作。

郭齐勇先生认为，"杜维明的儒家论说，不在概观，也不在知性铺陈与体系建构，而是如孟子和马赛尔(G. Marcel)所说的'掘井及泉'——从具体存在通向普遍价值，重在钻研、挖掘、创造性诠释儒家思想的内在精神与现代意义。"[②]"掘井及泉"的研究方式，使他选择通过理解和阐释儒家经典文本这一"具体存在"的路径而达到阐发儒家"宗教性"普遍价值的目的。在经典文本中他选择了《中庸》。自幼所受到的儒家熏染使他对《中庸》的形而上特征、意义的多维性和深刻性有强烈的感受和体悟，也使他对从中发掘儒家的宗教性资源充满了期待。他说："只有很少的文本值得我们反复细读，从中得到取之不竭的灵感资源。我们越是阅读它们，越是能够感受到它们的深刻与丰富。在我看来，《中庸》就是这样一种文本。"[③]它"在儒家传统中是一部极为重要的经典"、"在中国思想史上一直是创造性心灵的灵感的源泉"、"在全

① 参见杜维明：《〈中庸〉洞见》，第231-233页。

② 郭齐勇、郑文龙编：《杜维明文集》第一卷，武汉：武汉出版社，2002年，第2页。

③ 杜维明：《〈中庸〉洞见》，序第5页。

部儒家古典文献中，它或许是哲理性最强的”。[①] “《中庸》所体现的思维方式依然可以被看作是当代中国许多哲学反思的鲜明的规定性特征。”[②]多年之后为书的再版作序时，他以更肯定的语气阐述了写作的缘起：“我之所以为《中庸》写一篇较长的论文，是出自于一种强烈的感受：《中庸》的文本，不是道德格言的松散汇编，而是为人的意义提供了前后连贯、内容广泛的洞见。受到这种洞见的启发，儒家的道德教育，蕴含着美学品味和宗教感悟，不仅仅局限于伦理学的某些狭隘的界定。”[③]这段话清楚地向我们表明，他对于《中庸》的文本诠释带有怎样的意义预期。

二、视域融合中的意义创生

西方诠释学存在着三个研究向度，一是追求作者的原意，二是探索文本的原意，三是强调读者所领悟之义，这三个研究向度分别遵循着作者主体性、文本主体性和读者主体性的诠释学原则。伽达默尔持守的是第三种观点。他认为，由于理解者与文本间时间间距的存在，任何理解都带有历史性。有意义的理解应该是读者与文本的“视域融合”，而理解的最后结果是“效果历史”的产生。在理解的过程中，读者与文本应该采取一种彼此开放的“对话”的方式。

杜维明对《中庸》文本的解读，同样沿袭和重现着这一过程。他强调，要将与文本间的关系从主客二分转变为与文本作主体间的“对话”，将文本视为“与时共生的活体”，将对文本的解读视为“两个生命的相遇”，他相信这种彼此开放的对话将导致积极的后果。他说，“我的任务并不是倡导一种关于《中庸》的原教旨主义

---

① 杜维明：《〈中庸〉洞见》，第3页。
② 杜维明：《〈中庸〉洞见》，序第15页。
③ 杜维明：《〈中庸〉洞见》，序第3页。

的立场，而是通过诠释来阐明文本”[1]，不是把《中庸》“当作研究对象，刻意拉开研究者和文本之间的距离，企图把文本拉回到它所植根的历史语境中，再遵循文献学和词源学的学术规范对它作出分析”[2]；并非对文本仅仅作解剖学上的剖析，去追寻或者重建作者或文本的“原意”，而是采用伽达默尔所说的“对话”方式，不断向文本敞开自身，在写作的过程中“体验到一种深切的有所发现的感受以及一种想证实自己见解的强烈愿望”[3]，从中索解出文本背后的逻辑结构和精神意义。当然这并不意味他完全忽略了文本的客观性而走向相对主义。“我深切地意识到，保持客观性对任何形式的学术研究都是非常必要的，而且一般说来，在分析性探究与个人体悟之间有很大差别。前者对争论敞开胸怀，因而允许进一步考查，而后者则往往容易变成一种僵死不变的东西。然而，我的研究不是在这两种方法之间作出选择，而毋宁是努力把它们结合起来。”[4]

基于此，杜维明在诠释《中庸》时重点并不在对其词语、句子、段落、章节作注释，或者执着于对《中庸》成书时间、作者等问题的探究，而重在诠释学意义上的理解和分析。

对儒学宗教性维度的挖掘是杜维明进行《中庸》诠释的主要动因。他通过对文本的反复研读、体悟，确定了表现《中庸》宗教性的三个研究领域：“《中庸》的内在逻辑能够通过集中到三个相关问题上予以推证，这就是君子、信赖社群和道德形而上学。”通过它们能够在《中庸》中“清楚地看到一种全整的人文主义理念的展开，这种理念把人生筹划的终极实现看作是对天人一体观的承诺的践履。”[5]正如他在文本的阐释中所论证的那样，人们会发现，

---

① 杜维明：《〈中庸〉洞见》序，第 17 页。
② 杜维明：《〈中庸〉洞见》序，第 3 页。
③ 杜维明：《〈中庸〉洞见》序，第 17 页。
④ 杜维明：《〈中庸〉洞见》，第 11 页。
⑤ 杜维明：《〈中庸〉洞见》序，第 11 页。

这三个方面,最终都与标示儒家宗教性的“内在超越”有着密不可分的关联。

1.君子:《中庸》力图以君子这一人格来展现人的普通存在中所蕴涵的终极意义。表面上看,他和夫妇之愚都被赋予同样的人性,他在庸常的人道实践中展现其卓越的一面。他既是平凡的,又是非凡的。但君子的一个规定性特征在于他对人性的信念,这一点决定了他一方面与普通人做同样普通的事,在“知者过之,愚者不及”的情况下,只有他能够以中道自处,从而以内在的力量将自身所固有的人性充分地展现出来。养成君子的基本功夫其实只有一种,这就是“慎独”,锲而不舍地加以自我观照和精神训练。“戒慎乎其所不睹,恐惧乎其所不闻”,通过持续不断的批判性的自省,察知自己内在情感的精微的征兆,将心灵同时向内在和外界敞开。君子慎独,但并不与世隔绝,或是素隐行怪,追求孤独本身的内在价值,而是将人性的实现完全整合到社会关系的结构之中,以积极转化的方式(并非被动地去适应或调整),使自己的自我认同与外在环境取得和谐,使道与自己的生活整合在一起。在社会交往中,“正己而不求于人”,“上不怨天,下不怨人”,从而无往而不自得。基于这种信念和实践,君子以普通的角色担当达成了生命状态本质上的升华和精粹化,从而,君子之异于常人不是所谓程度的问题,而是质的问题。

把总体的意义结构赋予日常生活以建立恒久价值的过程是艰辛的,必须有足够的力量以承担成为君子的任务,因此,君子要培养一种类似南方人所推崇的刚强:“宽柔以教,不报无道”,和而不流,中立而不倚,虽遭无道,至死而不渝节,知其不可为而为之。有时还要以极大的勇气去面对被外部凋丧人性的力量撕毁的危险。刚强与勇气之外,他还要有与世周旋的“智”,学会“居易以俟命”,等待而不期待。他必须既“忠”且“恕”:对内“忠”,忠诚地返求于己,对内在的修身采取绝对认真的态度,不懈地向人的存在的根基掘进;对人“恕”,同情地理解他人,对他人既不强迫也不强求,“己所不欲,勿施于人”。“毋意”、“毋必”、“毋固”、“毋我”,通过身教而不是命令去发挥道德影响。

2.信赖社群:这是君子深化其主体性,落实君子之道的现实途径。君子想要体现人的日常存在的终极意义,他就不能轻视人际关系,人际关系事实上是君子之道的出发点。君子以修身为基础,通过道德说服来建立信赖社群。君子"修身以道",尊崇"仁"、"义"、"礼"三原则,涵养"智"、"仁"、"勇""三达德",处理君臣、父子、夫妇、昆弟、朋友等五种人类社会最基本形式的人际交往,建立"父子有亲,君臣有义,夫妇有别,长幼有序,朋友有信"的道德秩序,从而衍生出相互信任的社会即信赖社群。

"仁"、"义"、"礼"的原则都与人际关系的处理相关。

(1)仁,《论语》中以"人"字来界定,孟子则把人看作一种道德的存在,换句话说,人以"仁"或者"善"来显现自己的存在,其终极根据就在于人自己的内部。一个人根本不可能绕过他的原初的种种纽带(如近亲之爱)来体验、理解和表达他对人类的普遍之爱,所以"亲亲"成为"仁"最直接的运用。

(2)义,表示一种确定正确或适宜的判断力,它以"尊贤"为原则。"亲亲"虽是仁爱的起点,但由于它带有一定的褊狭,故必须与"尊贤"相匹配,才能实现普遍的人文理想——政治管理中的公正无私。

(3)礼,是从某种恰当的献祭活动演化而来的建立人际关系的本真的途径。[①] 人的内在道德性要恰当地实现出来,既要有"义"的约束,更要经由伦理宗教意涵浓厚的礼仪活动来实现自我转化。在参加礼仪活动的过程中,人们必须培植、发展他的种种人际关系。礼仪的建立和履行不仅有赖于圣贤的努力,也有赖于全体民众的参与。

因为"仁"是人之所以成为人的充分体现,所以在"三达德"中,"仁"是儒家人文主义最主要的象征符号,其他美德都可以理

---

① 杜维明:《作为人性化过程的礼》,《东西方哲学》,1972 年 4 月第 22 卷,第 194 页。

解为“仁”的若干方面，“三达德”的实现集中于“仁”的实现上。儒家的“政者，正也”的政治概念包含了伦理宗教思想的许多方面。对于统治者而言，治国的艺术是其道德教育的扩展，其行使权力的方式，与基于压力集团相互制衡的敌对体制大相径庭。其构建信赖社会的努力应通过“修身”、“尊贤”、“亲亲”、“敬大臣”、“体群臣”、“子庶民”、“来百工”、“柔远人”、“怀诸侯”九个先后相续的步骤（“九经”）来实施。通过统治者和君子以自我为中心的人际关系网络的构建，形成全整的社会秩序，在这一秩序中，每个普通人都可以成为信赖社会的一员。

3.道德形而上学——诚→至诚。此义项力图说明君子道德的终极来源，道德的终极展现超越社会伦理而在天人合一中致其极。道德潜藏于人性，而人性正是由天所赋予（“天命之谓性”）。《中庸》并未如西方学说那样，设计出一位上帝或全能的创世主，而是以人天合一的方式，以道德作为超越的支撑点。它以天道之实然对应于人道之应然。“诚”的含义远远大于英文的“sincerity”，它的主义项是“真诚”，同时还隐含或具有“诚实”、“实在”、“真实”、“忠实”等义。一方面，它是原初本真状态的实在，同时，又是无所不包、充实饱满的实在。

要实现充分的人性，需要通过生成和涵养“诚”的功夫，诚不仅是一种存在的状态，也是一种生成的过程。这一过程包含两个层面，一是“诚→明”，一是“明→诚”。《中庸》第21章：“自诚明，谓之性。”“自明诚，谓之教。”它强调的是，虽然诚是天所赋之性，但仍要通过教化加以启迪或自我昭明。以“诚则明”为本体，以“明则诚”为下手功夫，这与禅宗所言“慧则定，定则慧”有异曲同工之妙。

诚，对于个人来说，不是一个简单的过程。人通过培养或涵养某种特殊的善而取得诚（“有诚”），经过主体性渐进的不断深化的过程，最终达到至诚。从超越的意义来说，诚不会永远只存于内心，它就像所谓“向量”一样，必然地具有方向性的一面。诚在养成的过程中，以及达到至诚境界的时候，其光芒将会外射。至诚的人，必然具有转化他人的能力，如孔子所说的那样："君子之德风，小人之德草，草上之风必偃。"也只有至诚君子，才能"赞天地之化育"，实现天地人的三才合一，这也正是儒家所推崇的上古圣王的最高境界。

在对表现《中庸》宗教性意涵的关键性概念"君子"、"信赖社群"、"道德形而上"进行充分诠释后，杜维明开始从总体上探讨"儒学的宗教性"。

他认为，成为宗教的人意味着一个人投身于充分地成为一个人(或做人)的学习过程。成为宗教的人的儒家取向，可以界定为一种终极的自我转化。这种转化既是一种群体行为，也是对超越者的一种诚敬的对话式的回应。儒家的宗教性是经由每个人进行自我超越时具有的无限潜在和无可穷尽的力量而展现出来的。"终极的自我转化"意味着学习做人的过程永无止境，其目标不在于超离人性而是实现人性。

"立己"离不开"达己"，人性的实现离不开社会，把社群的所有层面(家庭、邻里、宗族、种族、民族、世界、宇宙)都整合进自我转化的过程中，人才能充分地成为人。强调信赖社群之为终极的自我转化中一种不可消解的终极的真实，是儒学宗教性的一个规定性特征。同时，要充分地成为人，就必须同天建立恒常的对话关系，对天的嘱咐作出虔敬的回应，使人性的内在性获得超越的意涵。

他分析了人的处境，认为人尽管被嵌陷束缚于特定的时空，并不能天然地成为我们之"应然"，但我之应然却为我之实然的结构本身所固有。天道潜藏于人性，人类的精神性就嵌陷于物质性中。人生的终极意义可以通过日常生活实现。人类可以信赖人性，经由个人和社群的努力来拯救自己，上升到"与天地参"的崇高境界。另一方面，由于实然不等于应然，人道的实现不可能是当然之事，学习做人是一个艰苦的过程，同超越者的合一有赖于人类有意识的和诚心的努力，遵循天所赋予的人性行事要求奋发努力来实现自我转化，必须提高我们作为人的感受性，从而拓展仁心。

他认为,可以实现自我转化的儒家的“人”,不仅是个人类学的概念,而且是具有天人关系的或宇宙与人伦关系的观念,具有天人一体观的内涵。这一“人”的概念为儒家伦理学增添了超越的层面,从而具有了深刻的伦理宗教的意义。人虽然被束缚于大地,也同天连为一体。人性乃宇宙的公器而非人类的私产,通行于人类社会用以建立信赖社群的基本伦理原则也适用于人与宇宙之关系,比如:孝、恕都是元伦理学原则,隐含在天人一体的世界观中;我们对祖先的孝敬与对天的敬畏之间存在着对应关系;我们不仅是尽力维护群体团结的世俗的社会存在者,也是宇宙的孝子孝女。同样,“恕”不仅是和谐社会关系的人道,也是达到同自然沟通,建立同天的对话关系的人道,通过它,人与宇宙的生化通而为一,作为大化的共同创造者,形成与天地的“三才合一”。

他认为具有转化功能的自我,实际上可以被称为“真我”,具有镶嵌性和根源性。它是一个开放的系统,通过“慎独”通天人之际,知宇宙之“大本”,作为终极自我转化的根源;它把家庭和社群作为培育自我的自然的家园,经过转化了的自我通过个人和社群渐次超越自我中心主义、裙带关系、狭隘地方观念、种族中心主义和人类中心主义,达到“与天地万物一体”。

这种“终极的自我转化”其真实本性不在于一种彻底的超越,而在于一种具有超越层面的内在,即既超越又内在。它昭示了儒家的包容的人文主义,即儒学人文精神包含着宗教性,儒家的人生哲学虽然入世却有向往天道的维度,具有“人道”与“天道”、“终极关怀”与“现实关怀”、“内在性”与“超越性”、“人文精神”与“宗教精神”的同一。

在对“君子”、“政”、“诚”及与之相关的关键性概念的释读中,杜维明在《中庸》行文的简洁性、文本意义的多维性、论证方式的非线性、表达方式的诗意性的基础上,充分发挥了他学贯中西的特长,将对文本意义的阐发拓展到传统诠释“想象不到的领域”。

《中庸》在论述“君子”之道时,只是告诉读者,君子一方面仅仅实现了作为人的本性的东西，另一方面却达到了一个通常的人无法实现的人生境界，对于导致这一现象的原因没有任何论证性解释。在此，杜维明运用了自己的理解来论证上述结论的合理性。他认为上述结论实际上表明了一个事实，即只有少数人才有内在力量把他们身上所固有的人性充分地实现出来。"因此，理解君子的一种方法，就是按照一个趋向不断深化的主体性的过程来规定他。"[①]君子"戒慎乎其所不睹，恐惧乎其所不闻"，就是为了能充分地实现其本性中所固有的人道。这一过程是一种自我实现的创造性过程，它由一种自我生成的力量源泉所孕育和推动。也正是在这一过程中君子在人的日常存在中努力体现生命的终极意义。又比如对儒家中心伦理原则"孝"的诠解。他认为作为儒家伦理的首要美德，"孝"不能仅仅被视为对父母的无条件的尊敬和顺服，从而给专制政体提供理论基础，在《中庸》中，孝首先是作为伦理—宗教的符号发挥作用的。父子关系作为一种最原初的纽带，充满了强烈而持久的人类情感。而对父子关系的强调，对社会凝聚的关切无疑是最重要的理由之一。孝子的最主要特征是能"继"父之"志"与"述"父之"事"，它不仅包含对其父亲的存在处境的理解，也包含对其理想中的自我形象的理解。因此，"孝"不仅有生物学意义上的传宗接代，更重要的是其文化学意义上的人格理想的承继、文化价值的续成。

类似的对《中庸》文本中关键性概念和陈述性结论的深度剖析、推理在书中比比皆是。对"微言大义"的探幽发覆成为杜维明诠释《中庸》文本的鲜明特色。诠释的前提和基础无疑是文本，但又超越了文本。对关键性概念的表述既来自对《中庸》的体悟，来自《中庸》的语境，但其表述方式却是现代的和贯通中西的。首先，他通过对《中庸》文本的诠释而论述的"儒学的宗教性"这一主题，就来自西方的语境，是对西方挑战的回应，因为此前西方学界普遍地将儒学当成一种社会哲学或伦理体系。另外，他将《中庸》

---

① 杜维明：《〈中庸〉洞见》，第29页。

涉及的三个关键性领域“修身”、“政”、“诚”，表达为“君子”、“信赖社群”和“道德形而上学”三个概念，其中“信赖社群”和“道德形而上学”是典型的西方社会学和哲学概念。他将君子之道释为“主体性的不断深化”，“终极的自我转化”，这种理解固然是来自对《中庸》的深度体悟，但表达方式也完全是现代的和西式的。他认为“孝”包含着“天人合一”的世界观，从“诚”的观念中引出人道与天道的同一等等，均发前人之未发，具有意义创生的意义。凡此都表明他在对《中庸》的诠释中充分体现了“视域融合”之真谛，出新知于陈编，成就了有意义的“效果历史”。

三、诠释学循环下的文本整体性把握

诠释学循环，是诠释学重要的方法论。它认为理解的循环运动沿着文本内部和文本与读者来回移动，在文本被完满理解时才消失。它包含两方面的涵义，一指在对文本进行解释时，理解者根据文本细节来理解其整体，又根据文本的整体来理解其细节的不断循环过程；二指文本与读者之间不间断的“对话”的循环。杜维明通过《中庸》来诠释儒家的宗教性，采取的正是这样一种诠释学的方法。由于第二点实际上关涉的是文本与诠释者之间“视域融合”的问题，在本文第二部分已作说明，此不赘述。下面主要指陈杜维明在文本结构的安排和概念的逻辑推演时对诠释学循环方法的遵从。

他诠释的出发点是把《中庸》文本的意义作为一个整体进行认真的考察，探明潜藏于表面的松散之后的深层次的和完整的结构，以达到对其内在意义的理解。他强调要“通过与整个文本作综合性的交流，以取得一种整体性的感受”①。

从他所预设的文本的有机统一性出发，他对于文本诠释的结构采取了一种“总—分—总”的论证方式。不论是章节的结构安

① 杜维明：《〈中庸〉洞见》，第7页。

排还是章节内关键性概念的演绎、推理，都采用了从整体到局部，又从局部回归整体的方法。从章节的结构安排上，《〈中庸〉洞见》共五章，第一章总述文本，集中回答文本诠释所要解答的基本问题如文本的起源、作者、文本结构的运作方式、文本的主要关切、内在逻辑，并提出对文本的阐释结构："首先抓住三个互相补充的问题或领域即君子、信赖社群和道德形而上学来研究。这三个题目都相当宽泛，足以囊括文本中的所有材料。""对这三个研究领域中的关键要领作出一系列严格反思将可以唤起一种文本的相互关联感，从而展示《中庸》的"内在结构。"[①]接下来的第二章到第四章即分别对"君子"、"信赖社群"、"道德形而上学"问题进行分疏，指出它们的宗教性维度，第五章即在前四章论述的基础上，再综论"儒学的宗教性"。

在章节内关键概念的诠释上，杜维明总体上运用的也是诠释学循环的方法。以第五章《论儒学的宗教性》为例，在前四章论证的基础上，他以"儒学之具有宗教性意味着什么"或"何谓成为宗教的人的儒家取向"设问，首先总论成为宗教的人的儒家取向，即"成为宗教的人意味着一个人投身于充分地成为一个人（或做人）的学习过程"，"一种终极的自我转化，这种转化既是一种群体行为，又是对超越者的一种诚敬的对话性的回应。"[②]再分疏其中涉及的三个相互关联的层面：个人、社群和超越者，对"人的处境"、"天人一体观"、"作为创造性转化的自我认同"进行论述，随后总论"从包容的人文主义看超越"。在对"作为创造性转化的自我认同"的论述中又从"真我"、"家庭"、"社群"几个层面分述自我转化的具体路径，达致对自我转化的最终目的的陈述："经过转化了的自我通过个人和社群渐次超越自我中心主义、裙带关系、狭隘地方观念、种族中心主义和人类中心主义，而达到'与天地万物一

① 杜维明：《〈中庸〉洞见》，第 21 页。
② 杜维明：《〈中庸〉洞见》，第 119 页。

体’。”①

这样的多层次的总—分—总式的论证方法，成功完成了对文本内部意义的循环性的解读。它既使对文本的阐释有明确的意义指向，又使这种意义建立在剥茧抽丝式的精细而充分的论证基础之上。

总之，在《〈中庸〉洞见》一书中，通过对诠释学方法的全面运用，掘井及泉，探幽发覆，“具体而深入地讨论了‘君子’、‘信赖社群’和‘道德形而上学’诸多问题及其同儒学宗教性的内在关联，从而初步构建了阐述儒学宗教性的概念演绎体系。这无疑是儒学第三期发展中的一项重大理论事件”②。

这一对《中庸》的系统性的理论诠释，“激活”了儒学“内在超越”的“宗教性”的灵根慧种，为儒学与世界其他文明、宗教间的对话和沟通，儒学第三期的发展提供了基础和前提。

---

① 杜维明:《〈中庸〉洞见》,第 151 页。

② 杜维明:《〈中庸〉洞见》,第 237 页。

劳思光对儒家"肯定世界"论的分析与反思

□姜志勇[①]

【内容摘要】对人之主体性持肯定精神或肯定文化生活世界是儒学的基本意向和旨意，面对佛道的"否定世界"冲击，宋明儒者着力进行"肯定世界"的理论建构，并主要形成了天道论、本性论和心性论，劳思光先生对这三种"肯定世界"论的理论进路及不足进行了分析，并指出，虽然从儒学史的角度看儒者一直在从事肯定世界的理论活动，但往往遗落了理论的"客观化"问题，这导致成德成圣的儒学不能救时救世。劳先生从肯定精神的角度来诠释儒学史的思路对当代儒学复兴具有重要的启发意义，就是需进一步完善儒学"肯定世界"论，着力解决"客观化"问题，通过构建新的"肯定世界"理论，将儒学的基本价值观念和精神方向在当

① 作者简介：姜志勇，江西南昌人，1980年生，国家信息中心信息处副处长，毕业于中国人民大学，政治学硕士，研究方向为儒家哲学。在《鹅湖月刊》、《原道》、《中和学刊》等两岸学术刊物上发表多篇论文。

代世界中“肯定”下来。

【关键词】劳思光；宋明儒学；主体性；肯定世界；肯定精神、儒学复兴

劳思光先生的《中国哲学史》第三卷历经十年才成稿出版，并很快风行学界，成为经典。劳先生自己说此卷不同于前两卷，此卷“重点在于展示中国哲学思想的演变过程”“一切评述只能顺着一条主脉进行”。[①] 从第三卷的内容来看，劳先生说的这条主脉或作为演变过程的主脉实是宋明儒学的发展演变过程，其核心是儒家的“肯定世界”论。宋明儒学是出于批判佛道“舍离世界”、“观赏世界”的否定世界态度而提出“肯定世界”论的，在这一前提或问题基础之上，宋明儒学的发展实是如何完成建构“肯定世界”论的过程，“天道论”、“本性论”、“心性论”的最主要差别也落在“肯定”的进路及“肯定”的是否完成上。按劳先生的观点，“心性论”相对完成了对“肯定世界”的“肯定”，但理论的“客观化”没有得到处理。宋明儒学的“肯定世界”论是对儒家价值观念的肯定，其理论方式在今天儒家价值观念不断被冲击和弱化的时代也具有重要的参照意义，事实上，今天我们所提的儒学复兴，实质上也是如何重新建构儒家“肯定世界”论的问题，在这一问题上来回顾和诠释劳先生对儒家“肯定世界”论的分析与反思则具有重要的意义。

一、“肯定世界”论：佛道的挑战与儒家的应对

历来研究宋明儒学的学者，都会从唐宋甚至更早时期的中国思想界的状况及儒学面临的挑战说起，但不同学者的思想进路都

---

① 劳思光：《新编中国哲学史》第三卷下之《后记》，广西师范大学出版社，2005年。下文引叙的劳先生文字，大多出于第三卷上下册之导语，这种情况不再标明引用出处。

不尽相同，劳先生研究宋明儒学也是从儒学面临的挑战开始，但却更忠实于宋明儒者所面临的理论问题，或者说，劳先生是站在和宋明儒者同样的基础问题上开始分析宋明儒学的，这一同样的基础问题就是如何应对佛道对于儒家价值观特别是伦理价值的挑战，佛道对于否弃儒家的价值观具有一套相对完善的理论，而如何处理佛道理论的挑战是当时的“哲学难题”。

佛教典籍虽多，教义虽繁，但对世界有一基本的态度，即认为世界是虚妄的，是无明所生，这一世界中的伦理价值，如忠、孝等都可以舍弃，世界乃“舍离”的对象，自我只有在“舍离”处才能完成价值，而不能在“世界中”完成价值。道家从“超离”的视角看待世界，虽然不认为世界是需“舍离”的，但人也不能在世界中实现自我，自我只有“超离”世界才能获得实现。劳先生说，在道家，世界成为“观赏”之对象。佛道立说虽有差别，但在对待世界的态度上，则都是认为在世界中不能实现自我，自我“在世界中也没有什么值得努力之事”，佛道都是持一种消极的人生态度。

劳先生认为，相对于佛道的“否定世界”，“肯定世界”则是宋明儒者之基本态度，也是其抗拒佛道、复兴儒学的主要理论立场。所谓“肯定世界”，其确切意义即是建立一种断定，认为吾人当前面对之“世界”是合理的或“可以成为合理”的，自我能在世界中获得实现，“理”有在此世界中实现之可能。“肯定世界”之态度衍生对“文化生活”的肯定。盖既肯定“世界可以成为合理的”，就肯定要求合理之努力乃应有者，则即必在某一意义上要求一定之建立秩序工作，此即所谓“化成世界”之态度，也即肯定儒家伦理价值的合理性。宋明儒者是从以上对“否定世界”的批判中来进行“肯定世界”的理论建构的。值得注意的是，以上所提的世界不是物质意义上的世界，而是价值意义上的世界，宋儒之反佛教，只以价值意义之“舍离精神”为对象，“肯定世界”之态度亦是重在价值意义上。

从以上的分析来看，是否持“肯定世界”的态度，是区分儒道佛三教的关键，也是理解三教区别的法门。劳先生正是从“肯定世界”这个角度出发，认为宋明儒学是一个整体，都是为了建构“肯定世界”论，因此他不同意宋明儒学的“二系说”、“三系说”等区分，而持“一系说”，但这“一系”里面可以分为三个发展阶段，即天道论、本性论和心性论，其区分理论标准是是否从主体性出发建构“肯定世界”论，历史标准是离孔孟儒学的远近。周敦颐、张载是第一阶段代表人物，持天道论，特点是混合形上学和宇宙论构建哲学体系；程颐、朱熹是第二阶段代表人物，持本性论，特点是虽然摆脱了宇宙论，建立较为纯粹的形上学系统，但宇宙论和形上学的共同点是以“客体性”为第一序而不是以“主体性”为第一序；陆九渊、王阳明是第三阶段的代表人物，持“心性论”，这一阶段是挺立“主体性”的“心性论中心之哲学”，归向孔孟原旨意义上的儒学。按劳先生的说法，就各阶段之中心观念而言，第一阶段以“天”为主要观念，第二阶段以“性”或“理”为主要观念，第三阶段以“心”或“知”为主要观念。另外，儒家肯定世界时，必须要弄清对所肯定之世界持何种观念，主要有两种标准：存有意义的世界和创生意义的世界，存有意义的世界落在对自然世界作价值肯定上，创生意义的世界落在对文化世界作肯定上。从宋明儒者的论述来看，从周敦颐到朱熹，即第一、第二阶段，主要从存有意义论述世界；以陆王为代表的第三阶段，主要从创生意义论述世界。

二、劳思光对儒家三种“肯定世界”论的分析

（一）天道论

天道论的主要观点是，存在“天道”，世界中一切都要遵循“天道”，这是在存有意义上肯定“天道”，但“天道”是存有意义和价值意义合一的，因此“天道”也是价值的根源。周敦颐的《太极图》和张载的《西铭》依据《易传》，建构了从宇宙到社会人生的存有论和价值论合一的系统。劳先生认为，天道论看似明显，其实内中隐

藏了不可调和的背反问题，致使天道观不能完成对“肯定世界”的理论建构。他举了《易传》中“天地之大德曰生”这一最为学者熟悉的“天道”观念为例。按照这一天道观，存在一生生不已的天道，此天道实际运行于万有中，是万有之总方向，而不仅是一形式的概念。按照这一天道观念，如何解释与“生生”相反之“生之破坏”的问题？现实中，往往是“生生”与“生之破坏”并行，有时甚至互相依为条件，也就是说，如果我们可以说世界“生生不息”，那也可以说世界不断有“生之破坏”。宋明儒学家善于从“二元论”的角度来分析问题，如“天理”与“人欲”的划分，认为不符合价值的一面总是暂时的，在天道的运行下，必然要转向符合价值的一面。劳先生认为，“二元论”并不能解释“天理”、“人欲”并存的问题，就如在天道的运行下，为什么人有意志自由？当然这是更为隐蔽的问题，就“生生”和“生之破坏”来说，“二元论”也不能解决。劳先生认为，“天道论”中这一难题的存在，是由于在实际世界或现象世界中强求一形上原理导致的。

（二）本性论

本性论的主要观点是“性即理”。具体做法是把性分为两个方面，殊别之性和共同之性，这一共同之性即是理或本性，性和理是相分又相连的，理只是一个规范，但具体的性可以不符合理，这里的性包括人、物、事的性。本性论认为，理虽然只是规范，可以不是已有之事实，但却是发展方向，理最终要得到实现。每一事物都有其理或本性，但当前之存在状态不必皆循其理，使其存在状态循其本有之理，即所谓“理在事中实现”。如此，只要“理在事中实现”得以完成，则能建构一个系统的“肯定世界”论。但劳先生认为，“理在事中实现”也会遇到困难，这一困难主要体现在多种相关事物都要实现本性的情况中，这一困难是“本性实现中之冲突问题”。本性论还有一个更为根本的困难，即理究竟是何种“存有”的问题。理不存在于现实世界却要实际发挥作用并有其内容，“有超事象领域之理，而此理实现于事象领域中”，因此理不能是经验的、形式的、构型意义的，只能是康德所说的先验综合式的存有，但这样一来，理就成为了主体的活动方式，也就超出了本性论所能解释的范围。按照康德对于先验综合判断的理解，先验综合判断包含三个方面：数学的判断全部都是综合的、自然科学（物理学）包含先验综合判断作为自身中的原则、形而上学中也应包含先验综合的知识，关于第三类，康德认为就像“世界必然有一个最初的开端”那样，形而上学至少就其目的而言是由纯粹先验综合命题构成的[①]。按照康德的定义，理只能属于第三类，不过劳先生虽然把理划入先验综合命题范畴，但并不认为理是一个单纯的概念命题，而是把理看作一种主体的“活动方式”，而作为“活动方式”的理并不能归入康德先验综合命题的范畴。理之所以出现这种理解之困难的原因首先在于，理是一个即存有即价值的概念，作为存有来说理具有形式意义，可以通过哲学的概念式分析来确定它到底是个什么命题，但作为价值的理却具有实践的意义，尤其是当这个价值是从外部强加给万物的时候，就很难对理进行概念式的分析。其次，理又是一个横跨人、事、物等方面的概念，包容甚多，是一个内容糅杂的概念，它可以是物理、条理，也可以是人伦之理，所以，对这样一个概念很难进行明晰的分析并纳入先验综合命题中。

（三）心性论

关于心性论对于“肯定世界”的理论进路，劳先生并没有像天道论和本性论那样详述。但按照劳先生对于陆王哲学思想的诠释，我们不难推理出来。按劳先生的诠释，心性论的核心命题是“心即理”。在陆九渊，心是本心，其所言之理则不甚明确。在阳明，心是自觉活动之主体，理则取规范义，“心即理”指一切价值规范源于主体。良知是自觉到善恶之别的能力，也是为善去恶的心理动力的来源。心性论通过“心即理”的理论建构，把世界建立在

---

① 康德：《纯粹理性批判》，北京：人民出版社，2004年，第11-14页。

主体的自觉之上，而这种自觉动力是根源于人的良知，也就是说在良知的驱动之下，人会自觉肯定现实的道德规范，即使暂时不能实现肯定，但在良知的驱动之下，人会逐渐的回归道德规范。心性论这种建立在完全主体性之上的思路，按劳先生的观点，能够完成对“肯定世界”论的建构，其之所以能实现这个目的，和其理论特点分不开：首先，无论是天道论还是本性论，都预设了一个外在于我的客观规范——“天道”或“理”，且这个客观规范既要是存有的又要是价值的，价值不能是中立的价值，预设的外在规范要脱离主体性而存在，这就为天道论和本性论带来了理论难题，其实一切非中立的价值都不能脱离主体而存在。而“心即理”，理不是指外在于我的规范，而是源于主体自身的规范，这就有效避免了天道论和本性论的难题。其次，天道论、本性论范围了一切的人、物和事，而这一切的人、物、事都有自己要遵循的天道或本性，因此在解释善恶并存的问题时，很难解释为什么在为“善”的过程中，会不断地有“恶”相依，如天道论中“生生”与“生之破坏”的背反，本性论中不同事物“本性实现中之冲突问题”，心性论则只着眼讨论作为具有自觉能力的主体，良知也仅是主体的良知，事和物只能是主体的作用对象，一切价值的根源都是主体，所以就不会出现天道论和本性论中所出现的善恶并存的背反问题。不过，虽然心性论与天道论、本性论相比，其所建立的“肯定世界”理论体系更为完备、更为接近孔孟儒学，但劳先生也指出，建立在主体性之上的心性论虽然从单个主体出发其理论无碍，但一旦涉及多个主体的时候，则会遇到不同的主体为何会形成相同伦理观的问题，有关理论下文将详述。

三、“心性论”是否成功建构“肯定世界”的理论？

上文谈了天道论、本性论和心性论各自的“肯定世界”理论体系的大致内容及不足，劳先生是从离孔孟儒学的远近即是否从主体性出发、“肯定世界”理论体系的完备程度两个标准来分析天道论、本性论和心性论的。从上文的分析可以看出，天道论和本性论的理论存在严重的缺陷，这种缺陷使得其在解释世界时不能自圆其说。那么心性论是否成功建构“肯定世界”的理论？按照劳先生的分析，心性论虽然能自圆其说，但在对主体性的论述上也有不甚明确的地方。阳明在四句教中以“无善无恶”描述最高主体性，而这是佛教的一贯做法，佛教“舍离”世界而不在“此岸”建立任何肯定，故说无善无恶时并无理论内部之不一致问题，善和恶作为意念行为语，皆可安顿于未觉前之幻作层面中，觉性非幻作，自可以离一切描述，善恶也不例外，所以佛教说最高主体无善无恶并无理论之不通处。但阳明学所持的是儒家“肯定世界”论，以无善无恶定义最高主体性，必然会面临一个善或至善如何产生的问题。如谓心体无善无恶，心即理，而循理又如何能为善？阳明也说过良知即天理、心体至善的话，此容易使人生疑，也是导致阳明后学理论分歧和思想流弊的原因。劳先生认为，以无善无恶来论述最高主体性，可以避免最高主体性陷入善或恶的限定中，这给了主体性以最高的自由，但如果顺着儒家肯定世界的思路，是否有必要以无善无恶来描述最高主体性则是一个未决之问题。

除了对主体性自身论述的问题外，心性论也存在严重的不足，主要是“客观化”方面存在问题。所谓“客观化”问题，指“主体性”之“客观化”而言，倘若离开主体性则无所谓“客观化”问题。“心性论”是以主体性为基础的理论，其所面临之“客观化”问题主要是两个方面：一是客观化之活动方面，即道德活动如何有客观化和非客观化区别的问题，单个主体的道德活动所应遵循的标准是其良知，但多个主体的共同活动如何有共同的道德标准可循？即如何从主体性出发形成客观之公共道德的问题，也即罗尔斯的主体间共识或重叠共识问题；二是客观化之境域方面，分为单一主体之统摄境域和众多主体之并立境域，当多个主体并立时，应保证每一个主体都能尽其主体性，而且要实现每一个主体超越其“个别之主体性”而进入一个“共同之主体性”。若每个个体皆以“实现理”为其活动方向，则当面对其他并立之主体时，不能“吞没”其他个体之主体性，而要保证其他主体也实现其主体性。

此外，作为一种“肯定世界”的理论，要完成对世界的肯定，则必须保证自身的理论基础的确定性和不可破。心性论的理论基础是建立在本心或良知的基础上的，本心或良知是分别善恶的能力，是善的来源，也是驱使主体自觉进行道德实践的动力，因此，心性论要完成肯定世界的理论建构首先就必须确保本心或良知的真实存在或确定性。但正是在这一点上，容易引致批评。

在这里，需要进一步反思。按劳先生的分析，儒学要实现理论的“客观化”，而这种客观化又必须是“主体性”的，因为，离开“主体性”而谈“客观化”则儒学的“客观化”无从谈起，所以，“客观化”须依附主体性而成立。所以，儒学的“客观化”不同于黑格尔主观、客观、绝对精神三分中的客观，黑格尔的客观是没有主体性的客观。那么，儒学的“客观化”到底是什么样的呢？这就要先分析“主体性”这一概念，儒学的“主体性”实际上包含两个方面：一是与作用对象客体相对的主体，这个意义上的主体强调的是儒学肯定人之主动性、能动性，即人在与客体的关系中可以有所发挥，这也是孔子所继承的周人创造。二是从思想的来源说上，思想的来源是人自身的心性，而不是从外部强加的，否则必落入天道论，这是孔子所革新的。但就在这里，思想是二元的，一是先天内在于心性的本有之思想，这个圣人和普通人都一样，也就是说在这一方面主体性其实是没有能动性的；二是后天之思想，这个思想才是能动的，但其运动的方向却是既定的，即向前一方面靠拢。从这来说，儒学的“主体性”其实是“有限的主体性”。在以上对“主体性”的分析基础之上，则能很好理解，儒学所要实现的“客观化”也是一个包含背反的努力，即“客观化”是主体努力基础上的，但又是先天的、天命的，主体所能发挥的作用就是保有先天的或在明确先天的之后努力做工夫以防偏离，这里的理论难点就是对于先天一面的确定。这又回到前文所述，作为一种道德学说，在道德上预设先天的规范是容易招致批评的。

四、劳思光对儒学肯定精神的反思

在分析劳思光对儒学肯定精神的反思之前，需要先理解劳思光的儒学史观，即劳先生对整个儒学史从其起源到发展的诠释及其所认为的贯彻整个儒学史的主要精神。在劳先生看来，儒学作为一个学派，其创始人是孔子，孔子继承了周人对人之努力与地位的肯定之精神方向，并进行了革新，盖周人的精神尚处于对人之主体性的半自觉。周人以肯定人之努力和地位为特色的精神方向，相对于更早之前的崇拜神权的观念和习俗，则是一种革新，一种扭转之努力。周人对人之主体性尚处于半自觉，真正的自觉须在能对“人文精神”提出确定理论时，方算真正开始。因此，劳先生认为，孔子代表中国文化自觉时期之开始，儒学从创立者那里起，就是以肯定人之主体性、肯定文化生活为其理论特色和精神意向的，就是以“化成世界”或建立“文化秩序”为旨趣。劳先生以肯定精神为线索，对从孔孟儒学到宋明儒学的儒学史进行了分析。儒学在发展的过程中，其对世界的肯定理论会受到多种挑战，肯定的精神也会受到忽视甚至遗忘，后起之儒者复兴儒学的努力首先应从重新建构肯定世界的理论开始，并以完成对肯定世界的理论建构而终。因此，宋明儒着力构建“肯定世界”理论的努力，不是原创工作，而是回归孔孟儒学或儒学本意的工作。

劳先生认为，儒学“肯定世界”的理论应意味着对理论的“客观化”有所要求，但实际上应该要求“客观化”和实际上有没有实现“客观化”是两回事，而儒学一派是否察觉到了“客观化”问题又是一回事。不幸的是，劳先生认为，“客观化”问题在长久的儒学史中，实是一个“遗落之问题”。也就是说，自孔孟以降的儒者，都没有在理论的“客观化”方面努力，许多儒者甚至都没有察觉到这个问题的重要性。成德之学虽成为儒学思想的意向，肯定世界虽为儒者所坚持之精神方向，但儒学史上，道德理性只在自我之转化升进处显其功能，而未能在历史文化之客观推进上确显其大用。儒学史上的这一“客观化”问题之遗落，在王阳明学说，也即心性论时代才得到“显现”，盖因明末中国的危机不得不促使儒者思考成德成圣之学的无补于救时救世，中国自汉以来民族危机屡屡发生，然论衰亡之前，圣贤之学之盛行，则未有过明代者。明末清初的学者在批判心性论的同时，着力在政治制度方面进行“客观化”之努力。

五、儒家“肯定世界”论在当代需进一步完善

劳先生从肯定精神的角度来诠释儒学史的活动具有重要的启发意义，既然肯定精神是儒学的基本精神方向，那么在今天复兴儒学也应从儒学的肯定精神方向来从事理论创造。而今天的理论创造从儒学史的发展来说，就是需进一步完善儒学“肯定世界”论，着力解决“客观化”问题，通过构建新的“肯定世界”理论，将儒学的基本价值观念和精神方向在当代世界中“肯定”下来，这种“肯定”的实现意味着重新确立儒学在当代的意义和价值。

我从阅读劳先生的《新编中国哲学史》时起就有一种怦然心动的感觉，除了劳先生是以一贯之理论来诠释外，还有他所发掘出的儒家肯定精神，这是我在其他书籍里所见不到的。是以有此文，并谨以此纪念劳先生逝世周年。吾人当顺着劳先生所找到的路走下去，以期对儒学复兴有所助。

何为儒教？ 儒教何为？

——当代儒教问题述评

□王 义[①]

【内容摘要】二十世纪八十年代至今，儒教问题一共发生了三次大的争论。其一，1978年，任继愈在南京召开的中国无神论学会成立大会上首次提出“儒教是宗教”的论断，由此引发激烈争论。其二，1998年，《文史哲》编辑部组织了“儒教是否是宗教”的笔谈，得到了包括张岱年、季羡林、蔡尚思、郭齐勇、张立文、李申等知名学者的参与。其三，2000年，李申《中国儒教史》出版，有关各方就儒教史问题在新世纪孔子2000网站上展开辩论。这三次讨论围绕“何为儒教”、“儒教何为”等核心问题，一次比一次深入，将儒教问题研究推向了一个新的阶段。

① 作者简介：王义，山西运城人，现为四川大学宗教所博士研究生，主要研究方向为儒教。

儒教问题由来已久。十九世纪末二十世纪初，康有为、陈焕章等人提出模仿基督教的形式创建儒教，可被视为儒教问题在近代的开端。康、陈的构想是在面对西方文化强势入侵之际，所作出的应急性反应，并期望通过宗教形式引导中国的近代化。此举招致诸多学人的不满。蔡元培、冯友兰、梁漱溟、张岱年等人均对此作出批判，并以为：宗教是一种没落的、荒谬的、非理性的，代表着人类文化的早期阶段，当前应以美学、哲学、道德代替宗教。

二十世纪八十年代至今，儒教问题出现三次大的争论。第一次是在 1978 年，时任中国社会科学院世界宗教研究所所长的任继愈先生在南京召开的中国无神论学会成立大会上首次提出"儒教是宗教"的论断，由此引发激烈争论。第二次是二十年后的 1998 年，《文史哲》编辑部组织了"儒学是否是宗教"的笔谈，一些知名的学者都参与其中，如张岱年、季羡林、蔡尚思、郭齐勇、张立文、李申等，这可以视为第二次争论。第三次则是李申的《中国儒教史》的出版，有关各方就儒教史的问题展开讨论，在新世纪孔子 2000 网站上展开辩论。

如今回头来看，儒教问题的争论中存在着大量值得关注之处。一些基本问题需要澄清，一些观点亦需要认真审视，其中演化的逻辑亦需要清理。

一、基本问题的澄清

（一）儒教问题兴起的原因

为何会有儒教问题？一言以蔽之，是东西文化碰撞的产物。中国自古就有"三教合一"和"儒教"的提法，但这个"教"主要是从功能上来讲的，意味着"儒释道"共同担负着维持现有的政治秩序，规范人心伦理，以及为人们提供一个超越的精神家园的功能。"三教"共同作为中国人生存的土壤，犹如鱼在水中，人在空气中，并没有感觉到其所依赖的文化的特殊性。直至利玛窦引发的"礼仪之争”发生，国人真正接触到了一种与传统文化在根本上异质的文化之时，方有此问题。

具体来说，儒教问题关涉到中国传统文化的认同和中国人在当下的心灵安顿这两个大的问题。

以基督教为根本的西方文化，在工业革命之后以席卷全球的态势而来，这就不得不引起相对处于劣势的文化的回应和反击。全球的生活方式、消费理念以及某些共同认定的现代观念（如自由、民主、平等）都趋于一体化，这类似于黑格尔与马克思预言的“世界历史”。正如马克思所说，大工业“首次开创了世界历史，因为它使每个文明国家以及这些国家中的每一个人的需要的满足都依赖于整个世界，因为它消灭了各国以往自然形成的闭关自守的状态”。且在精神领域，“各民族的精神产品成了公共财产”[①]。一些被卷进这个“趋同化”进程的民族，就会思考“我们是谁？我们来自哪里?”的问题，从而形成了“文化保守主义”。“保守”并不意味着落后，而是重新找回民族自性的方式。一般而言，有两种方式：其一，看到世界历史演化这一无法阻挡的趋势，积极顺应这种形势，从民族文化的主体中寻找资源，以实现提升转换；其二，固守原有民族的生活方式和观念，力拒全球化的浪潮。体现在中国即为儒教问题。

而在中国传统社会中，“自天子以至于庶人一是皆以修身为本”。修身即是心灵的安顿。儒家在此文化中扮演着重要的角色。在近代，儒家失掉了全方位的功用之后，逐渐退出人们的视野，成为余英时所说的“游魂”。但国人安身立命之需求仍然存在。随着现代社会分工的精细化，资本浪潮冲击每一个角落，家族观念逐步淡化，国人的需求比任何一个时代都更加强烈。此时，各种宗教乘势而来，试图占领中国人的精神空间。一些有担当的儒教中人奋力扛起了“儒教”这杆大旗，从儒家文化中开发精

① 马克思、恩格斯:《马克思恩格斯选集》，第一卷，北京：人民出版社，1995 年，第 114 页。

神慰藉的功能，因而有了“儒教问题”。

无论是文化认同，还是心灵安顿，儒教问题始终关联着中国现代化的进程。

（二）儒教的概念

儒教问题之所以争讼不已，除了各派学者对“现代性”问题认识的不同以外，“儒教”概念在不同层面上运用，也是纷争的重要原因。有的学者认为“儒教”就是同欧洲中世纪基督教同样一种形态的宗教，有的学者把“儒教”之教解释为“教化之教”，还有的学者引入社会学概念，认为“儒教”是国家形式的宗教或宗法性传统宗教。即使同样认为儒教之教就是宗教之教，其间也有争议。如：祭天祭祖是不是对神的崇拜？“天地君亲师”中的“天”等同于基督教中的上帝吗？彼岸世界是真实的，还是人的主观精神状态？等。

对儒教之教的解释，不光关系儒学的性质，还关系着儒教研究的方向以及儒教是否被片面理解的问题。在目前国内学术界，儒教一词至少在三种意义上使用：第一，非儒教的儒学（或儒术）；第二，具有宗教性的儒学；第三，宗教。[①] 这是从总的方面来说。如果考察“儒教”在近三十年的争论过程，儒教经历了一个由狭义到广义，由贬义到中性，甚至是褒义的过程。

任继愈在1978年于南京召开的中国无神论学会成立大会上提出，“在意识形态起主导作用下的儒教就是一种粗俗的、赤裸裸的唯心主义的迷信”。他明确认定儒教是宗教，还是一种与西方黑暗的中世纪同样的宗教，代表着落后、蒙昧、欺骗，急欲去之。

儒教给我们带来的是灾难、是桎梏、是毒瘤，而不是优良传统。它是封建社会宗法专制的精神支柱，它是使中国人民长期愚

① 邢东田：《1978—2000年中国的儒教研究：学术回顾与思考》，《学术界》，2003年第2期。

昧落后、思想僵化的总根源。有了儒教的地位,就没有现代化的地位。为了中华民族的生存,就要让儒教早日消亡。我们只能沿着五四时代早已提出的科学与民主的道路,向更高的目标——社会主义前进,更不能退回到五四以前的老路上去。倒退是没有出路的。①

此处可以看出任继愈论断的出发点与归宿。任继愈总结了儒教的四大特征,包括:至高无上神(天、上帝),对圣贤的追求(宗教修行),精神世界的追求(圣人的主观心理状态),教主、教义、经典、道统(孔子、天地君亲师、六经、道统论)等。不难看出,他对西方基督教的比附非常明显——有唯一的真神,有彼岸世界,有宗教实体和宗教修炼。随后一些学者提出来自己的看法,大多数只是对"儒教是否是宗教"的问题,作肯定或否定的应对,然后给以论证,并未就什么是宗教的问题提出怀疑。在争论中,一些学者就共同认定的宗教概念的基础似乎达成了某种共识。如对汉代董仲舒的神学和谶纬之学,任继愈认为这是儒学宗教化的第一个阶段,李锦全(儒教非教说者)也认为"在纬书中为要把儒学宗教化,其中重要的一环就是把孔子打扮成为教主,并极力加神化……要说中国历史上有过儒教这还有点象"②。冯友兰则认为儒家学说在汉代的确有过宗教化的运动,但是没有成功。③ 这说明在这个时期的争论对"宗教"的定义是统一的,宗教就是神秘的、对非自然神的崇拜,在价值上代表封建落后性和唯心主义糟粕,并且宗教是无法与现代性相容的。从这里可以看出这一时期宗教概念受"宗教鸦片说"的影响,从而,儒教概念的使用也是在一

① 任继愈:《儒教的再评价》,《社会科学战线》,1983年第2期。

② 李锦全:《是吸取宗教的哲理,还是儒学的宗教化?》,《中国社会科学》,1983年第3期。

③ 冯友兰:《略论道学的特点、名称和性质》,《社会科学战线》,1982年第2期。

个很狭窄的领域，而且在价值上是否定的。

此后，在八十年代末期至九十年代，受港台新儒家和西方学者的影响，开始对“宗教”以及“儒教”有积极的理解。他们摆脱了意识形态的束缚，认为宗教有积极的作用。如李申在《儒教是宗教》中指出，揭示儒教的存在，是要确认已经存在的客观事实，而只有弄清楚历史的本貌，才能正确利用传统文化的资源。① 在这里李申认为传统文化是可以利用的，只不过历史的原貌是“儒家是宗教”。其他站在儒教非宗教的立场上的学者，也是要还原历史原貌，虽认为儒家的本来面貌并非全是宗教，但也开始使用儒教的概念。如余敦康认为：

> 我不认为儒教是一种宗教……但是，儒教（或称儒学）在中国传统观文化中一直是居于主流地位，并且从总体上规定了包括了宗教文化在内的传统文化的面貌，却是一个不争的事实，许多有识之士对这一点都达成共识。儒教的思想基调是入世的，关注的重点在于现实世界的人伦日用之常……②

这表明，无论“儒教宗教说”还是“儒教非教说”，均开始使用“儒教”这一概念，并在取消了价值评判的前提下看待传统儒教在现代化中的价值。其中，何广沪把儒教概念进一步明确化了：

> 儒教是指以天帝信仰为核心，包括上帝的观念，天命体验，祭祀活动和相应制度，以儒生为社会中坚，以儒学为理论表现的那么一种宗教体系。③

---

① 李申：《儒教是宗教》，《文汇报》，1996 年 2 月 12 日。

② 余敦康：《关于儒教研究》，《世界宗教研究》，1994 年第 4 期。

③ 何光沪：《中国文化的根与花——谈儒学的“反本”与“开新”》，陈明：《原道》第二辑，北京：团结出版社，1995 年。

这一工作无疑将儒教从传统儒教(包括儒教的全部内容)中抽离出来,儒教所代表的只是不同于佛道两教在中国传统社会起宗教作用的宗教。张允熠也认为:

> 儒家超越精神的实质无异于宗教,但这种宗教实质是掩盖在世俗主义的外衣下的,因此,人们习惯于把它叫做儒学而不称其为儒教。①

张云熠认为儒教是有多面性的,只是习惯上不称为“儒教”,但儒家中有类似于宗教的超越精神,而“儒学”的概念似乎不能包括这一超越精神。

通过以上有代表性的学者对儒教的鉴定和描述,可见把儒教简单化的做法都是管中窥豹。正如陈明所说:“作为一个民族的主干性的文化符号系统,儒学在知识形态上是复合的,其在历史承担的功能是多维的。……儒教的问题关键不在于儒学过去是或不是宗教,而在于,对儒学的复兴来说,对民族生命和生活的健康来说,我们需不需要一个叫做儒教的文化系统来应对解决。”②

为了解决这个问题,我们不妨将儒教定义去意识形态化,从广义的角度来理解儒教,把“教”理解为教育之教、教化之教,既然是教化,那就是可以有多种形态:哲学教化、国家核心价值教化、宗教教化、学校教化等,这是按照现代学科分类的方法来划分的。按照黄玉顺的划分方法,儒教有诗教、书教、礼教、乐教、春秋教、易教,而易教中又有易理之教和神道设教,而神道设教方相当于西方的宗教。③ 问题在此,似乎达成了某些共识,即在“儒教”这个文化大系统下,各自开发儒教的资源,包括儒教中的宗教、哲学、

---

① 张允熠:《论儒学的宗教精神》,《求索》,1996年第4期。

② 陈明:《中国文化中的儒教问题:起源、现状与趋向》,《博览群书》,2004年第8期。

③ 黄玉顺:《儒教问题研究》,北京:人民出版社,2008年,第149页。

政治学、社会学。有些学者担忧这样会破坏儒学的整体性和连续性，所以，我们在按现代学科分类开发儒教系统中的资源后，还要有一个还原的过程，这才是在西方强势文化的现代学术背景下应取的态度，否则只能是故步自封，掩耳盗铃。

（三）建构儒教的方法

从广义的儒教的概念来看，儒教是一个大的文化系统，它需要现代学科的介入，从传统的儒教系统中挖掘可以实现提升转换的资源，只有当儒教中的每一部分都展现出来，也就出现了现代意义上的儒教系统。

就开发儒教系统的资源而言，现代学科的介入是最有效的方法。在目前的学术界，已有社会学、宗教学、人类学、政治学和现象学等学科与儒教的交叉，显示出了非凡的成绩。

通过比较宗教的研究，狭义儒教重新确认儒家的宗教思想。狭义的儒教只是儒教系统的分支，它经历了由建制性的宗教到精神的宗教，这也符合西方宗教学的内在演化逻辑。中世纪宗教哲学的主导原则是神的原则以及相关的启示原则；近现代宗教哲学的主导原则是自然的原则以及与之相关的理性至上的原则；当代的宗教哲学所要建立的正是人的主体性原则以及与之相关的非理性原则。① 可以看出，前两个原则下，宗教由于都倾向于外力，可以用宗教的外在要素起着重要作用，第三个原则则是人的主体

---

① 段德智就认为自中世纪西方宗教学的发展就呈现出上述的趋势，而且西方宗教哲学在两千多年的历程当中，大致经历了一个由理性主义过渡到信仰主义和启示主义，再由信仰主义过渡到理性主义的否定之否定的过程，而当代西方宗教学的发展日益呈现出人学化的趋势。（段德智：《试论当代西方宗教哲学的人学化趋势及其历史使命》，《哲学研究》，1999 年第 8 期）何光沪也分别从神性观、认识论、神学语言等多个方面的分析指出，注重人类生存环境的现象学分析，注重人在宗教中的地位成为 20 世纪宗教学发展的一个基本趋向。详见何光沪：《多元化的上帝观——20 世纪西方宗教学概览》，贵阳：贵州人民出版社，1991 年。

性得到挺立，是一种内在性的原则。而狭义儒教的讨论也是从外在到内在的过程。外在的方面可以视为建制性宗教，内在方面可以看做是精神性宗教。在建制性宗教方面主要讨论的是：儒者信不信鬼神、天是否具有人格神的意义、孔子是人还是神、儒家经典的性质以及儒教有没有组织。通过这样的比照，李申的《中国儒教史》，仅仅开发了儒教的一个方面。但是如果把全部的儒家思想看做是宗教的话，那么对其中的人文主义思想思潮是无法做出解释的。因此，从精神性宗教来看，更多的学者倾向于儒教的宗教性。张立文说："儒教的宗教性是以人文、人性、人本、人道为终极关怀的人文宗教，是兼容诸教的普世化的中华文化体系，是人的终极精神家园。"①在西方宗教学的参照下，儒教开出了其宗教性的一面。而牟宗鉴则利用分层和剥离的方式，认识到儒教大系统中，有多个维度。其中宗教性的维度就是从殷商以来，中国历史上有一种大的宗教一直作为正宗信仰而为社会上下普遍接受并绵延数千年而不绝，这就是宗法性传统宗教。

在构建儒教大系统的工程中，还有黄玉顺先生的生活儒学，以现象学的方法重新诠释儒教，以生活的本真情感作为出发点构建儒家的形而上学和形而下学。除此之外，还有人类学的和政治学的介入等等。

二、儒教问题的讨论

关于儒教问题的争论，自任继愈提出"儒教是教"至21世纪初期，大约可以分为三个阶段。第一阶段，是70年代末，任继愈提出儒教是教说，到八十年中期渐告一段落。这一阶段儒教非教说占绝对优势，毕竟在思想解禁的初期，对"宗教"的理解似乎还停留在五四时期。第二阶段是80年代中期至20世纪末，受到港台新儒家以及东南亚经济奇迹的影响，《文史哲》编辑部邀约一些

① 张立文：《论儒教的宗教性问题（下）》，《学术月刊》，2007年8月。

大家参与儒教问题的讨论，从而引发了更多人的关注，这一阶段的主要特征是儒教问题深入到儒教内部本身，跳出了是与非的争辩，开始使用宗教性的概念。第三阶段是2000年前后，李申出版《中国儒教史》，在孔子2000学术网站引起"儒教与宗教问题争鸣"，这一阶段已不是简单的定性和分析的问题，而是开始了儒教的建构，在方法上有所探讨。

（一）第一阶段：二十世纪70年代末至80年代中期

第一阶段的争论，主要关注的是传统儒家思想在传统中的地位。1978年年底，在南京召开的中国无神论学会成立的大会上，任继愈发表演讲，首次公开提出"儒教是教"说。此后，任先生又发表了《论儒教的形成》、《儒学与宗教》以及《儒教的再评价》等文。他认为，流传千年的儒家学说都属于宗教的范围。具体的论证包括三个方面：(1)孔子开创的儒家学说是对殷周天命神学和祖宗崇拜的宗教思想的直接继承；(2)儒教的形成有两个阶段：西汉阶段和宋明阶段，董仲舒时期是儒教的雏形，宋明理学是儒教的完成；(3)儒教的宗教特征主要在于：信奉"天地君亲师"，以"天"为至高无上的神，追求成圣，奉孔子为教主，以六经为宗教经典，有所谓"十六字真传"（"人心惟危，道心惟微，惟精惟一，允执厥中"）。①

任继愈提出"儒教是教"说不久，就引起各方的争议，反对者多，支持者少。

李国权和何克让首先在《儒教质疑》一文中向"儒教是教"说提出挑战，其主要观点有：(1)孔子的天命观不是对殷周天命神学的继承，而是对它的怀疑和否定；(2)"儒教的二次改造说"不能成立。董仲舒的唯心主义和迷信不等于宗教，宋明理学所标示的不是"中国儒教的完成"，而是"中国哲学发展的前进运动"；(3)孔子

① 任继愈：《论儒教的形成》，《中国社会科学》，1980年第1期。

是儒家学说的创始人，而非“儒教的教主”，更非凌驾于一切之上的“神”。①

崔大华在《儒教辨》一文，对“儒教是教”说展开批评。其主要论点如下：(1)孔子所继承的不是“殷周的宗教思想”，而是“周人的伦理道德思想”，孔子宗教观念淡薄，其理论取向是“伦理”的，而非“宗教”的；(2)儒家学说作为一种伦理思想体系，其从先秦儒家到宋明理学的发展，不是“造神运动”；(3)宋明理学虽然受到佛学、道教或道家思想的深刻影响，但是其理论核心仍是儒家传统的伦理观念，而非作为宗教思想本质特性的“神”和“彼岸”的观念，它既不是宗教，也不具有宗教属性。②

冯友兰在《略论道学的特点、名称和性质》一文中，接着他在五四时期的思想，批评“儒教是教”说。其主要观点如下：(1)任继愈从形态学上考察儒学，从西方中世纪经院哲学所具备的东西，宋明理学也“应有尽有”，推证出宋明理学是宗教，是儒教的完成，这种论证其实是一种“丐词论证”。(2)“天地君亲师”中的“君亲师”“显然都是人，不是神”，孔子及其祖先和后裔“总是个人，没有什么神秘”。“儒家所尊奉的五经四书，都有来源可考，并不是出于神的启示”。(3)任继愈以董仲舒的神学目的论论证儒学之为宗教，其要害是“把董仲舒和道学(儒学)混为一谈”。“董仲舒的天人感应的目的论是宗教”，但是，儒学或道学的本质是“反宗教”，“所以道学的道统论中不列董仲舒，认为孟子死后，道学就失传了。”(4)应当区分“教化之教”和“宗教之教”。“中国本来所谓三教的那个教，指的是三种可以指导人生的思想体系，这个教字，与宗教这个名称的意义不同。”③

张岱年《论宋明理学的基本性质》着重从宋明理学的特点说

① 李国权、何克让：《儒教质疑》，《哲学研究》，1981年第7期。

② 崔大华：《儒教辨》，《哲学研究》，1982年第6期。

③ 冯友兰：《略论道学的特点、名称和性质》，《社会科学战线》，1982年第3期。

儒教的性质:(1)理学为先秦儒家孔丘、孟轲的伦理思想学说提供了本体论的基础,而不是儒教的完成。(2)理学把封建地主阶级的道德原则看作永恒的绝对的最高原则,这样来为封建等级秩序提供理论辩护。(3)理学认为在现实生活中提高一定觉悟即可达到崇高的精神境界,而不需要承认灵魂不死,不要承认上帝的意志。① 张岱年在以后的讨论中又修正了自己的观点。

李锦全《是吸收宗教的哲理,还是儒学的宗教化?》主要认为宋明理学不是把儒学引向宗教化,而是吸收宗教的哲理,从而把儒家的伦理教义导向哲理化。他从五个方面加以论证:(1)针对任继愈把哲学和宗教视为“浑然一体”,他认为唯心主义哲学和宗教混淆在一起,但并不是都是宗教神学,理学只是一种精巧的信仰主义,不是宗教神学。(2)隋唐时提倡三教并用,儒教只是一个教育团体,而阎罗天子、城隍庙王以及土地菩萨等神仙系统,是儒家神道设教的指导思想的产物,但不能说儒家就是宗教。(3)儒家在董仲舒和谶纬之学那里有宗教化的倾向,但董学中没有一个宗教的教主,谶纬之学也由于荒诞和肤浅不被人重视,所以宗教化运动也到此为止。(4)理学抛弃了成佛作祖的宗教思想,糅合佛道主要是吸收其哲学思辨性的一面,特别是朱熹,努力完成了这一使命。②

王瑞来《孔子天命观新探》主要是针对任继愈先生的第一条论据所发,他认为孔子的天命观有一个变化的历程:(1)由于童年社会环境的影响,在青年时期,孔子是相信天命鬼神的;(2)又由于家庭的原因和他奔游列国的经历,他看到上天并不可以惩恶扬善,他怀疑天命;(3)长年深深的怀疑,孔子开始转向一种自然天命观。这应该看做是人文思潮的产生和社会的进步。③

---

① 张岱年:《儒学与儒教》,《文史哲》,1998 年第 3 期。

② 李锦全:《是吸取宗教的哲理,还是儒学的宗教化?》,《中国社会科学》,1983 年第 3 期。

③ 王瑞来:《孔子天命观新探》,《哲学研究》,1982 年第 2 期。

这些只是争论的一部分内容,从这几篇具有代表性的文章中我们可以看到第一阶段的主要问题。第一,孔子开出的儒家学说究竟是对殷周天命观的肯定还是否定,除任继愈外,其他的学者都认为孔子是继承了殷周时期的天命观开出了人文主义的思潮,是对神学的否定。第二,关于儒家宗教化的运动。第三,天地君亲师是否有人格神的意义。第四,宋明理学的形态是宗教还是哲学。因此,第一阶段的讨论在普遍否认儒家思想的正面作用之时,论者根据自己的立场和学识对儒家的性质和演变有了一个鉴定。第一阶段讨论意义不是很大,主要是因为受到政治意识形态的影响,不论是儒教是教说,还是儒教非教说都认为这个东西在封建社会宰制着人民。但这次讨论仍有价值:提出了儒教的概念,开始反思中国的传统文化价值,引发了多方的关注。

(二)第二阶段:20世纪80年代末至90年代末

第二阶段开始于20世纪80年代中后期,有一些论者从社会学、政治学的角度参与了这场讨论,跳出了是与非的框架,增加了儒教问题的深度和广度,同时也使更多学着认识到儒教问题的重要。

在这个阶段任继愈深化了自己的观点,并且有了坚定的支持者李申。任继愈《论具有中国民族形式的宗教——儒教》对儒教的政治性、民族性、现实性进行了新的论证。他认为,中国封建社会存在着统一的中央集权政治与分散的自然经济的矛盾,如何协调这一对矛盾,就要靠儒教。同时,从世界的历史来看,世界的三大宗教都是在封建社会发展起来的,这是一个普遍的现象,中国封建社会也应有自己民族的宗教,这就是儒教。[①] 在《论白鹿洞书院的学规》中,任继愈认为白鹿洞书院的学规是朱熹的施政方针、宗教思想和政教合一的体现。朱熹的政教合一体系,不仅是个人

---

① 任继愈:《儒教问题争论集》,北京:宗教文化出版社,2000年,第171页。

的，它代表着宋、元、明、清长达八百年的政治体制。这一体制调节了神权与王权的矛盾，所以没有发生欧洲的教权与王权的战争。①

李申作为坚定的儒教是教说的拥护者，用更多的史料来证明自己观点。在《关于儒教的几个问题》中，他从儒者对鬼神的观念、儒教有无宗教组织、儒教有无彼岸世界的问题上谈了自己的认识：(1)孔子虔诚地相信鬼神，不能只看《论语》，应该在更大的范围内来看，如五经或六经。(2)儒教中的上帝是与人同性而不同形。它因为具有人格，所以宋儒的内修主敬原则就是一种敬畏上帝的宗教心态而不是道德心态。在上帝之下，还有“百神”，从日月、山川，到鸟兽草木，乃至名儒、名臣、名人，也都在百神之列。(3)关于彼岸世界，儒教和其他宗教有点区别，儒家不主张人们死后要进入另一个世界，引入也不主张脱离世俗生活，而是按照上帝的旨意，辅助上帝，把天下治理好。(4)儒教的宗教组织也同时是国家的政权组织，在这个组织中，任职的官员也就相当于其他宗教中的神职人员，国家的职务等级也就是宗教的等级。② 李申先生也涉及国家的政治组织的问题，这就引申出了其他学者关于制度、社会和国家方面的思考。

谢谦在《儒教：中国历代王朝的国家宗教》一文认为，儒教早于儒家学派的诞生，一直是上古先民的宗教，周文化在中国文化上的典范意义，又决定了历代大一统王朝国家宗教的发展模式。历代王朝国家祭典的郊庙制度就是国家宗教，这个国家宗教可以称为“儒教”。“郊庙制度是国家祀典，不仅是一种宗教现象，同时也是一种政治制度。”他也认为宗教信仰、政治制度与伦理观念在中国是合一的。他区分了儒家和儒教，也就是笔者上文提到的狭义的儒教和广义的儒教的区别，但具体的内容是相反的，毕竟

① 任继愈：《儒教问题争论集》，北京：宗教文化出版社，2000年，第278页。

② 李申：《关于儒教的几个问题》，《世界哲学研究》，1995年第2期。

中国人是以人文传统为本的。谢谦认为儒家是孔子创立的一个学派,儒教则是华夏民族的传统宗教,即历代王朝的国家宗教,而儒教包含道德教化(礼教)。在儒家圣贤那里,礼教为主,而在百姓那里,宗教为主。儒教之所以能化行天下,深入人心,就在于道德之教是以宗教之教为基础的。①

牟钟鉴《中国宗法性传统宗教试探》从社会的层面上来解释儒教:(1)儒学若果是宗教,它就是中国最大的宗教,但这里的"教"是教化之教,非宗教之称,因为宗教是出世的。(2)中国历史上有一种大的宗教信仰一直作为正宗信仰而为社会上下普遍接受并绵延数千年而不绝,这就是宗法性传统宗教。它"以天地崇拜和祖先崇拜为核心,以社稷、日月、山川等自然崇拜为羽翼,以其他多种鬼神崇拜为补充,形成相对稳固的郊社制度、宗庙制度和其他祭祀制度"。(3)宗法性传统宗教与儒家礼学有密切关系,或者说儒家的天命鬼神思想和关于吉礼凶礼的论述正是传统宗教的神学理论,因此两者有所交叉。(4)在实践层面上,传统宗教有确定的典章制度,有独立的前后相继的历史传统为官方所掌握,基本上不受儒学学派分化和儒学思潮起伏的影响。儒学有自己的学统,宗教有自己的教统,彼此影响却又保持着相对独立的地位。"国家民族宗教有教而无学,儒家哲学有学而无教,两者并行不悖,又相互补充,携手共进,共同维系着中国人最正宗的信仰。"②

对于牟钟鉴的观点,儒教是教论者认为这是证明了自己的观点,儒教非教论者认为牟钟鉴是明确主张儒教并非是宗教。在这里也可以看出,他从客观的角度研究了中国传统社会的真实情况,应该说是复杂的。

① 谢谦:《儒教:中国历代王朝的国家宗教》,《传统文化与现代化》,1996年第5期。

② 牟钟鉴:《中国宗法性传统宗教试探》,《世界宗教研究》,1990年第1期。

儒教问题的转折点，在于开始涉及儒学的社会层面的内容。

就宗法性传统宗教与儒学的问题，张践先生在《儒学与宗法性传统宗教》一文中作了区分：(1)孔子对鬼神的“敬而远之”态度消除了人们宗教信仰的基础。儒家虽然也讲天命鬼神，但始终是以一种冷静、理智的态度去理解这些古代宗教命题及其社会作用，以便他们合力利用它们。正是这样的一种理性主义立场，他们根据社会和个人的需要来理解天命鬼神，从而推动中国学术文化的繁荣；(2)历代的儒者都以现实的纲常名教事业作为其终生追求关怀，蔑弃向往彼岸来生的宗教。儒者通过“三不朽”构建儒学的生命价值观。(3)儒家的圣贤崇拜与宗教对神的顶礼膜拜有本质的不同。儒家的禁欲主义与宗教的禁欲主义根本上是不同的，它不是要求折磨肉体以获得灵魂的解脱，而是要人民节制欲望，做一名符合封建伦理道德的圣贤，并最终达到参赞天地化育，经邦济世的目的。(4)孔子对鬼神的态度也使儒学没有偏离学术发展的道路，而“祭如在”的思想又演化出“神道设教”的命题，并成为宗法性宗教的基石。以上四个方面是儒学与宗法性宗教的区别，他们之间也是有很深的联系：(1)儒学与宗法性宗教都根植于宗法性血缘制度这块土壤上。从某种意义上说，儒学本身就是从宗法性宗教中脱胎出来，“敬天法祖”是两者共同的价值取向。(2)宗法性宗教为儒学稳定价值。“敬天法祖”作为中国人的观念从未中断，儒学才比较轻易地获得了意识形态中的正统地位。(3)宗法性宗教如儒学所奉行的经典相互交叉，人员随着职位的不同也有相应的变化。①

以上这些讨论突出了国家和社会组织方面的宗教特性，将话题引向了深入。于是，1998年，《文史哲》编辑部组织的“儒学是否宗教”的笔谈规模比较大，规格也比较高。这次笔谈讨论的主题主要有3个：(1)儒学是“学”还是“教”？(2)如果是“教”，那么，它

① 张践：《儒学与宗法性传统宗教》，《世界宗教研究》，1991年第1期。

是“教化”之“教”，还是“宗教”之“教”？(3)如果是宗教，那么，它是汤因比的“一种人生态度”的宗教呢，还是蒂里希的“就最基本的意义而论是终极的关切”的神学信仰体系呢？[①]

张岱年曾经持儒学只是哲学不是宗教的观点，但是后来他修正了自己的观点。他在这次笔谈中说：“对于宗教，可以有不同的理解。对于儒学，也可以有不同的理解。因而对于儒学是否宗教，可以有不同的观点。根据对于宗教的一种理解，可以说儒学不是宗教；根据对于宗教的另一种理解，也可以说儒学也是宗教。”因此，他将儒学界定为“一种以人道为主要内容、以人为终极关怀的宗教”。[②] 季羡林则一方面主张“‘教’即宗教”，另一方面又主张用“发展的观点”来看待“儒学”或“儒教”。他认为，正如“佛教经历了一个由佛学到佛教的历史发展过程”一样，儒教也经历了一个“从‘儒学’到‘儒教’的历史演变的过程”。[③] 季羡林这是以中国的其他宗教的发展来类比“儒教”问题。蔡尚思主张“儒学非宗教而起了宗教的作用”[④]。郭齐勇则强调儒学的宗教性。他断言：“中国传统人文的道德精神是具有宗教性的，其特点是内在与外在、自然与人文、道德与宗教的和合。”儒学不是宗教，但是，它却“具有宗教性的品格”。我们可以说它是“人文教”，“此‘教’含有‘教化’和‘宗教’两义。”[⑤]张立文认为，儒学不仅“有很深厚的天命的宗教根基”，而且“具有终极关切和灵魂救济的内在超越的品格和功能”，因而其自身“已具备精神化宗教的性质(或称其为智

---

① 《文史哲》编辑部：《“儒学是否宗教”笔谈·编者按》，《文史哲》，1998年第3期。

② 张岱年：《儒学与儒教》，《文史哲》，1998年第3期。

③ 季羡林：《儒学·儒教》，《文史哲》，1998年3期。

④ 蔡尚思：《儒学非宗教而起了宗教的作用》，《文史哲》，1998第3期。

⑤ 郭齐勇：《儒学：入世的人文的又具有宗教性品格的精神形态》，《文史哲》，1998年第3期。

慧型宗教)”。他强调指出,能够达到对儒学之为宗教或具有宗教性的认识,关键在于超越西方文化中心论。“如果我们超越体制化宗教的标准来看精神化宗教,换言之,超越西方基督教为衡量一切宗教的标准,那么,中国古代就存在着宗教的传统。”[①]虽说张立文提出要超越西方中心论,但精神性宗教也是西方从建制性宗立教演化而来。至于所谓“教化”之“教”与“宗教”之“教”的区别,张立文则认为是“人为”的。“因为任何体制化或精神化的宗教都具有教化的功能,并一直发挥着教化的作用。”[②]李申则进一步强调了“教化之教”与“宗教之教”的统一性,宣称“教化之教就是宗教之教”。他认为,教或教育有两种,一种是世俗的教育,一种是宗教的教育。儒者的教化,从董仲舒到朱熹,所行的是“作为宗教的儒教的教育,而不是普通的世俗的教育”。因此,“儒教是教化之教,这教化之教就是宗教之教”[③]。

这一期的讨论主要有以下贡献:第一,在基本上否定了意识形态的影响后,论者开始倾向于肯定传统文化的价值,不再认为儒教是代表封建社会形态的桎梏。第二,在具体的问题上,提出来儒学的宗教性。儒学的宗教性的源头可以上溯到牟宗三和唐君毅以及西方学者对儒教问题的关注。[④] 第三,在牟钟鉴和张践等人的努力下,厘清了中国传统文化的宗教层面,使大家清楚地认清儒教的问题,分出了层次,为中国传统文化的现代化和世界

---

① 张立文:《关于儒学是“学”还是“教”的思考》,《文史哲》,1998年第3期。

② 张立文:《关于儒学是“学”还是“教”的思考》,《文史哲》,1998年第3期。

③ 李申:《教化之教就是宗教之教》,《文史哲》,1998年第3期。

④ 牟、唐二人虽然尚未使用过“宗教性”概念,但是,他们在纠正梁漱溟和熊十力的儒学非宗教的理论倾向时,实际上突出和强调的正是儒学的宗教性。杜维明和刘述先接着牟、唐讲,提出了“儒学的宗教性”概念。杜维明在1989年出版的《中与庸:论儒学的宗教性》中首次专题系统论证了“儒学的宗教性”。

化提供了一定的思想资源。

(三)第三阶段：2000年前后

于是进入了第三阶段的讨论。此阶段的主要特性是，在全球化以极快的速度在中国推行的背景下，我们认识到了传统文化的积极价值，同时承认了传统文化中的宗教性层面，所以就进入了儒教的另一个层面的讨论，即如何构建儒教，儒教的建构需要注意哪些问题。

李申《中国儒教史》的出版之所以被视为第三阶段的肇端，是因为他已经开始了儒教一个方向的建构，并且有了明显的成果。此书是站在儒教是教的立场上，对“儒教”进行系统论证的一部专著。基本内容就是中国传统中儒家全部内容都是宗教形式的。这样就与传统的见解存在差异。因此，李申必须解释儒教与其他宗教的不同之处：

> 依传统见解，儒家重人事；本书则要说明，儒家之所以重人事，乃是要履行辅相上帝的义务。依传统见解，儒家讲伦理道德；本书则要说明，在儒者们看来，他们所讲的仁义礼智，三纲五常，正是天、上帝的意志。传统认为，儒家是反对鬼神信仰的；本书则要说明，儒者们可以反对礼制以外的淫祀，可以反对神人同形，但是不反对鬼神的存在，特别是不反对上帝的存在和它对世界的主宰、对人的赏善罚恶。……因此，被学界长期讨论的天人关系，从我们现代的眼光来看，它实质上可以是什么什么关系，然而在古人的心目中，它本来乃是神与人的关系，那物质的、元气浩大的苍苍之天，就是被儒者尊而君之的上帝、皇天。至于孔子，人们祭祀他，就像祭祀天地日月、山川社稷一样，就是把他当成一尊神，是和老君、释迦一样的神。所谓圣人，是人神的中介，是天意的传达者。[①]

① 李申：《中国儒教史·自序》，上海：上海人民出版社，1999年。

这本书的出版，从客观的角度讲，它虽然不是开发儒教资源的唯一角度，但也开出了一种路向，进行了某种尝试。况且，儒教如果没有一些神圣性的理想，如何在两千年来，以及近代以来与各种精神性较强的其他宗教抗衡？相反，如果将儒家全部学说归为儒教，就犯了韩星所说的“直线式”“平推化”的毛病。因此，如何开出宗教就是这个阶段的一个主要任务。

李泽厚在《再谈“实用理性”》中认为儒家思想蕴含着某些宗教的品格，它不是西方意义上的哲学。儒家不重视理论思辨、严密的逻辑推理、系统的理论建构等等。相反，它特别强调理论必须具有实践的和实用的品格。儒家试图对普通人的日常生活，对他们的行为活动施加直接的影响。对西方人来说，这是宗教而非哲学的任务。较之某些宗教，实用理性更可能去调适情与理的关系，限制非理性的情感，使之不致对人们接受新事物构成大的障碍。[①] 李泽厚在此就发展出了儒教的宗教性，是在实用理性的指导下，可以接受任何外来的事物，这或许是中国可以在短短几十年就发生如此大变化的原因，也是中国融入世界的主要动力。

郭齐勇在《当代新儒家对儒学宗教性问题的反思》中认为现代新儒家反思的共同特点是承认儒学资源中饱含有超越的理念和宗教精神，尤其肯定了其特点是“内在的超越”，即相对于基督教的他在的上帝及其创世说，儒家的“天”与“天道”既是超越的，却又流行于世间，并未把超越与内在打成两橛，基督教相信一个超越的人格神，失乐园之后的人有原罪，需要通过耶稣基督的他力得到救赎，超世与俗世形成强烈的对比，传统儒家体征的道在日用行常之中实现。儒家相信无人格性的道，肯定善，自己做修养功夫以变化气质，体现天人合一的境界。郭齐勇的宗教性是依现代新儒家所说，这是开出全球伦理的一个方向，宗教性的精神超越作为全球公认的伦理，具体到中国有内在的超越。他说，钱

① 李泽厚：《再谈“实用理性”》，陈明主编：《原道》第一辑，北京：中国社会科学出版社，1994 年。

穆先生96岁高龄的最终彻悟仍是“天人合一”。他(钱穆)不认为是老生常谈,而认为这才是中国文化对世界未来可能的最大贡献。①

蒙培元、任文利在《国学举要·儒卷》中认为,我们所理解的儒家人文主义,主要是从哲学上说的,可以说是一种人文主义哲学。尽管有人认为儒家没有哲学而只有伦理,甚至连一般意义上的伦理学也没有,而只有实用伦理或政治伦理;但我们认为,儒家固然有比较丰富的实用伦理,同时又有不同于西方的德行伦理学以及作为其基础的哲学,不仅如此,儒家的人文主义哲学还有浓厚的宗教精神,称之为“人文主义宗教”亦未尝不可。所谓宗教精神,是指儒学中具有超伦理超理性的形而上内容,它不是西方式的宗教伦理,即在某一宗教理论之上的宗教,它是宇宙意识下的伦理,或超伦理的宇宙意识。这种宇宙意识亦即是关于“天”即“自然”的学说,所谓“天命”、“天德”、“天道”、“天理”等思想都是对这一学说的进一步解释和发挥,其核心则是“天人合一”的境界论。蒙培元也是把“天人合一”看做是儒教的核心,是可以作为中国贡献的主要资源。

蔡德贵在《儒教儒学一体论》把儒学和儒教看成是一而二、二而一的,既可以把它看做是宗教,也可以看做是学说。他从儒者的源头和单人的社会功能分析了儒教的“学”与“教”的双重品格,认为这两者不能截然分开。他不光把“儒”分为政治之儒、学术之儒和民间之儒三个层次,还分为四种类型:独尊儒术型、儒道互补型、三教合一型、四教会通型。这四种类型都有宗教性。从积极建构方面来看,蔡德贵先生认为,近代以来不断的西化思潮和革命运动,使儒学的影响越来越小,如果是宗教,可能会好很多。最后他得出结论:儒学儒教是一个体,用不着再去争论是儒学还是儒教,要花点力气把儒学中的普世价值挖掘出来,把它变成道德

① 郭齐勇:《当代新儒家对儒学宗教性问题的反思》,《中国哲学史》,1999年第1期。

金律，起到教化作用，普及到民间，就算是完成一项大任务。[①]

如果这些学者是从学历层面上来寻求儒教的宗教性，那么蒋庆则从实践层面来构建儒教。他认为儒教在中国的历史上有三大功能：一、解决政治秩序的合法性问题，为政治权力确立超越神圣的价值基础；二、解决社会的行为规范问题，以礼乐制度确立国人的日常生活轨则；三、解决国人的生命信仰问题，以上帝神祇、天道性理安顿国人的精神生命。儒教的这三大功能在今天仍未过时，今天重建儒教的目的就是在新的历史时期用儒教来解决中国的政治问题、社会问题和人生问题。蒋庆的《关于重建中国儒教的构想》报告具体描述了儒教的建构方法，即两条路线：一是上行路线，就是儒者通过学术努力和政治活动，进入权力的核心，改变权力的性质，这是儒教形成的正途；当上行路线不通时，可以有下行路线，就是在民间社会中建立儒教社团法人，成立类似于中国佛教协会的"中国儒教协会"，以儒教协会的组织形式来从事儒教复兴的事业。[②]

如果说蒋庆的构想还富有理想化的话，随后的张祥龙提出的"中行路线"则更有合理性和现实性，也更少一些风险。张祥龙的中行路线的要义就是：专注于儒教的人间生活化和亲子源头性的性质，以让儒教获得活生生的生活形态为第一要务，由此焕发出儒教自身的潜在生机。具体做法是：让儒教的礼、德教育扎根于亲子关系或家庭家族关系之中，为此就要复活和维护严重摧毁和损坏了的家庭和家族的生存。[③]

以上学者是通过外在的探讨而认识到"儒教"的一部分面貌，多利先生则从心理上觉察出中国人的"儒教"心理结构。他在《儒

---

① 蔡德贵：《儒教儒学一体论》，《中山大学学报》，2001年第5期。

② 蒋庆：《关于重建中国儒教的构想》，http://culture.people.com.cn/GB/27296/3969429.html。

③ 张祥龙：《重建儒教的危险、必要及其中行路线》，《现代哲学》，2007年第1期。

教、政教合一的儒教与儒教徒——一个儒教徒与陈咏明、王健、李申及鞠曦四先生的商榷》[①]中对儒教在现代社会的存在方式及其功能提出了自己的认识。他认为在现代中国,儒教的奉行者占十几亿人的大多数。但这大多数的儒教价值观的奉行者与在儒教中寻求终极关怀的精神寄托的人们并不自觉其为儒教的信奉者。自觉与不自觉,意义绝对不同。所以,在现实生活与儒教价值观或终极关怀格格不入的时候,人们往往找不到一个合理的精神依托或诉求。在此情境下,又缺乏正确的精神引导,很容易发生信仰的动摇。多利认识到中国人心理上的"儒教"情怀,也有"中国人是天生的儒家"的类似表达,但如果不经过有秩序和有组织的引导,就会走上邪路。

以上只是儒教问题争论的一部分内容,却具有代表性。由此可见儒教问题引发的反响之强烈,说儒教问题是中国学术史上的大事也不为过。这三次争论不仅是规模大,而且在争论中现显示出了思想史演化的逻辑。第一阶段是问题的提出,在争论的过程中受到西方学者和现代港台新儒家的影响,提出来儒教的宗教性,进入第二阶段。在确定儒学具有宗教性这个前提下,学者们开始用儒教的宗教性来回应全球化浪潮的挑战,用宗教性的内容来筹划安顿中国人的心灵,这就是争论的第三阶段。我们可以预见,在中国只要十几亿的人没有解决心灵的安顿问题,儒教问题就会一直存在下去。

---

① 多利:《儒教、政教合一的儒教与儒教徒——一个儒教徒与陈咏明、王健、李申及鞠曦四先生的商榷》,http://www.confucius2000.com/confucian/rujiao/rjzjhydrjrjt.htm。

先秦儒家政治哲学之政治本体论研究

□肖俏波[①]

【内容摘要】中国文化为人类文化早熟之论，梁漱溟先生始发于《东西文化及其哲学》。萧公权先生于其《中国政治思想史》中指出，中国政治思想勃兴于春秋战国时期，并且把先秦时期视为中国学术史上之“黄金时代”和中国政治思想史之研究起点。德国学者卡尔·雅斯贝斯于其《历史的起源与目标》中，将中国之孔子、老子、墨子等诸子哲学流派所处时代划入世界历史轴心期。可见，中外学者对于中国先秦时期之文化、政治与哲学思想之学术史地位已有共识。先秦儒家政治哲学极深研几，内容丰富，体系完备，给予后世重大之研究价值和广阔之阐释空间。先秦儒家政治哲学之政治本体论，是透过治政主体的政治行为来审视和反思整个政治生活中变动不居的政治现象，以探求政治的本质或本

① 作者简介：肖俏波，男，海南儋州人。现为中国政法大学政治与公共管理学院2011级政治学理论专业博士研究生，研究方向为儒家政治哲学与政治文化。

来面目的思维过程和思想理论。从政治产生的必然性和治政的有效性来看，有必要探讨治政主体君本论；从政治服务的对象性和治政的目的性来看，有必要探讨享政主体民本论；从政治归宿的圆满性和治政的和谐性来看，有必要探讨成政修身为本论。

【关键词】先秦儒家；政治哲学；政治本体论；治政主体君本论；享政主体民本论；成政修身为本论

哲学不研究本体论，哲学不成其为哲学；政治哲学不研究政治本体论，政治哲学也不成其为政治哲学。所以，儒家政治哲学当研究儒家政治本体论，先秦儒家政治哲学亦理应如此。

方克立先生主编的《中国哲学大辞典》关于"本体"的阐释如下：

【本体】①本然的状况或性质。首见于西晋司马彪《庄子注·骈指》："性，人之本体也。"（唐陆德明《释文》引）北宋张载认为"气之本体"即无形的"太虚"，"太虚无形，气之本体"（《正蒙·太和》）。南宋朱熹认为"理"是"天理自然之本体"或"性之本体"，"天道者，天理自然之本体，其实一理也"（《论语集注·公冶长》）。"才说是性，便已涉乎有生而兼乎气质，不得为性之本体也，然性之本体，亦未尝杂"（《语类》卷九十五）。他又以为虚灵无象即是"心之本体"，"虚灵自是心之本体……岂有形象"（《语类》卷五）。明王守仁则认为"良知"或"天理"为"心之本"'，"知是心之本体"（《传习录》）。"是非之心，不待虑而知，不待学而能，是故谓之良知，是乃天命之性，吾心之本体，自然灵昭明觉者也"（《大学问》）。"夫心之本体，即天理也"（《答周道通》）。②指宇宙万物的最终本原或存在根据。熊十力《新唯识论·明宗》："唯吾人的本心，才是吾身与天地万物所同具的本体。"认为"本心"是天地人物的本原和存在根据。西方哲学传入中国后，人们多借用西方哲学概念来称探讨万物本原和根据的哲学学说为"本体论"，以区别于探讨天地起源和宇宙演化过程问题的“生成论”。①

将政治与本体结合，即所谓政治本体，是指政治的本质或“本来面目”。透过治政主体的政治行为来审视和反思整个政治生活中变动不居的政治现象，以探求政治的本质或本来面目的思维过程和思想理论，我们称之为“政治本体论”。对于先秦儒家政治哲学之政治本体论，我们认为，(1)从政治产生的必然性和治政的有效性来看，有必要探讨治政主体君本论；(2)从政治服务的对象性和治政的目的性来看，有必要探讨享政主体民本论；(3)从政治归宿的圆满性和治政的和谐性来看，有必要探讨成政修身为本论。

一、治政主体君本论

政治与君主的产生具有自然性，先秦儒家已经在《周易·序卦传》“有天地，然后有万物。有万物，然后有男女。有男女，然后有夫妇。有夫妇，然后有父子。有父子，然后有君臣。有君臣，然后有上下”的宇宙生成论中清晰表述出来，学者亦多能体会和理解。然而，对于《周易·序卦传》中政治与君主（与天地万物统称“有”）的产生具有本然性的宇宙本体论之表述，唯有理学家阐释得精辟而独到。《周易·系辞上传》曰：

《易》有太极，是生两仪，两仪生四象，四象生八卦，八卦定吉凶，吉凶生大业。

① 方克立主编：《中国哲学大辞典》，北京：中国社会科学出版社，1994年，第186页。另外，关于“本体”的中文辞源与“本体论”的定义，可参阅谢维营：《本体论的“本义”与“转义”》，《烟台大学学报》（哲学社会科学版），2008年第21卷第4期。关于中西本体论的差异，可参阅邓晓芒：《论中西本体论的差异》，《世界哲学》，2004年第1期。

王船山阐释道：

"《易》有太极"，固有之也，同有之也。太极生两仪，两仪生四象，四象生八卦，固有之则生，同有之则俱生矣。故曰"是生"。"是生"者，立于此而生，非待推于彼而生之，则明魄同轮，而源流一水也。是故乾纯阳而非无阴，乾有太极也；坤纯阴而非无阳，坤有太极也。剥不阳孤，夬不阴虚；姤不阴弱，复不阳寡，无所变而无太极也。卦成于八，往来于六十四，动于三百八十四，之于四千九十六，而皆有太极。策备于五十，用于四十九，揲于七八九六，变于十有八，各尽于百九十六，而皆有太极。[①]

此即《朱子语类》所说，"自太极至万物化生，只是一个道理包括，非是先有此而后有彼。但统是一个大源，由体而达用，从微而至著耳"、"盖体统是一太极，然又一物各具一太极"。[②] 近世冯友兰先生于其《新理学》中说，"凡可称为有者皆属真际"，"所谓真际，可以从类之观点看，亦可从全之观点看。……若从类之观点，以看真际，则真际是一大共名，其类是一大共类，亦即是一分子最多之类"，"所谓从全之观点看者，即我们将真际作一整个而思之。此整个即所谓全或大全。我们将一切凡可称为有者，作为一整个而思之，则即得西洋哲学中所谓宇宙之观点。在中国哲学中有时亦以天地指此观点"，"如用一名以谓大全，使人见之可起一种情感者，则可用天之名。……我们亦可说：天者，万有之总名也。万有者，若将有作一大共类看，则曰有。若将有作一大全看，则其中包罗一切，名曰万有。天有本然自然之义。真际是本然而有；实际是自然而有。真际是本然；实际是自然。天兼本然自然，即是大全，即是宇宙"，"严格地说，大全，宇宙，或大一，是不可言说

---

① 王夫之：《周易外传》，北京：九州岛出版社，2004年，第245页。

② 详见黎靖德编：《朱子语类》（第六册），北京：中华书局，1986年，第2372、2409页。

底”,“亦是不可思议底”。[①] 宇宙本体论之表述,至冯友兰先生,已

① 详见冯友兰:《新理学》,《三松堂全集》第4卷,郑州:河南人民出版社,2001年第2版,第24-27页。另外,冯先生关于“真际”、“实际”与“实际底事物”三者之间的定义、区别与联系,冯先生认为,“真际是指凡可称为有者,亦可名为本然;实际是指有事实底存在者,亦可名为自然。真者,言其无妄;实者,言其不虚;本然者,本来即然;自然者,自己而然。实际又与实际底事物不同。实际底事物是指有事实底存在底事事物物,例如这个桌子,那个椅子等。实际是指所有底有事实底存在者”,“实际底事物涵蕴实际;实际涵蕴真际。此所谓涵蕴,即‘如果——则’之关系。有实际底事物必有实际;有实际必有真际。但有实际不必有某一实际底事物;有真际不必有实际。……哲学由此开始,由知实际底事物而知实际,由知实际而知真际。……及知真际,我们即可离开实际而对于真际作形式底肯定。所谓形式底肯定者,即其所肯定,仅是对于真际,而不是对于实际。换言之,即其肯定是逻辑底,而不是经验底”。详见冯友兰:《新理学》,《三松堂全集》第4卷,郑州:河南人民出版社,2001年第2版,第9、10、21页。

能融摄康德之“本体”概念[①]。理学家还认为，“太极非是别为一物，即阴阳而在阴阳，即五行而在五行，即万物而在万物，只是一个理而已。因其极至，故名曰太极”，“才说太极，便带着阴阳；才说性，便带着气。不带着阴阳与气，太极与性那里收附？然要得分明，又不可不拆开说”。[②] 政治本体与宇宙本体“统是一个大源”、“统是一太极”，谈政治本体（及政治本体论）离不开谈宇宙本体（及宇宙本体论）。正如《周易·序卦传》和《周易·系辞上传》中先秦儒家谈宇宙本体（及宇宙本体论）皆从统摄“有”之太极与天地来探讨，先秦儒家谈政治本体（及政治本体论）则从统摄政治生活之“君”[③]来探讨，因其理论思维的根源皆在“一”的缘故。

① 冯契与徐孝通两位先生主编的《外国哲学大辞典》认为，“本体与现象：德国康德用语。指超现象界与现象界。本体指知性范畴超于感性材料运用时所产生的幻相，即不是感性对象的对象，如灵魂、宇宙、上帝等思维存在体。现象即现象界，指知性范畴运用于感性材料而形成的人所认识的对象。康德认为本体对近似于函数的知性范畴来说是一种错误的幻相，它不能在正面意义上使用，即不能由此认为灵魂、宇宙、上帝是一个感性对象。主体只能在反面意义上使用，即防止把经验的对象作为物自体。但本体却表明可通过知性范畴之外的其他方法达到物自体，如通过知性直观或伦理学上的设定等去达到知性范畴所不可以运用的对象。本体实际上起到了界限概念的作用，即指出知性范畴的运用界限，防止感性和知性的僭妄。现象不是自在之物，它是自在之物刺激人的感官所产生的印象与观念，经感性形式与知性范畴加工而形成的认识，是主观的产物。康德强调不能把世界区分为现象世界和本体世界、感性世界和理性世界，认为这种分法把‘本体世界’看成现实世界，与本体一词的本意相矛盾，而‘理性世界’则因理性根本不能认识世界，人所见的世界只是感性与知性的产物，与其理性理论相矛盾。”参见冯契、徐孝通主编：《外国哲学大辞典》，上海：上海辞书出版社，2000年，第146页。

② 黎靖德编：《朱子语类》（第六册），北京：中华书局，1986年，第2371页。

③ 此“君”乃本体意义上之君，即柏拉图之“理念”之君，即孔子之“君君”之第二个君，即圣王。

从“一”的观念出发，孔子说：“天无二日，民无二王。”（《孟子·万章上》）孟子说：“君仁莫不仁，君义莫不义，君正莫不正。一正君而国定矣。”（《孟子·离娄上》）荀子说：“君者，国之隆也；父者，家之隆也。隆一而治，二而乱，自古及今，未有二隆争重而能长久者。”（《荀子·致士》）所以君王独尊。而君王之所以尊贵，是因为“天生蒸民”，“人生而有欲”，尤其是“贵为天子，富有天下，是人情之所同欲”，而且“两贵之不能相事，两贱之不能相使”，如果“无君以制臣，无上以制下”，那么人民“欲而不得则不能无求，求而无度量分界则不能不争，争则乱，乱则穷”，“故无分者，人之大害也；有分者，天下之本利也；而人君者，所以管分之枢要也。故美之者，是美天下之本也；安之者，是安天下之本也；贵之者，是贵天下之本也”。而君主之尊贵，虽然有“制约”臣下与“制定”礼义之权势，但其尊贵不仅仅限于此，而更在于君王能够“使有贵贱之等，长幼之差，知愚能不能之分，皆使人载其事而各得其宜，然后使谷禄多少厚薄之称”，“以养人之欲，给人之求，使欲必不穷乎物，物必不屈于欲，两者相持而长”。也就是说，君主能够“上取象于天，下取象于地，中取则于人”，懂得“群居和一之理”和“群居和一之道”，能够“善生养人”，“善班治人”，“善显设人”，“善藩饰人”，如此，则“人亲之”，“人安之”，“人乐之”，“人荣之”，由此而“天下归之”，因为“群道当则万物皆得其宜，六畜皆得其长，群生皆得其命”。①

当然，“天生蒸民，有所以取之”：“天子之所以取天下”，是因为“志意致修，德行致厚，智虑致明”；“诸侯之所以取国家”，是因为“政令法，举措时，听断公，上则能顺天子之命，下则能保百姓”；“士大夫之所以取田邑”，是因为“志行修，临官治，上则能顺上，下则能保其职”；“官人百吏之所以取禄秩”，是因为“循法则、度量、刑辟、图籍，不知其义，谨守其数，慎不敢损益也，父子相传，以持王公，是故三代虽亡，治法犹存”；“庶人之所以取暖衣饱食，长生

---

① 详见《荀子》之《荣辱》、《礼论》、《王制》、《富国》、《君道》。

久视，以免于刑戮"，是因为"孝弟原悫，軥录疾力，以敦比其事业而不敢怠傲"；"奸人之所以取危辱死刑"，是因为"饰邪说，文奸言，为倚事，陶诞突盗，惕悍憍暴，以偷生反侧于乱世之间"。(《荀子·荣辱》)尤其地，对于冢宰、辟公与天子来说，"本政教，正法则，兼听而时稽之，度其功劳，论其庆赏，以时慎修，使百吏免尽而众庶不偷，冢宰之事也。论礼乐，正身行，广教化，美风俗，兼覆而调一之，辟公之事也。全道德，致隆高，綦文理，一天下，振毫末，使天下莫不顺比从服，天王之事也。故政事乱，则冢宰之罪也；国家失俗，则辟公之过也；天下不一，诸侯俗反，则天王非其人也。"(《荀子·王制》)"无旷庶官，天工人其代之"(《尚书·皋陶谟》)，这是说"非其人居其官，是谓乱天事"(《史记·夏本纪》)。天王非其人，该当如何？按照孟子的说法，当"已之"[①]。也就是说，天生众民，而其君臣上下之所以能够取得其职业(及其职权)，是因为自觉地躬行其位分所要求之德行和完成其职业所规定之职责。从这个角度来讲，"万族蒸蒸，各保其命，各正其性，所以为之者，岂非天哉！"[②]

君主的产生和治政以君为本，古人多从"天"[③]立论。《尚书》记载：

(1)惟天生民有欲，无主乃乱，惟天生聪明时乂。(《仲虺之诰》)

---

① 《孟子·梁惠王下》。《孟子·梁惠王下》记载："孟子谓齐宣王曰：'王之臣有托其妻子于其友，而之楚游者。比其反也，则冻馁其妻子，则如之何？'王曰：'弃之。'曰：'士师不能治士，则如之何？'王曰：'已之。'曰：'四境之内不治，则如之何？'王顾左右而言他。"

② 《黄书·慎选》。见王夫之：《思问录 俟解 黄书 噩梦》，北京：中华书局，2009年，第117页。

③ 此"天"即冯友兰先生所说之天，是万有之总名，兼有本然自然之义。

(2)惟皇上帝,降衷于下民。若有恒性,克绥厥猷惟后。(《汤诰》)

(3)惟天地万物父母,惟人万物之灵。亶聪明,作元后,元后作民父母。(《泰誓上》)[①]

由以上所引《尚书》三则材料可知,天(或天地)化生万物与人民,为了平息人民之间的争乱和保全上天(即皇上帝)赋予人民的“恒性”[②],人民之中聪明的人成为人民群体之氏族(或国家)之后(即君,相对于天子则称为诸侯),群后之中又产生一名元后(即天子),元后效仿天地作为养育万物的父母的角色来充当养育人民的父母的角色。也就是说,君主(包含君与天子)从人民之中产生,担当维持群体秩序,保全人民恒性,与养育子民的角色。“君”与“天”一样,也兼有本然与自然之义。《尚书》,先秦儒家所雅言(《论语·述而》),治政君本论,为先秦儒家(乃至先秦诸子)之共识。天地所生之人民,从政治爵位上来划分,不过君、臣、民三者而已。治理政事,先秦儒家认为这是君臣之职责,而臣之用事,

① 此处所引三则材料皆属古文《尚书》,因其所表述思想与今文《尚书》其他篇章不相违背,文字表述又清楚简练,故不避忌讳,援引于此。另外,梁任公说,凡国家皆起源于氏族,此在世界各国皆然。在《尚书》与《国语》中,“百姓”常与“黎民”或“兆民”对举,是古代“百姓”,实为贵族专名。百姓即群部落之义,言百者举大数耳,各姓之长,皆名曰“后”,其位相等夷,故曰“群后”,后世谓之诸侯。“群后”中有功德优越者,共戴为“元后”,后世谓之天子。详见梁启超:《先秦政治思想史》,北京:东方出版社,1996年,第44-46页。

② 此恒性即《中庸》“天命之谓性”之“性”,亦即《左传·襄公十四年》“天生民而立之君,使司牧之,勿使失性。……天之爱民甚矣,岂其使一人肆于民上,以从其淫,而弃天地之性”之“天地之性”。

得由君任命,[①]即任贤使能,是君之职责,所以说治政以君为本。这不需多论,只要稍微翻阅先秦儒家的著述,观其文字,大率皆言君、天子与先王如何如何,并且着重探讨君臣之道与君民关系等等,便可得知先秦儒家治政思维的着眼点皆在"君"上。

从真际(即政治本体)的角度来讲,君王来源于天地化生之人民,由君王任命其他人民为臣僚而共同组建起来的政治权力运行机构(即政府)担当或担负着维持群体秩序,保全人民"性命"[②],养育人民,治国平天下的角色和功能,同时,由于人的位分又是取决于自己之修为,因此,可以说,这样的君王是至尊与至善的,这样的政府从根源上来说亦是"of the people, by the people, for the people"的,所以,治政以君为本,在先秦儒家(甚至其他先秦诸子,乃至一直到清代学者)那里,都是他们的政治理念和政治制度安排的逻辑起点。但是过渡到实际和实际底事物(即政治现象),我们知道,对于古代君王,先秦儒家同尊尧舜禹汤文武周公[③]而共贬

① 历史地看,虽然不是全部臣僚都是由君主任命,但是大臣皆由君主承认或任命,因此,由大臣举荐或任命之小臣,则亦可以视为由君主任命。

② 此"性命"不仅指生命,更指《周易·乾象》"乾道变化,各正性命"之"性命"。

③ 如孔子说,"大哉尧之为君也!巍巍乎!唯天为大,唯尧则之。荡荡乎!民无能名焉。巍巍乎!其有成功也;焕乎,其有文章","巍巍乎!舜禹之有天下也,而不与焉","禹,吾无间然矣。菲饮食,而致孝乎鬼神;恶衣服,而致美乎黻冕;卑宫室,而尽力乎沟洫"。(《论语·泰伯》)孟子说:"禹恶旨酒而好善言。汤执中,立贤无方。文王视民如伤,望道而未之见。武王不泄迩,不忘远。周公思兼三王,以施四事;其有不合者,仰而思之,夜以继日;幸而得之,坐以待旦。"(《孟子·离娄下》)

桀纣幽厉[①]。

在先秦儒家那里，所谓治政以君为本，虽然强调君王拥有最高政治权力，但是亦将君王的最高政治权力的获得寄托于德性和天命；并且强调君王对于政事要委任责成，无为而治，而不能事无巨细，事必躬亲。先秦儒家“祖述尧舜”（《中庸》），因此，我们权且从《尚书》之《尧典》与《舜典》以及《史记·五帝本纪》所记载尧舜之政治来探讨。

从继位而获得最高政治权力来看，“帝喾娶陈锋氏女，生放勋。娶娵訾氏女，生挚。帝喾崩，而挚代立。帝挚立，不善（崩），而弟放勋立，是为帝尧”，帝尧属于“家内世袭—禅让制”[②]；而尧亦以“授舜，则天下得其利而丹朱病；授丹朱，则天下病而丹朱得其利”之故，“终不以天下之病而利一人”，卒以天下授予由四岳[③]所推荐并且通过政治试用和考核之“微为庶人”的舜，也就是说，帝舜属于“家外禅让制”。帝尧接受帝挚禅让的原因是因为“诸侯归

① 如孟子说：“暴其民甚，则身弑国亡；不甚，则身危国削。名之曰‘幽厉’，虽孝子慈孙，百世不能改也。”（《孟子·离娄上》）《荀子·非相》曰：“古者桀纣长巨姣美，天下之杰也；筋力越劲，百人之敌也。然而身死国亡，为天下大僇；后世言恶，则必稽焉。”

② 《史记正义》引《帝王纪》曰：“帝挚之母于四人中班最在下，而挚于兄弟最长，得登帝位。封异母弟放勋为唐侯。挚在位九年，政微弱，而唐侯德盛，诸侯归之，挚服其义，乃率群臣造唐而致禅。唐侯自知有天命，乃受帝禅。”（司马迁：《史记》，北京：中华书局，1959 年标点本，第 15 页）

③ 《尚书正义》认为，四岳是指羲仲、羲叔、和仲与和叔四人，他们因分掌四岳之诸侯，故称焉。参见李学勤主编：《尚书正义》，《十三经注疏》（二），北京：北京大学出版社，1999 年，第 40 页。蔡沈先生认为，“四岳，官名，一人而总四岳诸侯之事也。”参见蔡沈：《书经集传》，上海：上海古籍出版社，1987 年，第 3 页。萨孟武先生认为，四岳“当系强有力的部落酋长”。参见萨孟武：《儒家政论衍义——先秦儒家政治思想的体系及其演变》，台北：东大图书有限公司，1982 年，第 171 页。以文势论，或以《尚书正义》为是。

之”而“自知有天命”，而帝舜于“尧崩，三年之丧毕”，“让辟丹朱于南河之南”，但是，“诸侯朝觐者不之丹朱而之舜，狱讼者不之丹朱而之舜，讴歌者不讴歌丹朱而讴歌舜”，于是“舜曰‘天也’”，然后“之中国践天子位”；其后，大禹亦如是效法帝舜，“诸侯归之，然后禹践天子位”。（《史记·五帝本纪》）所以，孔子因为尧舜从政治实践上创辟最高政治权力交接的政治惯例和政治制度（即禅让制），与从政治价值上形成政治权力来源于位分、位分来源于德性与天命，即政治权力来源于德性与天命的政治认同和政治文化传统，[①]而称赞尧之为君“大哉”，称赞“舜禹之有天下也，而不与焉”，即称赞他们的德性与天一样高大。

从处理政事与行使权力来看，《尧典》主要记载帝尧三件政事：(1)“乃命羲和，钦若昊天，历象日月星辰，敬授人时”（《尚书·尧典》）；(2)因四岳举荐而任用鲧治理洪水；(3)因四岳举荐而对舜进行政治试用。第一件事，治历明时，是为敬天与人，不仅关乎农业之收成，而且关乎“允厘百工，庶绩咸熙”（即和治百官，广成众功）（《尚书·尧典》），所以，帝尧慎重其事。第二件事，洪水滔天，“下民其忧”，“尧求能治水者，群臣四岳皆曰鲧可”，虽然帝尧知道“鲧为人负命毁族”，不可胜任，但是亦如四岳所言，治水“未有贤于鲧者”，“于是尧听四岳，用鲧治水”，但是，“九年而水不息，功用不成”。（《史记·夏本纪》）第三件事，帝尧在位七十年，向众

---

① 读者还可以参阅《论语·尧曰》“天之历数在尔躬。允执其中。四海困穷，天禄永终”章与《孟子·万章上》“天与之，人与之”章来加深理解。

臣咨询接班人，不用嗣子丹朱而试用庶人舜。[1]《舜典》主要记载帝舜三件大事：1.巡守；2.“流共工于幽州，放驩兜于崇山，窜三苗于三危，殛鲧于羽山，四罪而天下咸服”(《尚书·舜典》)；3.对“二十有二人”[2]委任责成，无为而治。第一件事，是讲帝舜尽天子巡守之礼，协同天下历法、律、度、量、衡等礼制，并对群后政绩进行

---

① 萨孟武先生认为，帝尧“因四岳之荐而用鲧，百姓多受九年之灾，因四岳之荐而用舜，天下为之大治，功过相抵”。参见萨孟武：《儒家政论衍义——先秦儒家政治思想的体系及其演变》，第171页。但是，根据《史记·夏本纪》，鲧治水，“九年而水不息，功用不成”，“舜登用，摄行天子之政”，“行视鲧之治水无状，乃殛鲧于羽山以死。天下皆以舜之诛为是。于是舜举鲧子禹，而使续鲧之业”，“禹伤先人父鲧功之不成受诛，乃劳身焦思，居外十三年”，而后“声教讫于四海”，“天下于是太平治”。又综合考虑远古时期的人力、物力、财力、智力、交通、技术、地理、治水经验等各方面主客观因素，以及大禹治水成功还需十三年和人类至今尚无能力确保能够完全对付洪水等因素，我们认为帝尧无过，不可因鲧治水九年无功便说尧“功过相抵”，更不可说尧使“百姓多受九年之灾”。此处，我们与萨先生的看法不同。读者更可参阅程伊川先生《书解·尧典》所记载：“或曰：尧知鲧不可大任，何为使之？曰：舜、禹未显。舜登庸时，始三十矣，禹幼可知。当时之人，才智无出其右者，是以四岳举之也。虽九年而功不成，然其所治，固非他人所及也。……当其大臣举之，天下贤之，又其才力实过于人，尧安得不任也？若其时朝廷大臣才智有过鲧者，则尧亦不任之矣。”(程颢、程颐：《二程集》，北京：中华书局，2004年第2版，第1039页)

② 《尚书正义》认为二十二人是禹、垂、益、伯夷、夔、龙与四岳十二牧。详见李学勤主编：《尚书正义》，《十三经注疏》(二)，第82页。《史记集解》亦引马融曰：“稷、契、皋陶皆居官久，有成功，但述而美之，无所复勑。禹及垂已下皆初命，凡六人，与上十二牧四岳，凡二十二人。”(司马迁：《史记》，第42页)但从《史记·五帝本纪》“禹、皋陶、契、后稷、伯夷、夔、龙、倕、益、彭祖自尧时而皆举用，未有分职”与“此二十二咸成厥功”两段文字来看，或当为禹、皋陶、契、后稷、伯夷、夔、龙、倕、益、彭祖与十二牧，而不包括四岳。因为文意主要是谈论分职委任，而四岳在尧时已有分职，即《尧典》之“分命羲仲”、“申命羲叔”、“分命和仲”、“申命和叔”。

考核和奖赏。第二件事，是讲帝舜根据刑法对共工、驩兜、三苗、鲧等进行刑罚，量刑适当，天下信服。第三件事，是讲帝舜委任大禹、益、十二牧等二十二人分职理政，自己不事必躬亲，终使“此二十二人咸成厥功”，“四海之内咸戴帝舜之功”，而“天下明德皆自虞帝始”。（《史记·五帝本纪》）所以孔子说：“无为而治者，其舜也与？夫何为哉，恭己正南面而已矣。”（《论语·卫灵公》）所谓无为而治[①]，不是什么事情都不干的意思，而是效法天之大公至正，为天下得人，使之居官理政，然后“考绩”而行“黜陟”之礼而已。（《尚书·舜典》）此即“王中心无为也，以守至正”（《礼记·礼运》），但求委任责成[②]之意。也就是说，从尧舜处理政事与行使职权来看，只见尧舜之大公至正之道德意识，而不见他们有丝毫权力意识。

然而，从实际和实际底事物（即政治现象）的角度看，尧舜禹之后，桀纣幽厉等君王，“不明乎为君之职分”，“以为天下利害之权皆出于我”，“使天下之人不敢自私，不敢自利，以我之大私为天下之公”，“视天下为莫大之产业”，“以君为主，天下为客”，“屠毒天下之肝脑，离散天下之子女”，使“君”成为“天下之大害”，[③]黄宗

---

① “无为而治”之思想，亦为先秦诸子之道、法、名、杂等诸家所主张，详见萨孟武先生《儒家政论衍义——先秦儒家政治思想的体系及其演变》第一章第七节第二项“君道”与第三章第八节之（二）“君道无为”篇章。然儒家无为而治之思想与其他诸家之最大不同一点，在于纯任大公至正之天心，而不掺杂一点个人心术，此从舜“殛鲧于羽山”而任用大禹治水，即“杀其父而臣其子”（《荀子·君子》）之行为即可看出。

② 陆宣公说：“所谓委任责成者，将立其事，先择其人。既得其人，慎谋其始。既得其始，详虑其终。终始之间，事必前定。有疑则勿果于用，既用则不复有疑。待终其谋，乃考其事。事愆于素者，革其弊而黜其人；事协于初者，赏其人而成其美。使受赏者无所与让，见黜者莫得为辞。夫如是，则苟无其才，孰敢当任；苟当其任，必得竭才。此古之圣王，委任责成，无为而理之道也。”理者，治也，因避唐高宗李治之名讳而改。参见陆贽：《陆贽集》（下），北京：中华书局，2006年，第542页。

③ 《明夷待访录·原君》。

羲如是说。而唐甄先生也说,“治天下者惟君,乱天下者惟君。治乱非他人所能为也,君也。小人乱天下,用小人者谁也?女子寺人乱天下,宠女子寺人者谁也?奸雄盗贼乱天下,致奸雄盗贼之乱者谁也?”“自秦以来,凡为帝王者皆贼也。”①由于现实政治非为仁政,而君主又暴虐无道,学者自然转从制度上去谋求权力之制衡机制。果然,清末民初,严几道先生说:

呜呼!国之所以常处于安,民之所以常免于暴者,亦恃制而已,非恃其人之仁也。恃其欲为不仁而不可得也,权在我者也。使彼而能吾仁,即亦可以吾不仁,权在彼者也。……必在我,无在彼,此之谓民权。②

其后,梁任公先生说:

中国先哲言仁政,……仁政必言保民,必言牧民。牧之保之云者,其权无限也。故言仁政者,只能论其当如是,而无术以使之必如是。虽以孔孟之至圣大贤,哓音瘏口以道之,而不能禁二千年来暴君贼臣之继出踵起,鱼肉我民,何也?治人者有权,而治于人者无权。其施仁也,常有鞭长莫及有名无实之忧,且不移时而熄焉。其行暴也,则穷凶极恶,无从限制,流恶及全国,亘百年而未有艾也。圣君贤相,既已千载不一遇,故治日常少而乱日常多。③

---

① 《潜书》之《上篇下·鲜君》、《下篇下·室语》。唐甄:《潜书》,北京:中华书局,1963年第2版,第66、196页。

② 孟德斯鸠:《孟德斯鸠法意》(上册),严复译,北京:商务印书馆,1981年,第258页。

③ 梁启超:《饮冰室文集之十·论政府与人民之权限》,《饮冰室合集》(第2册),北京:中华书局,1989年,第5页。

而且：

天之生贤也实难。博征郡邑，世族贵家，其子孙鲜有贤者，何况帝室富贵，生习骄恣，岂能成贤！是故一代之中，十数世有二三贤君，不为不多矣。其余非暴即暗，非暗即辟，非辟即懦。此亦生人之常，不足为异。惟是懦君蓄乱，辟君生乱，暗君召乱，暴君激乱，君罔救矣，其如斯民何哉！呜呼！君之多辟，非人之所能为也，天也。天无所为者也，非天之所为也，人也。①

这是因为，在现实政治中，权力意志随处都在发生作用，即使柏拉图之哲学王与儒家之圣王，纵然能出现一个，也不能保证第二个必然出现，更不能保证君王左右皆是圣贤。而一般人民的善良的道德意志，遇到此种情况，常常不能对此有真实的制裁力量，甚至反而成为野心家保存其政治权力的客观凭仗。因此，唐君毅先生接着说：

政治不能只是人直接的道德意识的延展。人之直接的道德意识，可以实现政治上之善，而不能根绝政治上之恶。可以逐渐根绝政治上之恶的政治，不能只是圣王之治与哲学家之治，而只能是民主政治。因民主政治可以立各种人权保障之法律，来限制权力之使用。同时以普遍的选举权，来决定政治上人物之进退。而此种立法与选举之所以可能，除依于人各欲实现其人生文化价值之动机外，亦兼依于用人民的权力意志，来限制政治上人物的权力意志。②

由此，君主政治，由于处于实际君位的君主失去“君”的真际

① 《潜书·上篇下·鲜君》。唐甄：《潜书》，第66页。

② 唐君毅：《人文精神之重建》(二)，桂林：广西师范大学出版社，2005年，第323页。

本然之义，即对于君主的“位分”，实际君主只占有“君位”（君权）而没有尽其“君分”，不具备“君德”，此即“君不君”，从而导致了人民或学者从职权的角度来思考如何规避君主权力滥用的现象，最后找到了权力制衡之民主政治，这是理所当然与势所必至之事。

然而，归根结底，“天之生民，非为君也；天之立君，以为民也。”[①]即君主政治本身，是一种为民政治，只不过在真际政治过渡到实际政治，即政治理想现实化过程中，君主政治的本然意义被实际的君主所利用，“由此而产生一种价值之改变或高下之颠倒”[②]而已。然而，正如孔子所说：“文武之政，布在方策。其人存，则其政举；其人亡，则其政息。”（《中庸》）如果有圣君贤相主政，则君主政治自然会再次呈现出其本然意义。而且，正如冯友兰先生所说，“实际底事物涵蕴实际；实际涵蕴真际”，实际政治也蕴涵真际政治，如果君主能够修博文约礼之实功，克己复礼，为政以德，则君主政治亦如王船山先生所说，“以礼治非礼，犹谋国者固本自强而外患自辑，治病者调养元气而客邪自散”[③]，自然生命旺盛，天禄永享。所以，先秦儒家强调，“惟仁者宜在高位。不仁而在高

① 《荀子·大略》。另外，《左传·文公十三年》记载：“邾文公卜迁于绎。史曰：‘利于民而不利于君。’邾子曰：‘苟利于民，孤之利也。天生民而树之君，以利之也。民既利矣，孤必与焉。’”《左传·襄公十四年》亦记载，师旷说：“天生民而立之君，使司牧之，勿使失性。……天之爱民甚矣，岂其使一人肆于民上，以从其淫，而弃天地之性？必不然矣！”可见，“天之立君以为民也”的思想源远流长，为先秦时期之贤能所接受。

② 唐君毅：《道德自我之建立》，桂林：广西师范大学出版社，2005年，《重版自序》第7页。

③ 王夫之：《俟解》，《思问录 俟解 黄书 噩梦》，第79页。《荀子·不苟》亦曰：“君子治治，非治乱也。曷谓邪？曰：礼义之谓治，非礼义之谓乱也。故君子者，治礼义者也，非治非礼义者也。然则国乱将弗治与？曰：国乱而治之者，非案乱而治之之谓也。去乱而被之以治。人污而修之者，非案污而修之之谓也，去污而易之以修。故去乱而非治乱也，去污而非修污也。治之为名，犹曰君子为治而不为乱，为修而不为污也。”

位，是播其恶于众也”（《孟子·离娄上》），“仁人在上，则农以力尽田，贾以察尽财，百工以巧尽械器，士大夫以上至于公侯，莫不以仁厚知能尽官职，夫是之谓至平”（《荀子·荣辱》）。

身处君主政治已经一去不复返而民主政治正广施于世界各国政治之今世，我们清醒地知道，正如唐君毅先生所说：“至于今后之哲学家道德学家，是否能兼为圣王，以明体达用，则我意此时代已过去，今后亦不必须。”[①]而且，孔子也曾说：“生乎今之世，反古之道。如此者，烖（即灾）及其身者也。”[②]如果我们现在还要谈论君主政治和治政君本论，其结果必如当年韩非子所说，“今有美尧、舜、汤、武、禹之道于当今之世者，必为新圣笑矣”（《韩非子·五蠹》），亦必然非常不合时宜。但是，考虑到实施民主政治之世界各国，其治政主体（即公务员），亦如过去真际意义上的君主政治的治政主体（即君臣，相对于民，则称为官）一样，是人民中的少数或极少数，而且，民主政治与君主政治在本来意愿上，两者“其精神迥异而正鹄仍同”[③]，都是为了人民之公益。同时，对于中国过去“二千年来暴君贼臣之继出踵起，鱼肉我民”之实际君主政治之黑暗，虽然一方面可以从正面证明民主政治之理所当然与势所必至，但是另一方面，我们也可以作出这样的新的历史解释：即它恰恰用这二千年来的真实历史从反面证明了真际君主政治（即圣王政治）之自性清净与历久弥新。

尤其地，我们认为，大凡政治愿景之设计，其理论思维之出发点当是理想政治而不是现实政治，其首先考虑的不是从制度与法

① 唐君毅：《道德自我之建立》，《重版自序》第16页。

② 《中庸》。朱子《中庸章句》：“烖，古灾字。反，复也。”（朱熹：《四书章句集注》，北京：中华书局，1983年，第36页）

③ 梁启超：《饮冰室文集之十·论政府与人民之权限》，《饮冰室合集》（第2册），第5页。梁先生还说：“且无政府则已，有政府，则其政府无论以何种分子何种形式组织，未有不宜以仁政保民为职志者也。”（梁启超：《先秦政治思想史》，第113页）

律的角度来设计权力制衡机制以治理政事，而是依据自己仁善之心，优先考虑如何选贤举能，推举仁智之人（即圣君贤相）来治理政事，这是一种最原始、最直接、最简单的“易简”①思维，是一种自上往下、推己及人、由内向外、由本及末、由体达用、由近及远、由中心向四周思考问题的思维，是人之仁心、本心与良知之不容已，亦是君主政治为何先于民主政治产生之事实与理由之所在。而且，真际君主政治从性善论基础上来要求治政主体克己复礼以造福人民，而民主政治从性恶论基础上对治政主体进行权力制衡以使其不得为非。也就是说，一为主动的道德意志，一为被动的权力意志；一为理论上最优善而现实却不容易实现，一为现实可行而理论上却不是最优善。尤其地，真际君主政治强调“礼让”②，而民主政治更突出“竞争”。论及此，方明了君主政治之本来面目与第一义，亦唯有区分君主政治之真际意义与实际意义，才能为“治政君本论”正名。

二、享政主体民本论

享政主体民为本（或享政治主体民本论），是相对于治政主体君为本（或治政主体君本论）来说的，二者同在“一个政治”（即君主政治，确切地说是圣王政治或真际政治）框架内。享政与治政两者是基于政治上之分工——“有大人之事，有小人之事”与“劳心者治人，劳力者治于人”之“天下之通义”。（《孟子·滕文公

① 《周易·系辞上传》：“易则易知，简则易从。易知则有亲，易从则有功。有亲则可久，有功则可大。可久则贤人之德，可大则贤人之业。易简而天下之理得矣，天下之理得而成位乎其中矣。”

② 如《论语·里仁》中孔子说：“能以礼让为国乎？何有？”尤其地，正如《礼记·祭义》所说：“天子有善，让德于天。诸侯有善，归诸天子。卿、大夫有善，荐于诸侯。士、庶人有善，本诸父母，存诸长老。”礼让不单是国家政治上的，而且还是社会风俗上的。

上》)君与民、治政主体与享政主体,一有俱有,共荣共存。而且,由《周易·序卦传》和《周易·系辞上传》的宇宙生成论和本体论还可以得知,天地化生万物,君民同源而一本,即,原其初,只有人而没有君,君主产生于人民,故称"人君";而"圣人定尊卑之分,将使顺而率之,非使亢而远之",且"天子之尊,非天帝大神也,皆人也","人君唯能下,故天下之善归之;是乃所以为尊也"。①

为何享政主体要以民为本?先秦兵家文献《六韬》曰:

天下非一人之天下,乃天下之天下也。同天下之利者,则得天下;擅天下之利者,则失天下。天有时,地有财,能与人共之者,仁也;仁之所在,天下归之。②

这里,兵家虽然认为天下并非君主一人之天下,乃是天下人之天下,但是,他是从得天下与失天下的角度,来劝谏君主施行与

① 《潜书·上篇下·抑尊》。唐甄:《潜书》,第67、69页。

② 《六韬·文韬》。《中国兵书集成》编委会编:《六韬》,《中国兵书集成》,北京:解放军出版社,沈阳:辽沈书社,1987年,第419页。《管子》亦记载:(1)"夫争天下者,必先争人。"(《霸言》)(2)"凡大国之君尊,小国之君卑。大国之君所以尊者何也?曰:为之用者众也。小国之君所以卑者何也?曰:为之用者寡也。然则为之用者众则尊,为之用者寡则卑,则人主安能不欲民之众为己用也!"(《法法》)(3)"政之所兴,在顺民心;政之所废,在逆民心。民恶忧劳,我佚乐之;民恶贫贱,我富贵之;民恶危坠,我存安之;民恶灭绝,我生育之。能佚乐之则民为之忧劳,能富贵之则民为之贫贱,能存安之则民为之危坠,能生育之则民为之灭绝。……故知予之为取者,政之宝也。"(《牧民》)(黎翔凤:《管子校注》,北京:中华书局,2004年,第465、302、13页)《管子》此处表述之思想与《六韬》基本相同,《六韬》旧题为[周]吕望撰。周武王平商而王天下之后,封姜太公于齐。管子,齐产也。《管子》与《六韬》此处思想之所以相近,盖亦渊源于此乎?另外,关于《六韬》之成书年代,可参阅杨朝明:《关于〈六韬〉成书的文献学考察》,《中国文化研究》,2002年春之卷。

天下人共享财利之仁政以得天下的，其中不免夹带算计的功利主义色彩，未为尽善。应当说，天下是天下人之天下，而不单是君主一人之天下，因此，天下之财利本当为天下人所享用，而不夹杂丝毫算计之心在其中，如此方为尽善。孟子曾说："无政事，则财用不足。"(《孟子·尽心下》)然则，财用当为政事所谋，可知矣。然而，孟子亦批评道，"求也为季氏宰，无能改于其德，而赋粟倍他日。孔子曰：'求非我徒也，小子鸣鼓而攻之可也。'由此观之，君不行仁政而富之，皆弃于孔子者也"(《孟子·离娄上》)，"今之事君者曰：'我能为君辟土地，充府库。'今之所谓良臣，古之所谓民贼也。君不乡道，不志于仁，而求富之，是富桀也"(《孟子·告子下》)。也就是说，先秦儒家主张君臣应当向道慎德而不是充实国君府库。可见，政事所谋之财用既然不是为了充实君主个人之府库，则自然是将财用与人民享用，此即孟子所说："所欲与之聚之，所恶勿施尔也。"(《孟子·离娄上》)亦即《大学》所说：

得众则得国，失众则失国。是故君子先慎乎德。有德此有人，有人此有土，有土此有财，有财此有用。德者本也，财者末也，外本内末，争民施夺。是故财聚则民散，财散则民聚。

而《大学》陈述治国平天下之道之作者，尤其以"长国家而务财用者，必自小人矣。……小人之使为国家，菑(即灾)害并至。虽有善者，亦无如之何矣！此谓国不以利为利，以义为利也"之叮咛儆戒之意结尾，可谓用心良苦。

所谓享政主体民为本，更是基于君民关系上来说的，而君民关系，常常又缺少不了"天"与"德"这两个重要环节和因素。古文《尚书》记载：

德惟善政，政在养民。……可爱非君？可畏非民？众非元后何戴？后非众罔与守邦？……四海困穷，天禄永终。[①]

皇祖有训，民可近，不可下，民惟邦本，本固邦宁。(《五子之歌》)

民非后，罔克胥匡以生；后非民，罔以辟四方。皇天眷佑有商，俾嗣王克终厥德，实万世无疆之休。(《太甲中》)

惟天无亲，克敬惟亲。民罔常怀，怀于有仁。……天位艰哉！德惟治，否德乱。与治同道，罔不兴；与乱同事，罔不亡。(《太甲下》)

天佑下民，作之君，作之师。……天矜于民，民之所欲，天必从之。[②]

惟天惠民，惟辟奉天。……天视自我民视，天听自我民听。[③]

已，若兹监，惟曰：欲至于万年，惟王子子孙孙永保民。[④]

以上七则材料，总其意，是说：天的本意是佑惠人民的，人民的心思就是天的心思，作为人民的君师，要想万世保有其天位，则圣王与其子孙应该始终坚持修养其德行，体察上天之本意，保养人民。因为人民是国家的根本，根本坚固则国家安宁，根本动摇则天禄永终。因此，“保民”思想是“圣王政治”题中之义，即“圣王

---

① 《尚书·大禹谟》。《论语》亦记载：(1)子曰：“为政以德。”(《为政》)(2)天之历数在尔躬。允执其中。四海困穷，天禄永终。(《尧曰》)

② 《尚书·泰誓上》。《孟子·梁惠王下》亦记载：《书》曰：“天降下民，作之君，作之师。惟曰其助上帝，宠之四方。”

③ 《尚书·泰誓中》。《孟子·万章上》亦记载：《太誓》曰：“天视自我民视，天听自我民听。”

④ 《尚书·梓材》。今文《尚书》和古文《尚书》同有。此处标点是根据上海古籍出版社蔡沈《书经集传》本，蔡沈注：“已，语辞。”详见蔡沈：《书经集传》，第94页。李学勤主编《尚书正义》本标点则为：“已若兹监，惟曰欲至于万年惟王，子子孙孙永保民。”详见李学勤主编：《尚书正义》，《十三经注疏》(二)，第388页。以文势和语意论，标点以蔡先生《书经集传》本为佳，故从蔡先生。

政治”是一种“保民政治”，这即是孟子所说：“保民而王。”(《孟子·梁惠王上》)保养人民，是享政主体民本论的前提。而承继唐、虞与三代“圣王政治”之传统智慧以论君民关系，要以孔子和孟子为代表。

《孟子·尽心下》记载，孟子曰：

民为贵，社稷次之，君为轻。是故得乎丘民而为天子，得乎天子为诸侯，得乎诸侯为大夫。诸侯危社稷，则变置。牺牲既成，粢盛既洁，祭祀以时，然而旱干水溢，则变置社稷。

朱子《孟子集注》曰：

社，土神。稷，谷神。建国则立坛壝以祀之。盖国以民为本，社稷亦为民而立，而君之尊，又系于二者之存亡，故其轻重如此。丘民，田野之民，至微贱也。然得其心，则天下归之。天子至尊贵也，而得其心者，不过为诸侯耳，是民为重也。诸侯无道，将使社稷为人所灭，则当更立贤君，是君轻于社稷也。祭祀不失礼，而土谷之神不能为民御灾捍患，则毁其坛壝而更置之，……是社稷虽重于君而轻于民也。[①]

战国之世，人君无道，“争地以战，杀人盈野；争城以战，杀人盈城”，“率土地而食人肉”，(《孟子·离娄上》)不知“得乎丘民而为天子”之义，是以孟子特地揭示“民贵君轻”说。孟子这段话，对后世影响很大。《礼记·缁衣》记载，孔子曰：

民以君为心，君以民为体。心庄则体舒，心肃则容敬。心好之，身必安之；君好之，民必欲之。心以体全，亦以体伤；君以民

① 朱熹：《四书章句集注》，北京：中华书局，1983年，第367页。

存，亦以民亡。[①]

孔子不说“君本”而说“民以君为心”，也不说“民本”而说“君以民为体”，将君民关系通过心体关系贴切地表述出来。人们通过心体关系自然可以体悟到君民一体之关系；既然心与体不可以分离而独存，君与民又岂能分离而独存？孔子尤其用了一个“以”字，而“以”字可以说明两层意思：一是君民双方是互动的关系，二是君民双方是自愿的关系。一言以蔽之，“天下归之之谓王，天下去之之谓亡。”(《荀子·正论》)可以说，孟子所论，是基于实际君主政治，而孔子所论，是基于真际君主政治。至此，君民关系粲然明了。

由此，要保养人民，则自然“节用而爱人，使民以时”[②]，“取于民有制”[③]，“以政裕民”[④]，“谨权量，审法度，修废官”，重“民、食、丧、祭”，“兴灭国，继绝世，举逸民”，(《论语·尧曰》)使“矜寡孤独废疾者，皆有所养”(《礼记·礼运》)；自然“尚贤使能”，“制礼义以

① 郭店楚简《缁衣》亦记载：“子曰：‘民以君为心，君以民为体。心好则体安之，君好则民欲之。故心以体废，君以民亡。’”李零：《郭店楚简校读记》(增订本)，北京：中国人民大学出版社，2007年，第78页。

② 《论语·学而》。

③ 《孟子·滕文公上》。《孟子·滕文公上》记载：“孟子曰：‘是故贤君必恭俭礼下，取于民有制。……夏后氏五十而贡，殷人七十而助，周人百亩而彻，其实皆什一也。’”《论语·颜渊》记载：“哀公问于有若曰：‘年饥，用不足，如之何？’有若对曰：‘盍彻乎？’曰：‘二，吾犹不足，如之何其彻也？’对曰：‘百姓足，君孰与不足？百姓不足，君孰与足？’”

④ 《荀子·富国》：“轻田野之赋，平关市之征，省商贾之数，罕兴力役，无夺农时，如是，则国富矣。夫是之谓以政裕民。”

分之,使有贫富贵贱之等,足以相兼临";[1]自然始也"使民养生丧死无憾"(《孟子·梁惠王上》)而终也"使有菽粟如水火"(《孟子·尽心上》),等等。也就是说,要在物质、财富、制度、能力等各方面上来保养人民。然而,如果仅仅停留于此,似乎先秦诸子中的法家和墨家也有与此相似的主张和理想,这样还不能完全凸显先秦儒家圣王政治理念中的保民思想的特性,因为先秦儒家还要求进一步从教化、德行、人格等层面上来保养人民。我们认为,先秦儒家圣王政治理念中的这种保民思想特性,主要集中于两点:一是谦逊,一是教化。由子贡问以"如有博施于民而能济众,何如?可谓仁乎"而孔子答以"何事于仁,必也圣乎!尧舜其犹病诸"(《论语·雍也》)与"修己以安百姓,尧舜其犹病诸"(《论语·宪问》),即可看出先秦儒家心目中之圣王之谦逊,因为,尧舜常感政事和德行不能济众安民,常存不足之心,不自满,"临事而惧"(《论语·述而》),时时敬慎。而由孔子"既富教之"(《论语·子路》)、曾子"哀矜勿喜"[2]、孟子"教以人伦"(《孟子·滕文公上》)与荀子"养民情、理民性"[3]等言论,可以看出圣王重视教化之心。而圣王政治这种保民思想,尤其凸显于《孟子·滕文公上》孟子所说:

当尧之时,天下犹未平,洪水横流,泛滥于天下。草木畅茂,

① 《荀子·王制》。《荀子·王制》记载:"夫两贵之不能相事,两贱之不能相使,是天数也。势位齐而欲恶同,物不能澹则必争,争则必乱,乱则穷矣。先王恶其乱也,故制礼义以分之,使有贫富贵贱之等,足以相兼临者,是养天下之本也。"

② 《论语·子张》记载:"孟氏使阳肤为士师,问于曾子。曾子曰:'上失其道,民散久矣。如得其情,则哀矜而勿喜。'"此即《尚书·康诰》"惟曰未有逊事"之意,《荀子·致士》解释说:《书》曰:"义刑义杀,勿庸以即,女惟曰'未有顺事'。"言先教也。

③ 《荀子·大略》记载:"不富无以养民情,不教无以理民性。故家五亩宅,百亩田,务其业而勿夺其时,所以富之也。立大学,设庠序,修六礼,明十教,所以道之也。《诗》曰:'饮之食之,教之诲之。'王事具矣。"

禽兽繁殖，五谷不登，禽兽逼人。兽蹄鸟迹之道，交于中国。尧独忧之，举舜而敷治焉。舜使益掌火，益烈山泽而焚之，禽兽逃匿。禹疏九河，瀹济漯，而注诸海；决汝汉，排淮泗，而注之江，然后中国可得而食也。……后稷教民稼穑。树艺五谷，五谷熟而民人育。人之有道也，饱食、暖衣、逸居而无教，则近于禽兽。圣人有忧之，使契为司徒，教以人伦：父子有亲，君臣有义，夫妇有别，长幼有序，朋友有信。放勋曰："劳之来之，匡之直之，辅之翼之，使自得之，又从而振德之。"圣人之忧民如此。

继此，梁启超先生说：

儒家固希望圣君贤相，然所希望者，非在其治民莅事也，而在其"化民成俗"(《学记》)，所谓："劳之，来之，匡之，直之，辅之，翼之，使自得之。"(《孟子》)政治家惟立于扶翼匡助的地位，而最终之目的乃在使民"自得"。以"自得"之民组织社会，则何施而不可者。如此则政治家性质，恰与教育家性质同。故曰："天相下民，作之君，作之师。"(《孟子》引《逸书》)吾得名之曰："君师合一主义。"……明乎此义，则知儒家所谓人治主义者，绝非仅恃一二圣贤在位以为治，而实欲将政治植基于"全民"之上。①

可以说，梁先生点出了先秦儒家圣王政治(即"君师合一主义")保民思想的特性，即通过教化，"将国民人格提高"②，而最终使人民自得而自保。而这种由君保民到民自保之圣王政治，比起

---

① 梁启超：《先秦政治思想史》，第99-101页。经查，"天相下民"，《孟子·梁惠王下》作"天降下民"。

② 梁启超：《先秦政治思想史》，第101页。

“君师合一主义”之称谓，不如“若保赤子”[①]之“父母主义”的譬喻来得贴切。而“元后作民父母”(《尚书·泰誓上》)、“天子作民父母，以为天下王”(《尚书·洪范》)这种“父母主义”，同圣王政治之保民思想一样古老，亦是一种保民政治。而君子(国君或天子)“为民父母”之说，《孟子》与《荀子》文本中亦多谈及。[②] 这也是为何中国把官称为“父母官”的历史文化渊源所在。把政治之君民关系或官民关系比喻为父母与赤子关系，它确实能够贴切地体现出圣王政治之至善，因为，为人父母，对于赤子，苟非遭遇重大变故或丧心病狂，没有不尽心尽力，呵护备至的。而且，父母对于赤子的保养，纯然出于一片至诚仁爱之心，不带丝毫算计之心与功利主义色彩。[③] 换言之，在真际政治层面来说，“彼君子者，固有为民父母之说焉”[④]；而实际政治中，或许为民父母者，“官益大者罪益重，位益高者罪益深”[⑤]，然而，“行政不免于率兽而食人。恶在

① 《尚书·康诰》记载：“若保赤子，惟民其康乂。”这种“若保赤子”之政治理念，尤其在荀子那里根深蒂固，这可以从《荀子》多次使用“如保赤子”这个词组得到证明。经查，《荀子》之《富国》、《王霸》、《议兵》使用了“如保赤子”4 次，《荀子·臣道》使用了“若养赤子”1 次。

② 详见《孟子》之《梁惠王上》、《梁惠王下》、《滕文公上》，与《荀子》之《王制》、《礼论》。

③ 此意程明道先生尤能知之与行之。因为，“明道每进见，必陈君道以至诚仁爱为本，未尝一言及功利。”(程颢、程颐：《二程集》，北京：中华书局，2004 年第 2 版，第 1252 页)

④ 《荀子·礼论》。“俞樾曰：‘子’字衍文。”(王先谦：《荀子集解》，北京：中华书局，1988 年，第 374 页)我们认为，“君子”古代亦指“君”，此处用“君子”比单用“君”字在行文上更顺畅，而且在语意上更能突出君的德行。

⑤ 《潜夫论·本政》。汪继培笺，彭铎校正：《潜夫论笺校正》，北京：中华书局，1985 年，第 92 页。

其为民父母？”[1]这又岂是正常的人伦关系？！正常的人伦关系，当是上面《孟子·滕文公上》所说——“父子有亲，君臣有义，夫妇有别，长幼有序，朋友有信”，或下面《大学》所说：

为人君，止于仁；为人臣，止于敬；为人子，止于孝；为人父，止于慈；与国人交，止于信。

即圣王政治之父母之心，应是仁慈之心。然则，“君子道其常而小人计其功”（《荀子·礼论》）而已矣。

君本、民本之论，学者多已言之。然而，以治政与享政来统筹与划分君本与民本之论，创发治政主体君本论与享政主体民本论，则学者鲜有之。“后非民罔使，民非后罔事。无自广以狭人，匹夫匹妇，不获自尽，民主罔与成厥功。”（《尚书·咸有一德》）君治民享，政治告成，其实成于“一德”（《尚书·咸有一德》）。因此，最后不得不谈成政修身为本论。

三、成政修身为本论

《尚书·尧典》开篇即说帝尧：

---

① 《孟子·梁惠王上》。正如以下三则材料所说：(1)《庄子·在宥》：“贱而不可不任者，物也；卑而不可不因者，民也。”(2)《尸子·卷下》：“天子忘民则灭，诸侯忘民则亡。”(3)《新书·大政上》：“故夫民者，至贱而不可简也，至愚而不可欺也。故自古至于今，与民为仇者，有迟有速，而民必胜之。”君民关系或官民关系不和谐，走向对立，其结果必然如《新书·大政上》所说，“与民为仇者”，“民必胜之”。所以，荀子说：“将以求富而丧其国，将以求利而危其身。古有万国，今有十数焉。是无它故焉，其所以失之一也。君人者亦可以觉矣。”（《荀子·富国》）此虽是从利害上来说，但理亦不外于此。

钦明文思安安，允恭克让，光被四表，格于上下。克明俊德，以亲九族。九族既睦，平章百姓。百姓昭明，协和万邦。黎民于变时雍。

承此帝尧修身治国平天下之道，孔子创立“为天下国家有九经”之政治思想，曰：

凡为天下国家有九经，曰：修身也，尊贤也，亲亲也，敬大臣也，体群臣也，子庶民也，来百工也，柔远人也，怀诸侯也。①

可见，《尚书》和《中庸》所载帝尧和孔子之治道，皆从君王之德行开始，皆以修身为本。因此，王船山先生尝论之曰：

治道之极致，上稽《尚书》，折以孔子之言，而蔑以尚矣。其枢，则君心之敬肆也；其戒，则怠荒刻核，不及者倦，过者欲速也；其大用，用贤而兴教也；其施及于民，仁爱而锡以极也。以治唐、虞，以治三代，以治秦、汉而下，迄至于今，无不可以此理推而行也；以理铨选，以均赋役，以诘戎兵，以饬刑罚，以定典式，无不待此以得其宜也。至于设为规画，措之科条，《尚书》不言，孔子不言，岂遗其实而弗求详哉？以古之制，治古之天下，而未可概之今日者，君子不以立事；以今之宜，治今之天下，而非可必之后日者，君子不以垂法。故封建、井田、朝会、征伐、建官、颁禄之制，《尚书》不言，孔子不言。②

治道之极致，根本（即体）在君心，大用（即用）在“用贤而兴教”，铨选、赋役、戎兵、刑罚、典式，皆待此体用而后得其宜，这是

① 《中庸》。《孔子家语·哀公问政》同载。

② 王夫之：《读通鉴论》（二），长沙：岳麓书社，2011年，第1181-1182页。

常道。至于“规画”、“科条”之制度,关乎时宜,“不可为典要,唯变所适”(《周易·系辞下传》)。当然,这里虽然说制度不可为典要,但却不是不要制度或没有制度的意思。因为,正如程伊川先生所说:

治身齐家以至平天下者,治之道也;建立治纲,分正百职,顺天时以制事,至于创制立度,尽天下之事者,治之法也。作《典》(笔者按:《尧典》)者述尧之治,尽于此矣。圣人治天下之道,惟此二端而已。①

即治天下之道——治道与治法,原是本末一体,体用一源,不可相离,更不可相无;只不过依先秦儒家“君子务本”(《论语·学而》)之义,在二者之间,又要强调“物有本末,事有终始,知所先后”(《大学》)而已。而相对于治道来说,治法(包含制度)是末,是用,而治道是本,是体罢了。所以,对于夏、商、周三代之礼(含制度),孔子无不用心,甚至还到宋与杞实地考察;②而孟子为滕文公陈井田制(《孟子·滕文公上》)与为北宫锜谈周室班爵禄(《孟子·万章下》);而荀子亦论王者之制(《荀子·王制》);然皆是大略谈之,而《论语》、《孟子》与《荀子》亦记载简略。其主观原因在务本,而其客观原因,或许如孟子所说:“诸侯恶其害己也,而皆去其籍。”(《孟子·万章下》)

为什么说修身为本?因为,“知所以修身,则知所以治人;知所以治人,则知所以治天下国家矣。”(《中庸》)所以,孟子说,“人有恒言,皆曰‘天下国家’。天下之本在国,国之本在家,家之本在身”(《孟子·离娄上》),“君子之守,修其身而天下平”(《孟子·尽

① 程颢、程颐:《二程集》,北京:中华书局,2004年第2版,第1036页。

② 参阅《论语·为政》“殷因于夏礼”章与《论语·八佾》“夏礼吾能言之”章。

心下》)。《荀子·君道》曰:"请问为国?曰闻修身,未尝闻为国也。"而《大学》更是铺展开来说:"自天子以至于庶人,壹是皆以修身为本。"

如何修身?孔子说:

修身以道,修道以仁。仁者人也,亲亲为大;义者宜也,尊贤为大;亲亲之杀,尊贤之等,礼所生也。……思修身,不可以不事亲;思事亲,不可以不知人;思知人,不可以不知天。(《中庸》)

即修身要事亲,事亲要知人,知人要知天。[①] 何谓事亲?事亲者,悦亲、顺亲也。

顺乎亲有道:反诸身不诚,不顺乎亲矣;诚身有道:不明乎善,不诚乎身矣。诚者,天之道也;诚之者,人之道也。[②]

---

① 朱子《中庸章句》对于"事亲"、"知人"和"知天"的注释是:"为政在人,取人以身,故不可以不修身。修身以道,修道以仁,故思修身不可以不事亲。欲尽亲亲之仁,必由尊贤之义,故又当知人。亲亲之杀,尊贤之等,皆天理也,故又当知天。"(朱熹:《四书章句集注》,北京:中华书局1983年,第28页)本文根据《中庸》"思事亲,不可以不知人;思知人,不可以不知天"与"诚者,天之道也;诚之者,人之道也",对"事亲"、"知人"、"知天"的理解和解释是:"孝弟也者,其为仁之本"(《论语·学而》),因此,修身当事亲;而事亲,当知晓人道;而知晓人道,又当知晓天道。惟有知晓天道与人道,方能事亲与尊贤。因为知晓人道而尊敬与任用贤能,比起知人贤能而后尊敬之与任用之,涵义更丰富,并且前者可以涵括后者,故不从朱注。然朱子注释自有凡例,他说:"某解注书,不引后面说来证前说,却引前说去证后说。"见黎靖德编:《朱子语类》(第一册),北京:中华书局,1986年,第258页。

② 《中庸》。《孟子·离娄上》作:"悦亲有道:反身不诚,不悦于亲矣;不明乎善,不诚其身矣。是故诚者,天之道也;思诚者,人之道也。"

即修身归根结底是要人体认到诚是天道，诚之是人道，且“天人无两个道理”①，使人自修以“明善而复其初也”②；所谓明善而复其初，即要人明晓天命之性至善，而作工夫以使自身之心性“止于至善”（《大学》），恰如受命于天之时之善性一样，使人同于天，天人合一，而后知己与人、与天皆至善无恶，浑然一体。此即周濂溪先生从本体上所说：

诚者，圣人之本。“大哉乾元，万物资始”，诚之源也。“乾道变化，各正性命”，诚斯立焉。纯粹至善者也。③

其具体之次第工夫，对于圣人来说，因为能够“不勉而中，不思而得，从容中道”（《中庸》），“与天地合其德”（《周易·文言传》），已经与天合一，已经是“诚者”境界；而对于圣人以下的人来说，要想达到“诚者”境界，则需要加以“择善而固执之”与“博学之，审问之，慎思之，明辨之，笃行之”之次第工夫，（《中庸》）这是“诚之者”所必须作的工夫。及其至也，则“诚之者”与“诚者”不二亦不异，即天人合一，亦即佛教所说之“一如”。④ 如何知天？按孟

① 《宋元学案·元城学案》。黄宗羲原著，全祖望补修：《宋元学案》（贰），北京：中华书局，1986 年，第 828 页。

② 朱熹：《四书章句集注》，北京：中华书局，1983 年，第 47 页。

③ 《通书·诚上第一》。周敦颐：《周敦颐集》，北京：中华书局，2009 年第 2 版，第 13-14 页。

④ 《宋元学案·元城学案》记载，刘安世从司马温公学，凡五年，“一旦避席问尽心行己之要，可以终身行之者。温公曰：‘其诚乎！吾生平力行之，未尝须臾离也。’先生问其目，温公曰：‘自不妄语始。’自此力行七年，而后言行一致，表里相应。”[黄宗羲原著，全祖望补修：《宋元学案》（贰），第 821 页。]可见，修诚工夫着实不易，需要长时间的不懈努力。于修诚工夫，吾未曾如宋明儒般实下工夫作去，考虑到儒学学术道统性强调古今一脉相承与修身实践性强调前后不可躐等这两方面特质，本文此处工夫论部分仅援引先秦儒家原典以及宋明大儒言论，稍作关联与解释而已。

子所说，“尽其心者，知其性也。知其性，则知天矣”（《孟子·尽心上》），尽心知性以知天，即关键在尽心知性。如何尽心知性？孟子说：

恻隐之心，人皆有之；羞恶之心，人皆有之；恭敬之心，人皆有之；是非之心，人皆有之。恻隐之心，仁也；羞恶之心，义也；恭敬之心，礼也；是非之心，智也。仁义礼智，非由外铄我也，我固有之也，弗思耳矣。（《孟子·告子上》）

即尽心知性是要人通过“思诚”之工夫，反求诸己，明白恻隐、羞恶、恭敬、是非之心，人皆有之，与仁义礼智，为人所固有。合诸周濂溪先生所说：

治天下有本，身之谓也；……本必端。端本，诚心而已矣。[①]

可知，诚心即尽心也。

孔子说：“凡为天下国家有九经，所以行之者一也。”朱注：“一者，诚也。”[②]孟子说：“生于其心，害于其政；发于其政，害于其事。”（《孟子·公孙丑上》）荀子说：

君子养心莫善于诚，致诚则无它事矣，惟仁之为守，惟义之为行。诚心守仁则形，形则神，神则能化矣；诚心行义则理，理则明，明则能变矣。变化代兴，谓之天德。……天地为大矣，不诚则不能化万物；圣人为知矣，不诚则不能化万民；父子为亲矣，不诚则疏；君上为尊矣，不诚则卑。夫诚者，君子之所守也，而政事之本也。（《荀子·不苟》）

---

① 《通书·家人睽复无妄第三十二》。周敦颐：《周敦颐集》，北京：中华书局，2009 年第 2 版，第 38-39 页。

② 朱熹：《四书章句集注》，北京：中华书局，1983 年，第 30 页。

心不诚，则政事不理，“民不可得而治也”(《孟子·离娄上》)。可见，“诚者自成也，而道自道也。诚者，物之终始，不诚无物。是故君子诚之为贵”(《中庸》)。这是《中庸》的修身工夫论，认为治国平天下之本在明善诚身。而《大学》的修身工夫论，则认为治国平天下之本在格物致知。《大学》曰：

古之欲明明德于天下者，先治其国；欲治其国者，先齐其家；欲齐其家者，先修其身；欲修其身者，先正其心；欲正其心者，先诚其意；欲诚其意者，先致其知；致知在格物。物格而后知至，知至而后意诚，意诚而后心正，心正而后身修，身修而后家齐，家齐而后国治，国治而后天下平。

《朱子语类》记载，朱子说，“自明明德至于治国、平天下，如九层宝塔，自下至上，只是一个塔心。四面虽有许多层，其实只是一个心。明德、正心、诚意、修身，以至治国、平天下，虽有许多节次，其实只是一理”，“致知、格物，是穷此理；诚意、正心、修身，是体此理；齐家、治国、平天下，只是推此理”，“格物、致知，是求知其所止；诚意、正心、修身、齐家、治国、平天下，是求得其所止。物格、知至，是知所止；意诚、心正、身修、家齐、国治、天下平，是得其所止”，皆为人之“职分之所当为也”。[①] 何谓致知？朱子说，“致知乃本心之知”，“具于心者，本无不足也”，“如一面镜子，本全体通明，只被昏翳了，而今逐旋磨去，使四边皆照见，其明无所不到”，“致知工夫，亦只是且据所已知者，玩索推广将去”，“致知所以求为真知”。[②] 何谓格物？朱子说，“格物者，如言性，则当推其如何谓之

① 详见黎靖德编：《朱子语类》(第一册)，北京：中华书局，1986年，第313、312、309页。

② 详见黎靖德编：《朱子语类》(第一册)，北京：中华书局，1986年，第283页。

性；如言心，则当推其如何谓之心，只此便是格物”，“须穷极事物之理到尽处，便有一个是，一个非，是底便行，非底便不行。凡自家身心上，皆须体验得一个是非”，“须是从切己处理会去。待自家者已定叠，然后渐渐推去，这便是能格物”，“格物，莫先于五品”，“如今说格物，只晨起开目时，便有四件在这里，不用外寻，仁义礼智是也”。① 朱子又说，“致知、格物，只是一个”，“格物者，欲究极其物之理，使无不尽，然后我之知无所不至。物理即道理，天下初无二理”，因此，“物才格，则知已至”，“知与物至切近，正相照在”，所以，“致知在格物”，“故云在，更无次第也”。② 又，朱子“尝窃取程子之意”，作《格物补传》，曰：

所谓致知在格物者，言欲致吾之知，在即物而穷其理也。盖人心之灵莫不有知，而天下之物莫不有理，惟于理有未穷，故其知有不尽也。是以《大学》始教，必使学者即凡天下之物，莫不因其已知之理而益穷之，以求至乎其极。至于用力之久，而一旦豁然贯通焉，则众物之表里精粗无不到，而吾心之全体大用无不明矣。此谓物格，此谓知之至也。③

《格物补传》对“致知在格物”的训义，亦曾为朱子师徒所讨论，《朱子语类》载其关注点有三：一论理之表里精粗。朱子说：

理固自有表里精粗，人见得亦自有高低浅深。有人只理会得

① 详见黎靖德编：《朱子语类》（第一册），北京：中华书局，1986年，第284、285页。五品，出自《尚书·虞书·舜典》：“百姓不亲，五品不逊。”蔡沈《书经集传》注：“五品，父子君臣夫妇长幼朋友，五者之名位等级也。”（蔡沈：《书经集传》，第8页）

② 详见黎靖德编：《朱子语类》（第一册），北京：中华书局，1986年，第290、294、309页。

③ 朱熹：《四书章句集注》，北京：中华书局，1983年，第6-7页。

下面许多,都不见得上面一截,这唤做知得表,知得粗。又有人合下便看得大体,都不就中间细下工夫,这唤做知得里,知得精。二者都是偏。故《大学》必欲格物、致知。到物格、知至,则表里精粗无不尽。

表者,人物之所共由;里者,吾心之所独得。表者,如父慈子孝,虽九夷八蛮,也出这道理不得。里者,乃是至隐至微,至亲至切,切要处。[①]

二论心之全体大用。朱子说:

体用元不相离。如人行坐:坐则此身全坐,便是体;行则此体全行,便是用。[②]

且由《朱子语类》记载,更可以推知现行《格物补传》之"吾心之全体大用无不明"是由"吾心之分别取舍无不切"与"吾之所知无不切"修改而来。

三论用力之久与豁然贯通。《朱子语类》记载:

问:"知至若论极尽处,则圣贤亦未可谓之知至。如孔子不能证夏商之礼,孟子未学诸侯丧礼,与未详周室班爵之制之类否?"曰:"然。如何要一切知得!然知至只是到脱然贯通处,虽未能事事知得,然理会得已极多。万一有插生一件差异底事来,也都识得他破。只是贯通,便不知底亦通将去。某旧来亦如此疑,后来看程子说:'格物非谓欲尽穷天下之物,又非谓只穷得一理便到,

---

① 黎靖德编:《朱子语类》(第二册),北京:中华书局,1986年,第324、325页。

② 黎靖德编:《朱子语类》(第二册),北京:中华书局,1986年,第326页。

但积累多后自脱然有悟处。'方理会得。"[①]

总其意,"致知、格物,《大学》中所说,不过'为人君,止于仁;为人臣,止于敬'之类",以及告诫学者,"人之一心,本自光明。常提撕他起,莫为物欲所蔽,便将这个做本领,然后去格物、致知",至于"如何是致知、格物以至于治国、平天下,皆有节目,须要一一穷究著实",[②]直待真积力久,自有脱然贯通处。这是《大学》的修身工夫论。

然而,无论是《中庸》之明善诚身的修身工夫论,还是《大学》之格物致知的修身工夫论,在先秦儒家(此处略举孔子、孟子和荀子为例)那里,心与理"元不相离",而统一于诚、心或天。《孟子·告子上》记载:

《诗》曰:"天生蒸民,有物有则。民之秉夷,好是懿德。"孔子曰:"为此诗者,其知道乎!故有物必有则,民之秉夷也,故好是懿德。"

则者,理也。宋代大儒程子结合《大学》与《周易》"知止"之意,继续发挥道:

夫子曰:"于止知其所止,"谓当止之所也。夫有物必有则,父止于慈,子止于孝,君止于仁,臣止于敬,万物庶事莫不各有其所,得其所则安,失其所则悖。圣人所以能使天下顺治,非能为物作

① 黎靖德编:《朱子语类》(第二册),北京:中华书局,1986年,第396页。

② 详见黎靖德编:《朱子语类》(第一册),北京:中华书局,1986年,第252、292、309页。

则也，唯止之各于其所而已。①

蒸民秉执天命之常性明德，故其心知有物必有则，而能喜好懿德，而圣人治理天下，亦唯无为而治，顺则而已矣。仁包四德（仁义礼智），懿德莫大于仁，故而孔子以“为仁”（“求仁”）为修身成德之宗旨。而孟子则认为，“万物皆备于我矣。反身而诚，乐莫大焉。强恕而行，求仁莫近焉”（《孟子·尽心上》），即万物之理本具足于吾心，“反身而诚则仁矣”②，所以，孟子说：“舜明于庶物，察于人伦，由仁义行，非行仁义也。”③言圣人明察于人伦物理，使仁义扎根于心，顺此人伦物理之则而行将去而已。因此，孟子说，如果人不识得“仁，人心也；义，人路也”，而“舍其路而弗由，放其心而不知求”，这是一件悲哀的事情。所以，孟子说：“学问之道无他，求其放心而已矣。”（《孟子·告子上》）恻隐、羞恶、辞让、是非之心，仁义礼智之四端，人皆有之，人诚能反诸己身，“知皆扩而充之矣”（《孟子·公孙丑上》），则“尽其心者，知其性也。知其性，则知天矣”④。而荀子认为，人心能够知道，因为心能够“虚壹而静”，达到一种无蔽之“大清明”的境界，因而能够“疏观万物而知其情，参稽治乱而通其度，经纬天地而材官万物，制割大理，而宇宙里矣”；同时，由《荀子·解蔽》曰：

---

① 《周易程氏传》卷第四《周易下经下·艮》。程颢、程颐：《二程集》，北京：中华书局，2004年第2版，第968页。

② 朱熹：《四书章句集注》，北京：中华书局，1983年，第350页。

③ 《孟子·离娄下》。所谓人伦，《孟子·滕文公上》曰，“圣人有忧之，使契为司徒，教以人伦：父子有亲，君臣有义，夫妇有别，长幼有序，朋友有信”，“设为庠序学校以教之：庠者，养也；校者，教也；序者，射也。夏曰校，殷曰序，周曰庠，学则三代共之，皆所以明人伦也”。

④ 朱子《孟子集注·尽心章句上》曰：“以《大学》之序言之，知性则物格之谓，尽心则知至之谓也。”朱熹：《四书章句集注》，北京：中华书局，1983年，第349页。

凡以知，人之性也；可以知，物之理也。以可以知人之性，求可以知物之理而无所疑止之，则没世穷年不能遍也。其所以贯理焉虽亿万，已不足浃万物之变，与愚者若一。……故学也者，固学止之也。恶乎止之？曰：止诸至足。曷谓至足？曰：圣也。

与《中庸》曰："诚者非自成己而已也，所以成物也。成己，仁也；成物，知也。"《孟子·公孙丑上》曰，"仁且智"，"既圣矣"。《通书》曰："圣，诚而已矣。"[①]《中庸》曰："诚则明矣，明则诚矣。"可见，"大清明"即圣也，诚也。至此境界，人通过"人而天"之诚之工夫，便与诚之本体（即天）浑然一体，天人合一，即工夫即本体，此即至诚。此即王船山先生所说：

唯天下至诚，纯乎其具一诚于心，则纯乎与天为一理。[②]

故而，《中庸》曰：

唯天下至诚，为能经纶天下之大经，立天下之大本，知天地之化育。夫焉有所倚？肫肫其仁！渊渊其渊！浩浩其天！

王船山先生曰：

其经纶者，唯其仁也，一因乎其爱，而无私意以阻隔之也。……其立本者，唯其渊也，极乎静深，而无私欲以浮动之也。……其知化者，唯其天也，一循乎天理，而无人为以拟议之也。乃其天则浩浩矣，天之所运，心即运焉。……一诚之所运，在明伦而为仁，在尽性而为渊，在知化而为天。唯其纯任乎天，则自然极乎深

① 《通书·诚下第二》。周敦颐：《周敦颐集》，北京：中华书局，2009年第2版，第15页。

② 王夫之：《四书训义》（一），长沙：岳麓书社，2011年，第230页。

而诚之体立，敦其爱而诚之用行。[①]

然则，莫非诚也，莫非心也，莫非天也。

毋庸置疑，自格物致知以至于治国平天下，“虽是有许多节次，然其进之迟速，则又随人资质敏钝。”[②]但是，依天下人人之修为，如其至尧舜之圣而又得居王位者，能够“以天地万物为一体，其视天下之人，无外内远近，凡有血气，皆其昆弟赤子之亲，莫不欲安全而教养之，以遂其万物一体之念”；而其才能之异，若皋陶、夔、稷、契者，能够“各效其能，若一家之务，或营其衣食，或通其有无，或备其器用，集谋并力，以求遂其仰事俯育之愿”，且如“稷勤其稼，而不耻其不知教，视契之善教，即己之善教也；夔司其乐，而不耻于不明礼，视夷之通礼，即己之通礼也”；又或者“其才质之下者，则安其农、工、商、贾之分，各勤其业以相生相养，而无有乎希高慕外之心”；天下“无有乎人己之分，物我之间”，如此则天下大和，政治化成。[③]

唐君毅先生曾经说过一段很带哲学味道且又很耐人寻味的话，他说：

盖宇宙如果有生人之理，则人类绝灭净尽以后有宇宙仍将再生此人类，而一切可厌、可叹、可悲、可怜之事，仍将再现，罪恶、烦恼、悲剧之染污，仍将再来，反复轮回，终无了期。原吾人之所以望人生之清净，唯出自吾人内心要求此人生自身之清净。今不从事于致此清净，而以无人类之存在，为世间之清净，此明为求此清

① 王夫之：《四书训义》（一），长沙：岳麓书社，2011年，第231-232页。

② 黎靖德编：《朱子语类》（第一册），北京：中华书局，1986年，第305页。

③ 王守仁：《王阳明全集》（上），上海：上海古籍出版社，1992年，第53-55页。

净之虚影，于外在之世间，此正依于吾人之心愿之颠倒。而此无人类之世间之清净，又实不能与吾人内心之初所要求之人生自身之清净，相应和也。夫然，故人类之斩尽杀绝，亦不足以解决吾人之问题。吾人之问题之解决，仍唯有自如何致人生自身之清净，以由邪生以成正生，由枉生以成直生之本身上用工夫，而别无快捷方式之可寻也。[1]

综上，基于政治分工与政治合作之辩证思考，先秦儒家政治哲学之政治本体论，于治政主体君本论中，强调由仁智之政治主体来治理政事，论述了由谁统治和统治的最优方式等问题；于享政主体民本论中，强调政治成果当为全体人民所享用，回答了为了谁而统治和统治合法性（或政治正当性）等问题；于成政修身为本论中，强调修身成德乃政治化成之根本，从工夫论的角度探讨了如何保障政治统治之长治久安和政治事业之富有日新等问题。治政是“分”，享政则归之“全”，以修身为本，作为保障，使人人皆有士君子之行，而后“大同”方至，政治乃“成”。这是我们研究先秦儒家政治哲学之政治本体论所初步形成的一个结论性意见。

---

① 唐君毅：《人生之体验续编》，桂林：广西师范大学出版社，2005年，第160页。

儒学的理论转向：现代平民儒学的建构

□陈寒鸣　刘伟[①]

【内容摘要】在传统社会里，儒学不仅是士大夫安身立命的学问，而且是平民追求人生意义的途径。平民将儒学的义理价值转化为生活日用，构成平民儒学。这一点在明代中晚期的泰州学派那里得到了全面展示。而在当代中国，社会成员从传统的“四民”到社会主义公民的身份转变，儒学赖以生存的土壤已经发生变化。因此，构建现代平民儒学就成为一项紧迫的理论任务。究其实质而言，现代平民儒学就是马克思主义中国化视野下儒学理论转向的产物。

【关键词】儒学；平民儒学；现代平民儒学；理论转向

在传统社会中，儒学赖以传承的主体是士大夫，他们从当时

① 作者简介：陈寒鸣，1960年出生，江苏镇江人，现为天津市工会管理干部学院副教授；刘伟，1982年出生，河南灵宝人，哲学博士，安徽工程大学思政部讲师。

社会生产生活实践方式出发，站在自身的立场上对儒学的基本观念进行诠释，在天道、礼乐制度、心性和历史哲学等方面做出了许多探索，对社会生活和民族精神等产生了深远的影响。从积极一面讲，儒学曾经对中国文化的发展、民族自信心的培养起到鼓舞和激励作用，尤其强调独立人格、天人之际的有机整体观念、刚健自强的进取精神、爱国主义信念等，为中国人乃至全人类留下了一笔价值不菲的精神财富；从消极一面讲，儒学过于重视以"士"为"四民"之首的社会身份，并着力以其伦理道德保持和强化以"四民"之序为主要内容的社会关系，这虽然能够维系传统的农业社会的稳定，但在无形之中阻碍了人民对普遍性的追求，因而只有突破儒家士大夫的传统之见及其对现代知识分子主体意识的限制，将儒学发展成为适应于当下普通百姓生活日用的平民儒学，才能有力推动儒学的现代转换。

一

从概念的源头来看，平民儒学中的"平民"至少涉及两个层面：一是士大夫与庶人的差异，二是古代社会中的"良贱之别"。从社会身份来讲，士大夫被称为君子，庶人被称为小人。在帝制时代，士大夫享有法律、政治和经济等方面的特权，并对庶人有着教化的权力。可以说，这一历史阶段的君子小人和贵贱上下的身份意识与价值观念是整个社会的中心思想，对习俗和法律产生了深远的影响。士大夫与庶人的对立，属于贵贱之别。除此之外，还有所谓"良贱之别"。大致说来，"贵贱指示官吏与平民的不同社会地位（包括法律地位在内），良贱则指示良民与贱民的不同社会地位，四民或称良民，或称齐民，字义的本身，即指出其齐一或平等的身份，并有与贱相对的意识。贱民包括官私奴婢、倡优皂隶，以及某一时代某一地域的某种特殊人口”①。当我们以平民儒学作为解读方式，回顾历史上的儒学形态，就必须充分考虑贵贱与良贱这两对社会范畴。这两对社会范畴中的“贱”都属于我们认可的平民。平民与儒学交织在一起，就形成了所谓平民儒学。

究源论之，在孔子那里，儒学本已具有一定平民化的倾向。从社会身份来看，孔子是“殷宋大夫子氏之世也”，即通常所说的殷商遗民，在鲁国任司寇摄行相事，在当时的诸侯国中享有盛名。这与平民有着很大的不同。但从孔子自述“吾少也贱，故多能鄙事”(《论语·子罕》)又可以看出他出身于没落贵族，从小经历了社会底层的平民生活，因而能够从事多种谋生活动。孔子首创私学，打破了西周“学在官府”的垄断局面，主张“有教无类”，网罗各种社会阶层的贤能志士，与他们一同探讨学问。从后人的记载来看，孔门弟子之中有很多人依然从事劳动，例如《孔子家语》、《韩诗外传》、《说苑》都讲述了曾子锄瓜的故事，而《庄子·让王》对曾子安贫乐道、不愿出仕的举动大加赞赏。此外，仲由曾经是不知礼仪的“野人”，冉雍的父亲是出身低下的“贱人”，还有“子张，鲁之鄙家也；颜涿聚，梁父之大盗也，学于孔子”(《吕氏春秋·尊师》)，颛孙师(字子张)是陈国犯过罪的“辟人”，颜涿聚做过“梁父之大盗”……这些人的出身参差不齐，几乎都是平民，但都拜在孔子门下，学习君子之道。在当世社会已发生严重变迁式动乱的背景下，基于对“小人‘疾贫’与君子求富”这样一种现实的肯认，孔子不仅揭橥“有教无类”之旨而对私学及先秦子学思潮的勃兴“尽了‘金鸡一鸣天下晓’的首创任务”，而且他还以其“性相近也，习相远也”(《论语·阳货》)的光辉命题，“承认了国民参与政事的合理性”，其门下“弟子即以国民阶级占绝对多数(只有南宫适、司马牛二人以贵族身份来学)，而‘问为邦’、‘学干禄’、‘可使南面’、‘可使为宰’、‘可使治赋’者，实繁有徒”。进一步考察，孔子“不但

① 瞿同祖：《中国法律与中国社会》，北京：商务印书馆，2010年，第253页。

肯定'仁远乎哉？我欲仁斯仁至矣'，而且主张'仁者爱人'"，"把道德律从氏族贵族的专有形式拉下来，安置在一般人类的心理的要素里，并给以有体系的说明"。[①] 孔子及其所创儒学，确实具有一定平民化思想倾向。

结合孔子生活的时代背景来考察平民身份这一历史现象，就会发现春秋时代的贵族与平民之间有着明显的流动性，确切地讲，就是平民与贵族的身份呈现出了升降的态势。这一社会现象非常普遍，为当时的政治社会变革营造了十分有利的氛围。在这种大环境下鼓吹"有教无类"的教育思想，可以称得上是顺应时代潮流的壮举。顾颉刚先生在阅读《左传》时发现"贵族与平民之升降"是春秋时代的显著特征之一，其中最具代表性的涉及"贵族下降为平民"的事例有三处：一是哀公二年"周人与范氏田，公孙尨税焉"，就是说公孙尨是范氏的家臣，因而为其主税田，但从他"氏公孙"这一现象来看，公孙尨出身于公族，却又从事平民的营生；二是哀公七年"曹伯阳即位，好田弋，曹鄙人公孙强好弋，获白雁，献之，且言田弋之说，说之"，从这则材料可以看出公孙强的现实处境是"鄙人"，这与"氏公孙"构成鲜明的对比；三是哀公十六年白公胜对石乞推荐熊宜僚的例子，"市南有熊宜僚者，若得之，可以当五百人矣"，熊氏是楚王之氏，熊宜僚必然是楚国的公族，却居住在市南，白公胜将他视为复仇的得力人员，由此可以判定他是专诸、要离之类的人物。类似的贵族下降为平民的事例还有很多，不必一一列举。此外，平民上升为贵族的事例更是不胜枚举，《左传》定公九年"鲍文子谏曰：'臣尝为隶于施氏矣，鲁未可取也'。"定公八年涉及的阳虎企图推倒三桓，用自己的势力"更孟氏"，从而实现家臣上升为世卿的梦想。这样的事例很多，说明周礼遭到了前所未有的挑战与破坏，用顾颉刚先生的话来说，就是

① 侯外庐主编：《中国思想通史》第1卷，北京：人民出版社，1957年，第144-145页。

"是皆春秋末年突破阶级制度之好例"。[1] 孔子在"礼崩乐坏"的大环境下开办私学，必然会采取"有教无类"的措施，否则将无法适应"平民与贵族之升降"的历史潮流。

不仅如此，就连孔子及其弟子的社会身份也非常复杂。孔子时代的儒学已经绽露平民化的头角。但是，不能由此断定孔子的学术蕲向是平民化的。这一历史阶段中，儒学的基本精神依然是"学而优则仕"、"下学而上达"。无论后世儒者对"上"、"下"进行多么高深的境界论的解释，都无法否定孔子及其弟子对于仕途的向往，进一步说，主张"为政以德"，在实际的政治活动中，试图做到既能保全自己的德性，又凭借个人品质化解政治的负面效果。于是产生了这样一种观念——"人道，政为大"(《大戴礼记》)。在儒家勾画的三才之道中，人道的核心观念是仁义，当仁义与政治接榫时，儒学就搭建了从伦理通向政治的桥梁。仁义不是空洞的概念，而是一套根据时代特征不断调适的价值体系。它充分体现了孔子及其后学的价值诉求：不是平民的切身利益，而是君子的特殊期待，只不过先将平民转化为君子，再由君子去参与政治生活。从这一点来看，孔子及其弟子突出了由来已久的"民本"观念，并没有将理论真正引上现实的平民化的思想发展轨道。

回过头来思考当前学术界流行的试图通过"返本开新"回归先秦儒学的基本精神，甩掉帝制时代意识形态这一沉重的历史包袱，从而打开融入到现代社会的全新局面——这种看似稳妥的设想，就会发现这不过是对古代世界抱以"自我满足"的幻想，好像一旦讲清楚了先秦儒学的真精神和真价值，就可以消除儒学的现代困境：凡是与现代精神不符的地方都是后世对先秦儒学的背离。其实，这种处理方式已然脱离了思想与具体历史条件的契合之处，属于理性外衣下的臆测。无论是"返本开新"，还是所谓"儒家原教旨主义"，其实都是自我满足的鄙俗的幻想。马克思在《政

---

① 顾颉刚：《浪口村随笔》，沈阳：辽宁教育出版社，1998年，第51页。

治经济学批判(1857—1858年手稿)》中比较了古代人和现代人对“内在本质”和“满足”的不同理解,指出:“一方面,稚气的古代世界显得较为崇高。另一方面,古代世界在人们力图寻求闭锁的形态、形式以及寻求既定的限制的一切方面,确实较为崇高。古代世界是从狭隘的观点来看的满足,而现代则不给予满足;换句话说,凡是现代表现为自我满足的地方,它就是鄙俗的。”①这是目前研究先秦儒学必须充分把握的参照标杆。

儒学在现代社会中暴露出许多不适应的地方,需要我们在批判继承与全面调整上下足功夫。但它不等于封闭的狭隘的调适。更进一步讲,就是用唯物史观对先秦儒学产生的社会条件、文化氛围与核心观念进行深入研究,揭示社会意识与社会存在之间的复杂关系,更加有效地防止出现任何形式的有意误读与过度诠释。

二

回顾历史,我们会发现,明代中后期曾出现过一股被视为庶民精神高涨的平民儒学思潮,它的代表人物是泰州学派的王艮。按照黄宣民先生的考证,王艮出身于“灶丁”,是不折不扣的平民。他以最为通俗的语言概括了自己对儒家核心观念的理解——“百姓日用即道”,认为只有“百姓日用之道”、“百姓日用之学”才是真正的圣人之道、圣人之学,以往经由士大夫传承的儒学不过是异端。侯外庐先生认为,王艮将“愚夫愚妇”、“僮仆”等社会下层民众视为人民,认为这些人的生产活动和生活活动才是真理,在社会生活中,真理是劳动者天天践履的“家常事”,平常简单,能知能行,没有丝毫造作,“王艮用百姓的‘下’代替了统治阶级的‘上’,又把劳动人民的家常事作为‘圣人之道’,而把正宗的圣人之道斥

① 马克思、恩格斯:《马克思恩格斯文集》第8卷,北京:人民出版社,2009年,第137-138页。

为异端，这里就有了对封建主义破坏的进步意义。王艮的'百姓日用之学'受到了人民的拥护。"[①]在儒学史上，王艮及其所创泰州学派，作为一种前所未有的平民儒学，其特征有五：

第一，传道对象大众化

泰州学派继承了孔子和先秦儒家"有教无类"的方针，致力于发展平民教育。王艮的传道宗旨是：不论老幼贵贱贤愚，只要有志于学问之道，都可以秉受"大成学"。王栋更加重视儒学的平民传统。他认为，孔子开创的儒学本是"四民"共有共明的学问，但从秦汉以后，这套学问被少数经生文士垄断，孔子儒学的平民传统却惨遭摒弃，万幸的是王艮在一千多年以后承接了这种优秀传统。

从人员构成来看，泰州学派在吸纳"四民"中的各色人等的同时，还充分接受来自社会底层的灶丁、佣工、商贩等人群。王艮讲学的场所是一个充满活泼气氛的平民百姓的课堂。在这里，既没有刻板的师道尊严，又没有令人眩晕的章句帖括之学，更多的是沟通思想、启发自觉。王艮死后，泰州后学中有一部分人走向民间。他们或是周游四方，传道讲学，开启民智；或是深入田间，与农民畅谈学问，移风易俗。

我们应看到，泰州学派的代表人物一方面力图将庙堂儒学、章句儒学转化为平民百姓的日用之学，激发人们对"王道"社会的追求，这在当时来说是历史的进步；另一方面任意谈论经典文本，不惜曲解本义，导致儒学日渐呈现下落趋势。他们的大胆举措，潜伏着动摇、瓦解传统儒学的危险，因而招致后人对泰州学派的责难。

第二，儒学理论简易化与儒学经典通俗化

王艮将陆九渊主张的"易简"与王阳明宣扬的"简易"融为一体，对儒学进行了简易化处理，使其能够贴近平民生活。在他看

① 侯外庐主编：《中国思想通史》第4卷(下)，北京：人民出版社，1960年，第980页。

来，宣讲圣人之学，必须提纲挈领，通俗明白，使人容易知晓，容易学习。王艮及其后学对传统儒学的繁琐支离、故作高深的特征表示强烈不满，主张代之以平民化、简易化的“百姓日用即道”和“淮南格物”学说。这不仅能够引起一些士大夫的兴趣，更能在平民百姓中产生巨大的反响。王艮、颜钧、罗汝芳、何心隐等人讲学时，深入社会下层，所到之处，听讲者动辄以千数计，常常引起轰动。儒学由此实现了简易化与平民化的统一。

第三，心性自然化

泰州学派信奉阳明心学，也是心性合一论者。然而，王艮的心性论，并不完全同于阳明门下其他学派，而是以“自然为宗”。在他看来，天理良知皆为天然自有之理，心即理，良知即性，心与性也是自然而然的，如同鸢飞鱼跃，无须人力安排，凡涉人为皆是作伪。王艮心性自然论的显著特点是，肯定人们对物质生活的正当需求（人欲）是合乎天性的，是人的自然本性，因而也是合乎“圣人之道”的。这就给宋明理学中“存天理，灭人欲”的正统理论打开了缺口。在泰州后学中，从王栋、颜钧到何心隐、李贽等，都强烈批评正宗理学家们的存理灭欲论，指出它从根本上违背了孔、孟的教义。但是，泰州学派的心性自然论，则被正宗理学家视为“异端邪说”，乃至“左道惑众”。从历史发展的角度来看，泰州学派的心性自然论，无疑具有越出中世纪的启蒙精神，也是它的思想遗产中最有价值的理论部分。

第四，传道活动神秘化

泰州学派的讲学传道活动，主要是采取开门授徒、立会讲学，或周游四方，随处讲学等等方式。由此而言，它与其他儒学派别并没有多么大的不同。其所不同者，乃在于它往往采取平民百姓比较容易接受的教学方式，譬如吟诗唱歌、讲演故事、气功治病，以至民间宗教式的神秘活动等等，吸引来学。王艮早年就曾默坐体道，编造出梦天坠压，万民呼号，自己伸手救活万民的神话；后来他穿戴古代衣冠、乘坐蒲轮小车，招摇过市，引起市民围观，产生轰动效应。王艮的“大成学”之所以能够在广大地区迅速传播开来，除其内容为平民所喜好外，与其浓郁的神秘色彩也是分不开的。颜钧设坛立教，制造所谓“大中垂泉”一类神话。王艮、颜钧等人不喜著述，注重“口传心授”的传播方式。他们鼓吹的“矩范《大学》、《中庸》作心印”，便是禅宗传心的翻版。它为儒学增添了许多神秘色彩。在今天看来，这种传播方式是非常荒诞的，但它能够推进儒学向民间普及的步伐。在文化水平相对较低的下层群众中，越是带有神秘色彩，便越有吸引力。

第五，社会理想道德化

泰州学派的理想社会，即是儒家所谓“人人君子，比屋可封”的“王道”社会，确切地讲，就是理想社会。首先，这个社会以伦理为中心，强调“五伦”的重要性，力图改善日益颓废的社会风气。其次，这个社会没有剥削和压迫，统治者施行仁政，对人民养之有道、教之有方，衣食足而礼义兴，以至“刑措不用”。再次，这个社会讲道德仁义，特别重视道德教育，将道德仁义视为美感与教化的统一体。从朝廷官员以至于平民百姓，都能明白是非善恶，都能自觉参与到道德仁义的学习中。士也能逐渐摆脱科举考试的羁绊，做一个真正有德行的人。由此可见，泰州学派的社会理想，包含了道德救世主义和社会改良主义的改革主张。

上述这些特征，反映出明代平民儒学的发展状况及其历史风貌。但是，王艮及其所创泰州学派的平民儒学思想，无论在理论上和事实上又都无法彻底突破王权专制主义及与之如影相伴的传统儒学理论的坚硬外壳，而只能利用有限的儒学传统资源对传统儒学自身加以阐发，这当然无法切实扭转儒学面临的江河日下的惨淡局面。历史将根除儒学痼疾的重任交给了现代平民。

三

本来，儒家传统中具有丰富的“民本”思想的资源，对于改善民生、尊重民意、提升民智都有非常积极的作用。从“民本”的立场来看，民众是可以亲近的，但不可以欺凌；民众是国家的根本，只有巩固好这个根本，国家才能得到安宁。最能体现这一重要思想的是“民可近，不可下。民惟邦本，本固邦宁”（《尚书·五子之歌》）。俞正燮在批注古籍时发现，最能详细解读“民本”思想应当是“国主之有民也，犹城之有基，本之有根，根深则本固，基长则土宁”（《淮南子·泰族训》）。也就是说，统治者必须善于妥善处理与民众之间的关系，不仅要关心民众的生活状况，而且要从情感层面赢得民众的信赖，只有这样，才能维护长治久安的局面。

目前对于儒学的有意误读和过度诠释，主要体现在对“民愚”观点的无限渲染。儒家传统不赞成推行愚民政策，而是主张不断开启民智，提升民众思想道德水平与知识技能。这是传统文化的主流。但是也有部分学者鼓吹“民愚”观点，认为民众的实然状态是愚昧混沌的，必须通过圣王的教化与管制才能达到人伦臻治的效果。然而圣王并不是每个时代都能涌现的，于是将“牧养万民”的权力交给了士。某些学者抓住董仲舒的只言片语，例如“民者，瞑也”（《春秋繁露·深察名号》）大做文章，以为只要把文字层面的民众是昏蒙的这一看法投射到社会生活中去，就能理论上否认人民群众主体地位的合理性，进而兜售其所谓“政治儒学”。其实这是赤裸裸的否认民本思想的荒唐行径，也是公然漠视民众利益的无端想象。面对这样的挑战，马克思主义者应当从唯物主义历史观的角度对“民本”、“民愚”等观念进行深入剖析，创造性打通从民本通向人民群众主体地位的道路，以具体的理论创作与社会实践消除“民愚”赖以生存的社会条件，进而实现“人的全面发展”。

消除“民愚”思想的不良影响，维护人民群众历史主体地位，推进“人的全面发展”，必须对儒家的圣人观念进行科学的学术反思。尽管儒学史上有学者承认普通劳动民众在社会生产生活中的地位和作用，告诫统治者应当时常念及民生维艰，但总体看来，儒家所期望的还是圣人拥有统治权的社会形态。在这种理想社会中，圣人不仅掌握着真理的话语权，而且享有最高的权柄和威严。社会生活中的一切人事都统摄在圣人的手中，并且遵循圣人发明的"道"、"术",丝毫不容紊乱。圣人制礼作乐,操持生杀大权,洞察天道变化的轨迹,从中推演出人性的基本内容,将二者融合起来为政治生活提供原理依据。周敦颐将"性"解释为"刚柔、善恶"的中和状态,也就是最高的善的基本内容;与此相反,偏离中和状态,则表现为恶。确立了善恶标准之后,就能充分行使赏善罚恶的权力。在周敦颐那里,圣人推行教化的目的在于促使民众改恶从善,回到中正仁和的原初状态,进而实现人伦协和的社会理想,即所谓"师道立,则善人多;善人多,则朝廷正,而天下治矣"①。圣人既要担任现实世界的统治者,又要扮演教化者的角色,集"君"、"师"于一身,由此确立了完全意义上的"师道"。当然,践行"师道"的仍然是士。

帝制时代的"四民"身份和科举考试,在很大程度上窒息了士的创造精神。对此,近人陈焕章有着深刻的反思。在他看来,传统的"四民"结构在很大程度上存在着问题,不仅造成社会形态的静止不前,更误导了许多有才能的人,使得其不愿意投身农、工、商领域的活动,将"工业世界"的发展问题抛给智力一般的人。然而这并不能说明士阶层都是有才智的人,而其他三个阶层都是智力欠发达的群体。问题在于"四民"的身份认同问题在全社会营造了一种职业偏见,为"工业世界"的发展设置了许多观念形态领域的障碍,最为严重的问题在于"工业世界长时期缺乏士阶层的帮助,农、工、商没有取得重大的改进与发明丝毫不足为奇。尽管士已经有一些发明,但士所做的,除了出自科学的好奇心之外,他们也不会将发明转变成实际运用,那么,我们如何指望一般人发展出科学的好奇心与发明的能力呢?"②诚然,职业与身份认同问题在社会意识方面形成了许多误区,而缺乏"劳其筋骨"的实践精神也在很大程度上窒息了儒家的创造精神。

时过境迁,传统的"四民不相兼"的格局已经被打破,"士"已

---

① 周敦颐:《周敦颐集》,北京:中华书局,1990年,第20页。

② 陈焕章:《孔门理财学》,北京:中华书局,2010年,第463页。

经不能继续扮演教化民众的正面角色。在传统社会中,士、农、工、商各守其业的设想很难得到有效的落实。当社会成员的生存需求成为首要问题的时候,任何道德说教都无法扭转变更职业的社会趋势。在现代社会中,儒家应该重新考虑一下所谓主体的问题,是继续沿着士的道路走下去,还是转变思维方式,重新发现新的主体,这对于儒学的今后发展方向有着更为显著的决定意义。

四

唯物主义历史观告诉我们,现代社会的实践主体是人民群众。现代平民是人民群众的重要组成部分,其产生于工业大生产的环境中。“活劳动”在“对象化劳动”过程中的实际遭遇,成为现代平民儒学产生的客观条件。本来,作为实践主体的“活劳动”力图在工业大生产中谋求生路,努力将自己的劳动力转化为使用价值,进而获取最大限度的生存条件,但很多时候,这一底线是无法得到保障的。他们有自身的利益需求,并且由于其本是现代性工业社会生产生活实践的主体,其利益需求又与现实社会的客观进程紧密关联。现代的平民既是工业大生产的结果,又是这一社会化进程的主力军。但他们是普通的劳动者,在各自的工作场地奋发努力,基本上没有机会进行全面系统的理论研究,更不必说翻阅卷帙浩繁的经典著作。现代平民将大多数时间投入到创造物质财富的活动中,辛勤劳作,乐于奉献,是一支优秀的建设大军。现代平民的劳动被量化为具体的劳动产品。只有将这些劳动产品投向市场,变化为货币,才能实现具体的劳动产品与抽象的“活劳动”之间的互动。

在马克思的视野中,封建时代的道德有着同样的魔力,与此相仿,“商品拜物教”是全面认识现代平民这一普通人群的关键所在。原先,儒学扮演着维系人伦、巩固纲常和解释天意的角色,现在却无法抗拒“商品拜物教”的巨大冲力。作为社会关系缩影的商品,日益成为笼罩在人们头顶的乌云。一切道德说教与神圣幻想都被它彻底降服。马克思对“商品拜物教”的奥秘进行了翔实的剖析，指出：“商品形式在人们面前把人们本身劳动的社会性质反映成劳动产品本身的物的性质，反映成这些物的天然的社会属性，从而把生产者同总劳动的社会关系反映成存在于生产者之外的物与物之间的社会关系。由于这种转换，劳动产品成了商品，成了可感觉而又超感觉的物或社会的物。”[①]如果从儒家固有的“君子役物，小人役于物”（《荀子·修身》）的角度来解读这一幻象，那将无法得出最真实的答案。因为在工业大生产与商品浪潮的冲击下，儒家传统中的“劳心者”与“劳力者”都被还原为具体的人，都有各自的社会地位和自我诉求。只不过二者的境遇有着天渊之别。

在“商品拜物教”的支配下，世俗化浪潮对旧有的伦理观念展开了全面攻势。旧道德捉襟见肘，新道德在社会发展中孕育、诞生、成长、壮大。原先被神圣光环照耀的职业也呈现出全新的面孔。赤裸裸的利益关系代替了温情脉脉的面纱。正如马克思在《共产党宣言》中指出的那样，“它把人的尊严变成了交换价值，用一种没有良心的贸易自由代替了无数特许的和自力挣得的自由。总而言之，它用公开的、无耻的、直接的、露骨的剥削代替了由宗教幻想和政治幻想掩盖的剥削。”[②]在这种历史条件下，传统儒家所讲的“富润物，德润身”（《礼记·大学》）已经完全失去了干预能力。“富”与“德”之间的张力越来越大，以至于成为相互冲突的两种力量。孟子曾经抨击的“为富不仁矣，为仁不富矣”（《孟子·滕文公上》）的社会现象在很大程度上成为常态。单从伦理道德层面对“商品拜物教”的负面力量进行批评，不过是善良的谴责，无法从根本上改变社会现状。解决现实问题必须依靠长期、扎实的

① 马克思、恩格斯：《马克思恩格斯文集》第5卷，北京：人民出版社，2009年，第89页。

② 马克思、恩格斯：《马克思恩格斯文集》第2卷，北京：人民出版社，2009年，第34页。

实践，不能凭借玄虚的理论架构与漫无边际的道德空谈。

马克思认为，“商品拜物教”是一种波及面非常广泛的力量，不仅限制了资产者的自由，更束缚了现代平民的具体行为。资产者与现代平民的两极分化日趋明显，任何介于二者之间的社会阶层要么上升为资产者，要么下降为现代平民，要么继续维持平稳状态，间或出现一定程度的波动。从整体化进程来看，资产者对封建主义的解体产生了非常有力的推动作用，他们以大规模的现代化私有制替代了中世纪的小私有制，并且将这种承载着巨大能量的生产方式推向全世界，逐渐吞噬那些以往被视为未知领域的地盘。马克思在劳动与机器体系之间作出了对比，指出：“劳动自身仅仅是这个体系里的一个环节，这个体系的统一不是存在于活的工人中，而是存在于活的（能动的）机器体系中，这种机器体系同工人的单个的无足轻重的劳作相比，在工人面前表现为一个强大的机体。”[①]平心而论，历史上的任何儒者都未曾遇到这样的问题。在解释现代平民的具体存在时，儒家的有限资源显得无能为力。

儒家的“四民”理论框架无法全面应对现代平民的生存压力。从封闭社会的理想状态来看，“四民不相兼”是一种维持稳定的最佳选择。然而建立在这种严格的职业分途基础上的平稳，却在很大程度上窒息了现实社会进步的生命力：伦理本位的生活样态将个体牢牢嵌在繁琐的人际关系中，宗法宗族势力一端独大，完整意义上的国家并未能占据统治地位。儒家强调的伦理本位也存在着明显的不足。儒家与传统社会的接榫点就在于父权家长制，这对于培养独立人格、加速社会发展、推进法制建设极其不利。尽管一些学者对儒家的家族伦理进行了现代性的诠释，但无法否定这样一种事实——“中国的家族是父权家长制的，父祖是统治的首脑，一切权力都集中在他的手中，家族中所有人口——包括

① 马克思、恩格斯：《马克思恩格斯文集》第8卷，北京：人民出版社，2009年，第137-138页。

他的妻妾子孙和他们的妻妾，未婚的女儿孙女，同居的旁系卑亲属，以及家族中的奴婢，都在他的权力之下，经济权、法律权、宗教权都在他的手里。”①相比之下，家国同构的政治模式一直为职业分途提供了最适宜的温床。除非工业大生产的浪潮对其进行彻底的破坏，否则这种平稳状态将会一直延续下去。尽管明清之际中国已经出现了处于封建组织之外、区别于农民和小市民的“平民”，但是这种“平民”依然屈从于封建主义的统治秩序，不具备向现代平民转变的内在条件。

从实践层面来讲，我们必须重视发掘儒家传统中富含的“劳动”成分。儒家讲求的践履，不仅涉及道德践履方面的内容，更应该包含积极参加生产劳动的成分。历史上的大儒都有亲身劳动的经历。例如，吴与弼清晨簸谷，顾炎武做过布匹生意，颜元“耕田灌养”……类似的事例非常多。在一般人看来，儒者是一群“四体不勤，五谷不分”的读书人，手无缚鸡之力，全然不通经营之道，整日吟诵诗书，对社会没有实质性的贡献。这在一定程度上反映了历史事实。因此儒家必须切实转换立场、态度和姿态：从书斋走向社会，从柔弱走向刚强，从不关注生民疾苦转向体察民情，学习现时代的先进理论，以真知灼见、专业技能和持久勇气改变现状，为社会生活做出显著的贡献。

从理论层面来讲，我们必须进一步加强对唯物主义历史观的学习，从生产与产品交换的具体情况中发现儒学在古代社会赖以生存的根基，明确“四民”这一社会身份划分的最终依据。古代的平民儒学与现代的平民儒学有着本质上的不同。解决问题的关键在于剖析二者所处的历史阶段的生产力和生产方式的发展水平。从作为“人”这一共同的自然属性而言，古代平民与现代平民没有多大差异；但一旦深入到生产力和生产方式，就能清楚地认识到二者的区别。可以说，传统的农业经济社会与近现代工业文

① 瞿同祖：《中国法律与中国社会》，北京：商务印书馆，2010年，第6页。

明社会迥然有别的社会生产生活实践方式造就了各自不同的平民儒学。即便在近代以来工业文明时代中,迄今为止,似乎尚未形成以体系化理论形态出现的平民儒学,更别说这样的平民儒学发出什么响亮的声音或产生什么社会影响力,但这绝不意味着现代平民就没有自己的自觉意识及据之而生发出的利益诉求。只是高踞于学术象牙塔中的知识者——包括那些以“当代大儒”自居的人士,对此置若罔闻罢了。然而,正视这一点,脱下传统的儒士长衫,深入现实的社会生产生活实践,用自己的身心去真切体认普通民众的利益意愿,并从其心声出发来提出我们的思想主张并进而创构起基于现实社会生活,以现实的底层普通民众(尤其是劳工阶级)利益为出发点和落脚点的新型儒学理论体系,这不仅仅是现代平民儒学的必由之路,而且透过对于儒学的这样一种创新性的理论转向,更可使儒学经过由传统而现代的历史性转换而获得在当下现实社会生活生存与发展的根,并因之创生出无限的发展空间和前景。

现代平民就是马克思主义视野中的无产阶级。只有他们并且也只能仅仅由他们通过实践改变世界,才能够最终彻底完成人对普遍性的不懈追求,实现“人人君子,比屋可封”的大同理想。马克思主义告诉我们,道德是有阶级性的,世界上不存在什么永恒的终极的价值观念。儒家构建的伦理道德体系是特定历史条件下的特殊产物,无法照搬到现代社会。任何将儒学引向神秘主义和抽象化样态的做法都将遭到历史的嘲弄。尽管历代儒者都想把自己的理论上升到全人类的高度,但遭遇现实社会时,这些高妙玄远的假说就无能为力了。儒家讲“三极之道”,其中的人极就是“仁义”。“仁义”不是抽象的,而是具体的。它的具体内容见诸儒家的礼制,而礼制则随着历史条件的不断变化而做出相应的调整。抽象地探究“仁义”的价值和意义,必然遭到许多儒者的反对。在马克思主义的指导下,我们必须清醒地走出抽象人性论的误区,以“具体的历史的实践的人”作为出发点和归结点,不失时机地推动理论创新。正如恩格斯在《反杜林论》中所讲的那样,

"一切以往的道德论归根到底都是当时的社会经济状况的产物。而社会直到现在是在阶级对立中运动的,所以始终是阶级的道德,它或者为统治阶级的统治和利益辩护,或者当被压迫阶级变得足够强大时,代表被压迫者对这个统治的反抗和他们的未来利益。"[①]儒学的现代转型面临着抽象人性论的挑战,亟须消除那些标榜永恒的终极的价值观念的错误思潮的误导,面向实际生活,服务于广大人民群众,步伐稳健地走上平民儒学的康庄大道。

总而言之,儒学必须完成两大转换,才能获得新生:第一大转换是改变立场,也就是讲明白"从哪里来,到哪里去"这个重要问题。历史的辩证法告诉我们:引领社会发展方向的不是为数极少的士,而是广大人民群众。只有关注生产劳动,切实融入人民群众的生产与生活中,才能赢得真正的社会变革。因此,儒家必须转变自己的态度和立场,从依靠士转向服务人民群众,从空乏的道德说教转向自觉的社会实践,进而赢得尊重与信任。第二大转换就是从封建社会的君本位转向现代社会的以人为本的先进文化观念。这就要求儒学必须完成对礼乐精神的重新塑造。重新塑造必然引发阵痛,但它能够让儒学迎来新生。在现代社会中,制礼作乐不再是圣人的专利,而是人民群众在社会实践中的附带产物。礼乐的内涵发生根本性的变化,它再也不是等级制度的包装品了,而是列宁所讲的公共生活规则。

结语

平民儒学不是一个单纯的理论问题,而是一个实践问题。从马克思主义的意识形态理论的角度来看,儒学并没有什么真正的历史和发展,是实践的具体的人创造了儒学,并赋予它不同的架构、意义和价值取向。单纯从思维方式和理论形态探究儒学的历

---

① 马克思、恩格斯:《马克思恩格斯文集》第9卷,北京:人民出版社,2009年,第100页。

史问题，不能全面解释它的真精神、真生命和真价值。文本解读和理论诠释必须纳入实践的历程，才能凸显自己的内涵。实践的社会性和历史性决定了与之相随的观念形态的丰富多样性。平民儒学是实践的产物，是特殊社会条件下的观念形态的投射。

平民儒学的实践主体是那些处于现实社会生产生活实践活动中的最为普通的劳动者，他们的生活日用在理论层面的诉求就构成平民儒学的思想、内容和品质。结合中国社会发展史的实际情况考察平民儒学的不同形态，古代的平民儒学，尤其是泰州学派的理论创见，已经浮现出社会变革的萌芽，但囿于当时的生产力发展水平，最终没能取得突破性的进展。当然，这是以平民的价值取向去考察泰州学派，并不能说泰州学派自身的定位就是平民儒学。现代的平民儒学，乃"二千年未有之大变局"之后的理论尝试，它的实践主体是马克思、恩格斯著作中所讲的生活在现代的平民。以现代的平民作为立足点，去审视、重构和诠释儒学，形成一套区别于封建士大夫的理论结构，并将它落实在具体的实践活动中，对改造世界发挥积极作用，这正是我们今天探讨"儒学的理论转向：现代平民儒学的建构"这一课题的初衷。

唯物·理想·解析
——浅议张岱年的综合创新论

□郑志峰①

【内容摘要】张岱年先生的"综合创新论"既是一种文化观，更是他一以贯之的哲学思想的体现。就方法论而言，是他早年提出的"唯物·理想·解析"综合为一的充扩；就立场而言，则反应了他的儒家情怀；就影响而言，则是当代儒学自我推进的重要理论创见。

【关键词】综合创新；唯物；理想

"五四"之后，系统的唯物论哲学与其他西方哲学一起传入中国，与中国传统的哲学文化形成激烈的"震荡"，在当时的中国思想界，中、西、马三派成鼎足之势，相互排斥。而在此种背景下，张岱年则力主"综合于一体"之论。早在1936年，他在《哲学上的一个可能的综合》一文中指出，要为中国哲学的更新、转型探索一个

① 作者简介：郑志峰，湖南常德人，宝鸡文理学院讲师。主要研究方向为宋明理学、现代新儒家。

新的路向:即唯物、理想、解析综合于一,其中“唯物”主要将辩证唯物论与中国传统的唯物论和辩证思维相结合;“理想”即指萃取中国传统的道德和人生哲学;“解析”是兼取西方新实在论的“逻辑解析法”。这已然体现了一个融合中西哲学之长的“综合创新”的致思之路,此亦为张岱年一生治学的宗旨。而从他的学术成就来看,无论影响极大的《中国哲学史大纲》,还是著名的“天人五论”,乃至其他著作,均是在围绕这一体系进行创见、充实和阐发。张岱年亦曾把他的学术总结为“哲学基础理论研究”、“中国哲学史研究”、“中国文化研究”三大模块,其内容同样纵贯于“唯物·理想·解析”之宗旨中。因此,张岱年先生的思想绝非如同学者评论的那样,是一个尚未完成的“准体系”①。无论其圆融性还是一贯性都足以自成一家。

那么,我们又应当如何评价张岱年先生的思想呢?

一、唯物:新唯物论之阐发

早在20世纪30年代,张岱年即对新唯物论作了全面深刻的阐发。他在《关于新唯物论》一文②中将唯物论的宇宙观与认识论进行了提炼。关于宇宙论的要旨有三:存在即为一发展历程之说;宇宙根本规律之发现;一本多级。认识论方面要旨有三:从社会与历史角度来考察知识;经验与超验之矛盾解决;以实践为真理之准衡。

张岱年认为,一切存在都是历程,亦即过程。宇宙是无穷无

① “张岱年的《综合创新论》既包括了他的哲学观又包括了他的历史文化观,是他构建的新时代哲学体系,由于条件不具备,未能亲手完成。”参见陈来主编:《不息集——回忆张岱年先生》,北京:北京大学出版社,2005年,第8页。

② 本文见于《张岱年全集》第一卷。张岱年:《张岱年全集》,石家庄:河北人民出版社,1996年。

尽的大历程,每一个物体都是一个特殊过程。历程之中,有常有变。变的单元可称为“事”;变中之常可称为“理”。一切物体都是变中有常的历程,亦即事事相续而有一定之理的过程。孔子说:“四时行焉,百物生焉。”《易大传》曰:“日新之谓盛德,生生之谓易。”这都是揭示宇宙是变化不息的历程,事、理、物,是关于存在的基本范畴。

关于心物关系,即精神与物质的关系,以及生命在宇宙中的意义问题,张岱年提出了“一本多级”的观点。他认为,最基本的存在,西方谓之物质,中国古代谓之“气”。“气”是物质存在的一种方式。物质演化而出现生命,生命演化而出现人类,人类有思维,能辨别是非而有道德意识。生命、思维,与物质存在属于不同的层级。物质是一本,生命、思维为多级。由此,张岱年提出“本至之辨”,本者本原,至者至极,即最高层次。在中国古典哲学中,老子以道为天地万物之本原,又说:“孔德之容,惟道是从”,以从道为人生的最高境界。朱熹以太极为天地万物之本原,又认为太极含具仁义礼智,又是最高的道德标准。张岱年认为,物质有其运动规律,但非道德规范,道德规范乃是在人类生活中创立的,乃是人类经过长期的社会生活而创立的。道德是最高的行动方式,本是宇宙万物之所本,至是生命进化之所至。本是宇宙万物之底基,至是最卓越的生活境界。道德不是世界的本原,而可谓存在的至极。

在此基础上,张岱年还重点指出新唯物论在当下的思维视角转向问题,即新唯物论(辩证唯物论)舍弃本体观念。他根据恩格斯、列宁关于“自在之物”可以转化“为我之物”、现象与本质没有不可逾越的鸿沟的论述,指出“新唯物论已舍弃旧唯物元学所谓本体之观念。是故旧唯物论所谓唯物者,谓物质为本也;新唯物论之谓物者,谓自然先于心知也”(这里所谓元学,即指本体论)。这一点对于唯物论的研究贡献极大。

张岱年还对物质观念做了精微阐发,指出物为心、生、理之本,而无先于物者;物的世界即是一切,无外于物的世界者,即无离物之存在。这里先、本、外、离诸字都有精义。先对后而言，“先虽是基础，却粗而卑，后虽是精而卓越，却属衍生。”这就在多个层级阐释了物质相对于精神、意识的先导性。①

而在认识论问题上，张岱年则强调实践的意义。他指出知识是一过程，是社会的、以实践为基础，客观世界是知识的根源，实践证明世界之可知，认识感性和理性两个层级，检验真理的标准（著者按：并不是唯一标准），最后以“实践的认识论”作为总结。②

不仅如此，张岱年对于唯物辩证法的一些基本原理也作了具有创建性的论述。如，他区分了矛盾、相反与差异、统一与同一不是完全等同的概念。在《矛盾与相反》对相反、矛盾分别作了界定，指出“相反”有三种：性质相反，其特征是同类中的两级，有中间性者，此中间性者只可谓相异，不可谓相反，如黑白之外有黄、灰等；同类物之相反，并无中间性者，如男女；同类之物相反，如水火。关于“矛盾”可区别为性质的矛盾和事物的矛盾，性质之矛盾，无中间性者，但可有“兼有”，如理论上的半是半非。事物的矛盾，各有一主要性质相互矛盾，次矛盾基于一种同一才有。③ 又在《哲学思维论》中，区别了矛盾和差异，指出矛盾即“相非”、“不两立”，双方无中间者，而差异者既非相反者，也非矛盾者。又分析了同一与统一的不同：“对待（即矛盾）之不相离之关系，谓之统一”，“同一只二对待不相异”。④

---

① 详见张岱年：《哲学上一个可能的综合》、《人与世界》等文。收入《张岱年全集》第一卷。张岱年：《张岱年全集》，石家庄：河北人民出版社，1996年。

② 详见张岱年《辩证唯物论的知识论》。收入《张岱年全集》第一卷。张岱年：《张岱年全集》，石家庄：河北人民出版社，1996年。

③ 本文见于《张岱年全集》第一卷。张岱年：《张岱年全集》，石家庄：河北人民出版社，1996年。

④ 本文见于《张岱年全集》第三卷。张岱年：《张岱年全集》，石家庄：河北人民出版社，1996年。

又如，他辨析了“变”与“常”。在《关于新唯物论》中提出“变有常”。变指变化，“常即变中之不变之义”。[①] 此论实属张岱年首倡。[②]

再如，他讨论了矛盾斗争的结局。张岱年认为矛盾斗争有三种结局：一方战胜另一方完全消灭之；矛盾斗争双方一方战胜另一方而容纳之；矛盾斗争双方势不两立，互不相容，斗争不已，以致双方同归于尽。第一、第三结局均非和解，只有第二种结局可谓和解，是最佳选择。

还如，他论析了乖违与和谐。在《事理论》中说：“对立之相互冲突谓之乖违，对立之聚合而得其平衡谓之和谐”。张岱年在讲辩证法对立的同时讲和谐，这与一般论调有所不同，一般只强调矛盾、对立、斗争的绝对性，统一的相对性，而讳言和谐。但统一不等于和谐。他指出，凡物之继续存在，皆在于其内外之冲突未能胜过其内部之和谐。如一物失其内在的和谐，必由于内部冲突而毁灭。斗争是事物发展之根源，和谐是事物存在的基础。和谐包括四个方面：一，相异，即非绝对同一；二，不相毁灭，即不相否定；三，相成相济；四，相互均衡。

不难看出，张岱年对于唯物论本身有着精深的研究与独到的见解。他绝非被动性地接受了唯物论的观点，而是在研究、分析、辨析之后，逐渐融为了自身哲学体系建构的一部分。当时的学者称张岱年之思想为“分析的唯物论”，也就事实上承认了他自成一

① 本文见于《张岱年全集》第一卷。张岱年：《张岱年全集》，石家庄：河北人民出版社，1996年。

② 张岱年曾回忆道：“此文发表之后，前辈熊十力对我说：‘你的文章说新唯物论讲“变中有常”，我怕看过许多新唯物论的书，没有看到这样的话。’我当即表示，这只是用自己语言加以解释而已。”参见张岱年：《关于新唯物论·附记》，李存山主编：《张岱年选集》，长春：吉林人民出版社，2005年，第26页。

家的学术地位。[①]

二、理想：道德与人生哲学

为充实自己的哲学主张的“唯物·理想·解析”，张岱年对中国古典哲学进行了深入研究，尤其对中国哲学所特有的概念范畴的意义与演变、唯物论思想、辩证学说以及价值等观点进行了创见性阐发。其成果蔚然壮观。无论是其早年的《中国哲学大纲》[②]，还是晚年的《中国古典哲学基本概念范畴要论》[③]，都是中国现代哲学史上的扛鼎之作。

张岱年于1936年写成的《中国哲学大纲》是中国古代哲学固有体系、问题、范畴研究的开创之作，在体例和内容上都有重要特色。冯友兰先生在30年代初出版的两卷本《中国哲学史》是以人物为纲，按年代为序的通史型写法；而《大纲》则是以问题为纲的系统型写法。他把哲学研究的主要问题分界定为：一、“宇宙论”（包括“本体论”及“大化论”两部分）；二、“人生论”（包括“天人关系论”、“人性论”、“人生理想论”、“人生问题论”四部分）；三、“致知论”（即是哲学上的认识论，包括“知论”及“方法论”两部分）。他独辟蹊径，以问题为纲，卓然成一家之言。此书整理出中国哲学的主要问题，分别叙述其源流发展，给希望了解中国哲学某一方面问题的人以极大的方便。这部著作在现代学术界具有十分重要的地位和影响，其中对中国古典哲学的系统、条理、概念、范

---

① 参见孙道升：《现代中国哲学界的解剖》，《国闻周报》1936年十二卷四十五期。孙道升在比较分析了胡适、梁漱溟、冯友兰、熊十力等各家学术思想的特点之后，将张岱年与诸位学人并列，名曰：分析的唯物论，承认他为自成一家的独立学派。

② 张岱年：《中国哲学大纲》，北京：中国社会科学出版社，1982年。

③ 张岱年：《中国古典哲学概念范畴要论》，北京：中国社会科学出版社，1989年。

畴的分析和解释，体现了张岱年对中国哲学的深刻理解与把握。

与此同时，张岱年还特别挖掘了中国传统的辩证思想，《周易》、《老子》有辩证法，这是人所共知的，但是孔子、扬雄、王弼也有辩证法。汉魏以后，辩证法思想比较丰富精湛的，是张载和王夫之。张岱年对对于先秦辩证法思想有一定的诠释，辩证法是外译词，张岱年认为，孔子的所谓"辨惑"，意谓辨别自相矛盾，道家所谓"反衍"，意谓向反面转化。如用中国哲学的术语，辩证法也可称为"辨惑法"或"反衍"。

以《中国哲学大纲》为开始，在以后的几十年中，注重阐发中国固有的唯物主义传统和辩证思想传统成为他的中国哲学研究的显著特点。而这种哲学史观和研究方法无疑反映了他的哲学思想。过去的研究者都认为宋明哲学分为理学和心学两大派，即程朱的理本论和陆王的心本论。张岱年则提出应分为三派，即理本论、心本论和张载到王船山的气本论，他自己非常重视对气本论的研究，认为气本论是唯物论的中国形态，是中国古典哲学的优秀传统。

到了上世纪80年代，张岱年开创了关于中国哲学的价值观和人格价值理论的研究，大大开拓了中国哲学与中国文化研究的新领域。

在《哲学上一个可能的综合》"附识三"中，张岱年说："新哲学之纲领，只是极其简约的粗枝大叶而已，未予论证，实则论证是很重要的"[①]，后来，为证成、充实先生主张的"新哲学之纲领"(即新唯物论)张岱年拟开始撰写专著《天人新论》，至1944年完成四部论著，即《哲学思维论》、《知实论》、《事理论》和《品德论》。

《哲学思维论》是《天人新论》的方法论部分，讨论哲学的使命、命题，辩证法的基本原则，辩证法与演绎、归纳的关系等，并由此说明了辩证法与形式逻辑相融互补的思想。在此论中指出，演

① 李存山主编：《张岱年选集》，长春：吉林人民出版社，2005年，第47页。

绎、归纳作为形式逻辑之内容，人们往往把它与形而上学混同，有与辩证法对立起来加以排斥，实蔽于一孔之见。其实三者“各有其畴域而不相犯，相互补足而非相互否定”。《知实论》是《天人新论》的知识论部分内容，讨论知识与实在的关系，通过对感觉经验、实践经验的分析来证明客观世界的实在性，重点论证了“离识有境”和外在实在的可知性。《事理论》是《天人新论》的宇宙论部分内容，对“实有”、“事”、“物”、“理”、“性”等哲学范畴以及延续和变化、可能和必然、矛盾与和谐等关系进行解说，尤其重点阐发了事与理俱属实有和“理在事中”的思想。

尤其“理在事中”命题充分表明了张岱年的哲学旨趣。在中国哲学史上，有关于理气问题的争论，有关于事理问题的争议。理气问题的实质是事物与规律的关系的问题，可归结为事理问题。张岱年指出，朱熹讲“理在事先”，也讲“理在事中”，朱熹认为在治学方法上应在事中研求其理，承认理在事中；在本体论上则讲“理在事先”，“未有这事，先与这理”。清代李塨则认为，在本体论上亦应肯定理在事中。所谓理在事中，即承认共相寓于殊相之中，张岱年先生在《事理论》中详细论述了事理关系，论证“理在事中”。

《品德论》写于 1944 年，当时张岱年生活境遇十分艰难，《天人新论》人生论部分不能完成，终只能以简单提纲写成《品德论》四章：一，“悬衡”（价值与当然）；二，“诠人”（生存与理想）；三，“辨命”（自由与必然）；四，“序德”（人群与道德）。主要讨论价值观与道德理想问题，重点阐发了“充生以达理”、“胜乖以达和”的人生之道。就个体而言，意谓充实个体的内在生命力，克服当下生活中乖违、冲突，以达成和谐有序的道德理想境地，充生达理，胜乖达和，可视为人生的准则；就人类来说，生物都具有生命力，即克服环境而不屈服于环境的力量。而人类的生命力最为充盈。人类必须充实生命力。而人类生活充满了矛盾斗争，人生之道在于克服矛盾，以达到生命的和谐。克服生活中的矛盾，以达到生命的和谐，是生活的准则，谓之理。理即道德原则。中国古代思想家比较重视和谐，对于充实生命力有所忽视，西方则比较重视充实生命力，而偏重斗争。充生达理、胜乖达和是解决义理问题、理欲问题的主要原则。

因时局缘由，张岱年自觉“天人新论”之作难以成就，遂在1948年将“天人新论”所思考的主要思想加以概括，写成《天人简论》。该论稿集中表述了“天人本至”、“物统事理”、“物原心流”、“永恒两一”、“大化三极”、“知通内外”、“真知三表”、“群己一体”、“人群三事”、“拟议新德”十大命题思想。

《天人简论》与此前所完成四论合称为“天人五论”①，此五论是张岱年早年提出的“新哲学之纲领”的充实和阐发，是体现其思想的重要结晶点，也是他三十年代中期提出的唯物主义、分析方法与道德理想相互结合的见解的进一步的具体化和体系化。

遗憾的是张岱年“新哲学”的写作计划中鸿篇巨述——《天人新论》由于各种原因没有最终完成，而这些论稿也迟至1988年才在齐鲁出版社出版的《真与善的探索》中面世。②

三、兼和：综合创新

张岱年的综合创新论更为集中地体现在他的文化观上。在20世纪30年代，时值中国内外交困，文化选择成为重大的时代问题。在众说纷纭中，张岱年曾著文反对全盘西化论，也反对东方文化优越论，而是强调创造新的文化。到20世纪80年代，他力

---

① 这一提法由张岱年先生的弟子陈来先生总结形成。据陈来回忆：“1985年，我尊师命写了一篇《张岱年学术思想评述》。写好后我对先生说：‘抗战期间，您写的这些文章可以称为天人五论。冯先生写了贞元六书，您写了天人五论，冯先生讲新理学，您讲新唯物论，可谓各有其贡献。’张先生当时说，哪里能和冯先生比。”参见：陈来主编：《不息集：回忆张岱年先生》，北京：北京大学出版社，2005年，第262页。

② 张岱年：《真与善的探索》，济南：齐鲁书社，1988年。

倡文化综合创新论，得到学界的普遍响应。

张岱年的综合创新论主要包括四个方面的内容。

其一，中西文化之异同的界定。关于中西文化之异同，在20世纪20年代至30年代，许多论者认为中国文化是精神文明，西方文化是物质文明，中国文化是主静的，西方文化是主动的。张岱年先生则认为中国文化也有物质文明，如四大发明；西方文化也有精神文明，哲学、科学和艺术都有高度发展成果。中国固然有主静的思想家，但也有主动的思想家，如王夫之、颜元等。另有论者认为中国文化与西方文化是时代性的差别，张岱年先生则认为既有时代性差别，也有民族性差别。

其二，文化要素的相互关系。张岱年认为，中国文化、西方文化，都是内涵丰富的体系，都有许多层次、许多方面。每一层次、每一方面又包含许多要素，文化的要素与要素之间有相容与不相容的关系、可离与不可离的关系。比较明显的例证是，哲学科学的发展与思想自由是不可离的，而与思想专制是不相容的。西方近代打破教会的专制，于是科学与哲学有了高度的发展。在中国近古时代，专制制度加强，于是学术受到束缚而发展迟缓。甚至"述而不作"的传统古训，阻碍了创造性的思维。

其三，文化的综合创新。张岱年提出，当代中国文化的建设，应综合中国文化与西方文化的优长创建社会主义的新中国文化。西方的主要贡献就是民主和科学(尤其对于中国而言)，我们必须向西方学习。中国文化的优秀传统是重视人与自然、人与人之间的和谐，以和为贵。所谓综合创新，从世界范围来讲，是综合、会通中西文化的贡献；从中国传统内部来讲，则注意综合儒、道、法、墨诸家的文化遗产，儒家的人文精神，道家的批判精神，墨家的务实精神，法家的法治精神，都应加以发扬提高。文化建设，以综合为途径，而重在创新，必须在哲学、人文社会科学、自然科学等方面有新的开展。

其四，民族精神与中华精神的凝练。张岱年提出了"中华精神"的观念。他认为，每一伟大民族都有其最为民族文化发展之主导的民族精神，西方诸强国莫不如此。中华民族有五千年的历史，必有其民族精神。所谓民族精神，必须符合两个条件，一是在历史上有广远的影响，二是在历史上曾经起到了促进社会发展的积极作用。必如此才能称为民族精神。在他看来，《周易大传》的两句话集中表述了中华民族的民族精神，一是“天行健，君子以自强不息”，二是“地势坤，君子以厚德载物”。自强不息即积极进取精神，厚德载物即博大宽容精神。这两句可以称为“中华精神”。他主张发扬民族精神，应扬弃糟粕，弘扬精华。

然而，学界往往会把“文化综合创新论”的学术标签贴在张岱年身上，从而过于狭隘地评价他的思想。事实上，“文化综合创新论”不过是张岱年哲学思想在文化问题上的展开而已。而张岱年的核心思想则可用“兼和”来统摄。

在《天人简论》中，张岱年如此界定“兼和”：“兼赅众异（意谓多个对立面）而得其平衡（意谓将众异之间的关系调理至平和、平衡），简曰兼和”。“兼和”是张岱年首创的哲学范畴，是将西方的辩证法思想与中国传统的“和”思想和“两·一”思想的有机结合，其实质意谓就是“对立”和“统一”两者之间的辩证关系，也就是对立必然存在于统一之中，统一中必然存在着对立，对立的存在和统一的存在互为前提，两者是“一而二，二而一”的关系，对立和统一不可分割。张岱年的哲学观是“唯物·理想·解析”，综合于一，他的文化观是萃取中西文化融于一体，他的人生最高境界是“胜乖以达和”，这其中都体现了“兼和”思想。

张岱年在《事理论》的自序中说道：“民初以来，时贤论学，于绍述西哲之余亦兼明中国往旨，于程朱、陆王、习斋、东原之学时有阐发。学人之中，述颜、戴之旨者，宗陆、王之说者，绍程、朱之统者，皆已有人。而此篇所谈，则与横渠、船山之旨为最近，于西方则兼取唯物论与解析哲学之说，非敢立异于时贤，不欲自违其所信耳”。他到晚年更是坚信中国古典哲学有一个唯物主义传统，针对中国古典哲学只有唯心传统说法，张岱年反驳道：“中国唯物思想前后相承，代有其人。”先秦的荀子、汉代的王充、南北朝的范缜，其唯物论是比较明显的。关于宋明哲学，很多人认为宋明理学分为两派，即程朱和陆王，张岱年提出宋明哲学实有三派，在程朱、陆王之外，还有唯物论一派，其主要代表是张载、罗钦顺、王廷相以及明清之际的王夫之。中国唯物论的基本范畴是“气”。

张岱年的综合创新论无论是呈现为一种哲学样态还是文化模式，都是体现在思想方法或者哲学致思理路上。从更深层次来说，张岱年的“综合创新”是将多个外来哲学、文化形态同中国的哲学、文化相结合，用中国的形式、语言来表达，使之中国化。站在高扬中国哲学主体性角度来说，张岱年的综合创新致思指向实在是当代儒学推进的必由之路。

学界曾有人把张岱年列入当代新儒家之林，如同把冯友兰归宗于新理学，贺麟归宗于新心学一样，把张岱年归宗于新气学，但是张岱年先生明确拒绝了“新儒家”学术标签[①]，但仍有学人将其定义为骨子里是儒家的志士仁人。[②] 就抛开学术流派的门户之见，跳出苏式“唯心——唯物两军对峙”的教条和框框，摒弃哲学史研究的意识形态的障碍（尽管这也正是他“综合创新”论学理上比较纠结的地方）论，张岱年的综合创新体系对儒学在80年代的复苏、对于儒学研究的推进，确实贡献良多。

① “我问张岱年：‘学术界有人想把您也列于当代新儒家，您有什么看法？’张岱年大声说：‘我不是新儒家！’”（陈来主编：《不息集：回忆张岱年先生》，北京：北京大学出版社，2005年，第324页）

② 陈来提出：“现在是立新统的时代，儒学需要再兴，马克思主义必须与儒家的优秀传统结合，才能溶于民族精神，健康发展，在精神文明建设上，第一位的还应该是中国的东西，这就需要综合创造”。从这段话里我们可以看出，对于张岱年的儒家情怀，学者还是充分认可的。（陈来主编：《不息集：回忆张岱年先生》，北京：北京大学出版社，2005年，第183页）

当代儒家文献研究

“儒藏”三问
——四川大学古籍整理研究所30华诞感言

□黄玉顺①

四川大学古籍整理研究所成立30周年了。这不仅对于川大古籍所的本所同仁来说是值得纪念的，而且对于整个儒学界来说也是值得庆贺的。这是因为：该所三十年来的丰硕成果，加惠于儒林者实多。这些成果，众所周知，兹不枚举；本文仅就与我本人有一些直接关系的“川大《儒藏》”谈一些感想，题为“‘儒藏’三问”，以表贺忱。

一、为何需要编纂《儒藏》？

自上个世纪末以来，“儒藏”这个字眼愈益频繁地出现于各种传媒之中。至今共有三所重点大学在编纂《儒藏》：除四川大学舒大刚教授领衔的“川大《儒藏》”外，还有北京大学汤一介先生领衔的“北大《儒藏》”、中国人民大学张立文先生领衔的“人大《儒

① 作者简介：黄玉顺，四川成都人，山东大学儒学高等研究院教授、博士生导师。

藏》”。据我所知,《儒藏》编纂最初是由川大古籍所于 1997 年率先提出的,当时列为国家“211 工程”重点学科建设项目。至 2003 年初,川大校务会议决定全面启动《儒藏》编纂工作,将其列为国家“985 工程”创新基地重大项目。我当时也参与了项目的论证工作。至 2005 年初,中国孔子基金会将川大《儒藏》列为重大项目,给予数额可观的专项经费支持。四川大学于 2009 年成立国际儒学研究院,也与《儒藏》项目密切相关。本人忝位该研究院学术委员会副主任之职,实际工作贡献甚微,惭愧之至。三校《儒藏》编纂的成绩可谓各有千秋,但我个人感觉,到目前为止,川大《儒藏》应当说是最丰厚、最扎实的。

自从与“川大《儒藏》”发生上述关系以来,我经常会想到一个问题:我们今天为什么需要编纂《儒藏》?

说到《儒藏》,我们自然会联想到《佛藏》、《道藏》。《佛藏》,仅就完整雕版而论,从宋代的《开宝藏》到明代的《洪武藏》、《永乐藏》等,可谓历史悠久。《道藏》,从唐代的《开元道藏》到明代的《正统道藏》及《万历续道藏》,乃至今天的《中华道藏》,历史更为悠久。然而,直到 20 世纪,世间一直没有所谓《儒藏》。历史上虽然也有过类似《儒藏》的儒家经典汇编,如唐代的《五经正义》、宋代的《十三经》、明代的《四书大全》、清代的《皇清经解》及《十三经注疏》等,但它们与《儒藏》的性质其实是截然不同的,其宗旨并不在于儒家文献之“藏”。

藏(zàng)者,藏(cáng)也,存也,储也,所以防散佚也。犹如农民,“农夫春耕、夏耘、秋敛、冬藏。”(《墨子・三辩》)因而古有收藏之官,例如《周礼・天官・宰夫》所载:“掌百官府之徵令,辨其八职:……五曰府,掌官契以治藏。”注:“治藏,藏文书及器物。”疏:“云‘治藏,藏文书及器物’者,其名曰‘府’,府者,主以藏物,故藏当司文书及当司器物也。”古有藏书之官,清代周永年云:“守藏之吏，见于《周官》。老子为柱下守藏史，固周人藏书之官也。”①由此看来，之所以要编纂《儒藏》，是因为儒家文献有了一种迫切需要：收藏储存，以防散佚。

其实，众所周知，编纂《儒藏》的想法“古已有之”，如明末的曹学佺、清代的周永年、刘音等人都曾提出编纂《儒藏》的设想。②《明史·文苑传四·曹学佺》载：“尝谓：‘二氏有《藏》，吾儒何独无？’欲修《儒藏》与鼎立。”有感于曹氏之论，周永年作《儒藏说》；刘音继之又作《广儒藏说》，互为唱和。

周氏《儒藏说》之宗旨，正是收藏储存以防散佚，认为：

> 自汉以来，购书藏书，其说綦详，官私之藏，著录亦不为不多，然未有久而不散者。则以藏之一地，不能藏之天下；藏之一时，不能藏于万世也。明侯官曹氏学佺，欲仿二氏为《儒藏》，庶免二者之患矣。……务俾古人著述之可传者，自今日永无散佚，以与天下万世共读之。

周氏又引郑樵之语：“有专门之书，则有专门之学。人守其学，学守其书。人有存殁，而学不息；世有变故，而书不亡。”鉴于“《尚书》、《周官》，残于秦火；淹中古《礼》，竟亡于隋、唐之际”的历史教训，他还提出了具体措施，如“藏书宜择山林闲旷之地，或附近寺观有佛藏、道藏，亦可互相卫护”；并举例说，“吾乡神通寺有藏经石室，乃明万历中释某所为，其室去寺半里许，以远火厄，且

---

① 周永年：《儒藏说》。王绍曾、沙嘉孙：《山东藏书家史略》，济南：山东大学出版社，1992年。

② 舒大刚教授认为最早提出编纂《儒藏》设想的是早于曹学佺的明代孙羽侯，见舒大刚：《谁是中华〈儒藏〉编纂的第一人？——湖湘学人孙羽侯》，中国孔子网（www.chinakongzi.org）。

累石砌成，上为砖券，今将二百年，犹尚牢固，是可以为法也。”[①]凡此种种，皆不外乎“收藏储存以防散佚”之意。

然而问题在于：古代诸儒的《儒藏》建议何以曲高和寡、未能实现？究其基本原因，显然由于当时并无收藏储存以防散佚的迫切需要。中国古代社会自汉至清，儒术独尊，儒学乃是官学，天下学子无不孜孜以求其书、兀兀以诵其文，故而除非遭遇秦政之类，一般来说，儒家文献实无散失之虞、亡佚之忧。

反过来看，今天为什么要重提《儒藏》编纂？究其基本原因，显然由于今天确有收藏储存以防散佚的迫切需要。近代以来，尤其是五四“打倒孔家店”以来，岂止“儒门淡薄，收拾不住”[②]？儒学已经失去体制依附，成为“魂不附体”的“游魂”[③]，乃至几为人人喊打的过街之鼠。近年来虽然有复兴之象，亦至多不过是“一阳来复”而已。然而民族的复兴必定伴随着民族文化的复兴，这是众所周知的定律；而中华民族文化的复兴不可能没有儒学的复兴，亦是显而易见的定则。为此，当务之急就是儒学文本的收集整理，这是儒学复兴的文献基础。这就不难理解为什么今天一提出《儒藏》的编纂就能得到广泛的响应：这实在是中华民族伟大复兴的一种极为迫切的时代需要。换句话说，《儒藏》的编纂关乎中华民族的复兴。

---

① 周永年：《儒藏说》。王绍曾、沙嘉孙：《山东藏书家史略》，济南：山东大学出版社，1992 年。

② 宋志磐《佛祖统纪》卷四十五：“荆公王安石问文定张方平曰：‘孔子去世百年而生孟子，后绝无人，或有之而非醇儒。’方平曰：‘岂为无人，亦有过孟子者。’安石曰：‘何人？’方平曰：‘马祖、汾阳、雪峰、岩头、丹霞、云门。’安石意未解。方平曰：‘儒门淡薄，收拾不住，皆归释氏。’安石欣然叹服。”

③ 余英时：《现代儒学的困境》，载于余英时《现代儒学的回顾与展望》，北京：三联书店，2004 年。

二、编纂《儒藏》意义何在?

不仅如此,以上讨论实际上涉及一个更根本的问题:难道编纂《儒藏》的目的仅仅在于收藏储存以防散佚吗?当然远不止于此,周永年在《儒藏说》中就已提出了编纂《儒藏》的若干意义。不过,在我看来,周氏囿于时代局限,其所罗列的种种,尚未触及《儒藏》编纂的最为根本的意义,此处略为申说于下:

儒家文献从"无散失亡佚之虞"到"有收藏储存之急",有一个最大的历史背景,那就是中国社会转型。中国社会有两次大转型:第一次是春秋战国时期,从宗法王权封建社会转向家族皇权专制社会;第二次即我们身处其中的近、现、当代,从皇权帝国社会转向民权宪政社会。至于为什么会发生这种社会转型,这个历史哲学的宏大话题不是本文的论题。

这种社会转型之于儒学,有两点是需要注意的:其一,儒学的传统不是到孔子才确立起来的,而是周公确立起来的,所以当时儒学不叫"孔孟之道",而叫"周孔之道";其二,社会的转型要求儒学的转型,所以,须严格区分王权时代的原典儒学、皇权时代的帝国儒学和民权时代的现代儒学。例如,仅仅从政治哲学层面上来看,周公的原典儒学是主张封建的,董子以来的帝国儒学是主张专制的,而现代儒学则是主张宪政的。所以我说:"儒家没有新的,而儒学则是常新的。"

两次社会转型,都曾导致儒学的一度失势:第一次转型中,曾为官学(周公)、显学(孔孟荀等)的儒家之学,让位于秦代的法家之学、汉初的黄老之学;第二次转型中,曾为官学的儒学,让位于"西学东渐"而来的种种"新学"。然而儒学总是能够复兴、而且更进一步繁荣壮大。

儒学之所以能复兴,在于儒学自己能够摒弃"原教旨"态度而"与时偕行"、"顺天应人"、"日新其德":从孔子到汉儒,儒学实行了创造性的时代转换;从康有为到当代儒学,儒学正在再一次实行创造性的时代转换。这是儒家固有的态度，也是我们今天进行儒家“文献整理”、编纂《儒藏》应有的态度。这就是说，《儒藏》编纂的意义远不仅是什么“文献整理”；其最大的意义应当是儒学又一次创造性的时代转换。

儒学的时代转换，最基础的工作首先是所谓“文献整理”，其实乃是通过“辨章学术，考镜源流”（章学诚语），在思想学术上继往开来：总结过去的儒学，开创新型的儒学。所谓“辨章学术，考镜源流”，今天往往仅仅被隶属于历史系或中文系的所谓“文献学”，特别是所谓“目录学”提及，这是受到了现代西方实证主义学术观念及其学术分科的影响，这对于儒家学术、中国学术来说是颇为荒诞的，其结果是这样的咄咄怪事：像刘向、刘歆这样的通过“辨章学术，考镜源流”而实现了中国学术的时代转型，乃至建构了“九流十家”宏大范式的大家，在思想史、哲学史上竟然毫无地位，根本不被提及。

在这个问题上，历史的经验值得重视，汉儒的经验值得借鉴。在之前百家争鸣的背景下，诸子都通过“辨章学术，考镜源流”来展开“判教”式的竞争，其中最著名的如《庄子·天下》、《荀子·非十二子》、司马谈《论六家要旨》等。至西汉中期以来，刘向的《别录》、刘歆的《七略》和班固的《艺文志》完成了这个历史使命。他们的工作可以分为两个层面来看：

第一，就整个中国学术而论，他们以儒学统百家。

通常以为董仲舒、汉武帝“罢黜百家，独尊儒术”，这种理解其实是不确切的。

如《汉书·元帝纪》所载故事：

孝元皇帝，宣帝太子也。……壮大，柔仁好儒。见宣帝所用多文法吏，以刑名绳下，大臣杨恽、盖宽饶等坐刺讥辞语为罪而诛，尝侍燕从容言：“陛下持刑太深，宜用儒生。”宣帝作色曰：“汉家自有制度，本以霸王道杂之，奈何纯任德教，用周政乎！且俗儒不达时宜，好是古非今，使人眩于名实，不知所守，何足委任！”乃叹曰:“乱我家者,太子也!”

所谓“以霸王道杂之”,就是儒、法兼用,甚至被概括为“阳儒阴法”(这是可以商榷的),这其实是汉代诸帝的共同“家法”,武帝亦然。

至于董仲舒,众所周知,其思想是整合儒、道、名、法、阴阳诸家思想而成的,尽管以儒为宗,但是并非单一的儒家思想,而其整合的结果就是一种新型的儒学。

这里的奥妙,就是“以儒学统百家”。刘向、刘歆、班固等人着重考辨了三点:(1)首先是确立儒家“于道最为高”的地位;(2)然后充分肯定了百家“各推所长”,同时亦指出其偏颇,断言“若能修六艺之术而观此九家之言,舍短取长,则可以通万方之略矣”;(3)最后指出,百家“合其要归,亦六经之支与流裔”,即各执儒学之一端,皆归儒学。(均见《汉书·艺文志·诸子略》)此乃这样一种思想方法:以儒为本而百家为末、以儒为体而百家为用。

这种方法对于今天的“中学”复兴来说特别具有启示意义,例如对于“西学”、“西教”,是采取全盘排斥的态度?抑或是采取汉儒那样的统摄整合的态度?这是值得思考的一个重大问题。

第二,就儒学而论,他们以易学统五经。

今观《汉书·艺文志·六艺略》“序六艺为九种”,其实主要分为三个层次:

(1)以《易经》统“五经”。其曰:“六艺之文:乐以和神,仁之表也;诗以正言,义之用也;礼以明体,明者著见,故无训也;书以广听,知之术也;春秋以断事,信之符也。五者盖五常之道相须而备,而易为之原。”这是学术思想的极其重大的转变,乃是伴随着中国社会第一次大转型的观念转型的集中体现。本来,传世文献最古的其实只是《诗》、《书》、《周易》(古经部分)这“三经”而已,战国中期以后始有“六经”之说(《庄子·外篇·天运》),至秦、汉设立制度化的五经博士,意味着后起的关于“礼”、“乐”的文献以及《春秋》被提升为元典,这是有待深究的课题,本文暂不展开;先秦动称“诗书”，汉代《周易》被提升为群经之首，这同样是有待深究的课题，本文亦不展开。

(2)以《论语》《孝经》辅“六经”。

(3)以“小学”附群经。

上述汉儒关于儒家文献的整理，对于我们今天编纂《儒藏》的启示最为直接：汉儒作为伴随中国社会第一次大转型的观念转型的完成者，通过所谓“文献学”、“目录学”的“辨章学术，考镜源流”，实际上是完成了儒学的创造性的时代转换，建构了一种新型的儒学——中华帝国时代的儒学；那么，今日身处伴随中国社会第二次大转型的观念转型之际的我们，该当如何进行《儒藏》编纂这样的所谓“文献整理”、“古籍整理”工作，才能完成儒学的又一次创造性的时代转换，建构又一种新型的儒学？

三、如何编纂《儒藏》？

这样一来，就涉及这样一个问题：究竟应当怎样编纂《儒藏》？这牵涉到许多值得讨论的问题，但最根本的是所谓“文献分类”问题，因为显而易见，这是“辨章学术”的要求。

上节讨论已经表明，《儒藏》的编纂决不应当仅仅是现今所谓“文献学”、“目录学”、“古籍整理”，而应当是儒学的一种创造性的时代转换，即应当是一种新型儒学的建构。当然，这种转换建构乃是通过“辨章学术，考镜源流”进行的，即必然表现为“文献分类”的形式。但是，通常将《儒藏》的编纂仅仅理解为“古籍整理”，甚至有人认为应当按照古代“四库”的体例进行分类，这就大可商榷了。在我看来，《儒藏》的文献分类应当突破“七略”、“四库”的传统格局，建构一种新型的文献分类框架，以体现儒学的创造性的时代转换。

舒大刚教授为“川大《儒藏》”制定的体例就是一种突破的尝试，设计为“三藏二十四目”的格局，其中：“经部”收录以儒家经典原文及注解为核心的经学类著作；“论部”收录以儒学理论为内容

的思想性著作;"史部"收录以儒学史为主题的历史类著作。即:

1.经藏12目:(1)元典(含唐石经和清石经)、(2)周易、(3)尚书、(4)诗经、(5)三礼(含三礼及总论)、(6)春秋(含三传及总论)、(7)孝经、(8)四书(含大学、中庸、论语、孟子)、(9)尔雅、(10)群经、(11)谶纬、(12)出土文献(含简帛、石刻、敦煌遗书)

2.论藏5目:(1)儒家、(2)性理、(3)礼教、(4)政治、(5)杂论

3.史藏7目:(1)孔孟、(2)学案、(3)碑传、(4)史传、(5)年谱、(6)别史、(7)杂史

显然,"三藏"是对古代"四库"分类的突破,大致情况是:保留"四部"中的"经"、"史"两部,而对"子部·儒家类"和"集部"有关儒学的文献进行了重新安排处理。比如"集部"的儒者别集,采取分类辑录的方式,经解、经论的篇什编入"经藏",儒学史或儒学人物的篇什编入"史藏",儒家理论的篇什编入"论藏"。

至于这个分类体例是否体现了通过"辨章学术,考镜源流"来实现"儒学的创造性的时代转换、建构一种新型儒学",这当然是可以讨论的。但无论如何,"三藏二十四目"体例对"四库"的突破,体现了创造转换的意识,敞开了创造转换的可能,可谓难能。

在此,我也谈谈自己对于这个问题的点滴想法,以就教于海内同仁。鉴于篇幅所限,这里仅仅讨论一下关于"经部"的问题。我想提出的一个问题是:今天的儒学文献是否还需要独立一个"经部"?

这个问题颇为复杂,它与"经学"问题密切相关。古代"四库"之中"经部"的独立首列、以及"七略"之中"六艺"(实质也是经部)的独立首列,乃是基于"经学"这个时代学术背景的:经学乃是整个皇权帝国时代的国家意识形态。但是今天,这个时代已经过去了,经学的时代也已过去了。尽管学界近年来有所谓"经学热",但我已曾撰文《中国学术从"经学"到"国学"的时代转型》指出"经

学热中无经学”[①],大意如下:

有一部分学者试图在现代中国社会中“重建经学”、或建立一种所谓“新经学”。但这是不可能的。这涉及经学与社会生活之间的关系问题。一时代有一时代之学术,因为一个时代的学术乃是那个时代的社会生活方式的产物,并隶属于、顺应于、服务于那种生活方式。……

我们不能不承认:经学是前现代的家族社会、皇权时代的意识形态,而决不可能是现代性的市民社会、民权时代的东西。经学的时代确确实实已经过去了。也正因为如此,我们发现,现有的似乎红红火火的“重建经学”的两种路数,其实都是大成问题的:

一种路数其实是经学史的研究、而非真正的经学。这种研究,事实上是用那种属于现代西方“社会科学”模式的史学方法,来研究中国历史上曾经存在过的经学对象,颇有“人为刀俎,我为鱼肉”的意味。如今在学科分类上,“经学史”属于“思想史”,“思想史”属于史学,而史学通常属于西方现代学术范式的实证科学,这种实证科学试图模仿自然科学那样的没有价值立场的“客观”研究。我们读到的几部经学史,大致都属于这种路数。在中国,这种学术路数是由胡适、顾颉刚等人开创的。然而,这与经学何干?这样研究的结果决然不是经学的重建,倒恰恰是经学的更见彻底的瓦解。……

另一种路数倒似乎是原汁原味的经学,即是“原教旨”的经学。这种经学并非“重建”,而是简单地“回归”,即是简单地保存经学的原有学术形态——狭义的汉代经学、或者广义的自汉至清的古代经学。…… 但是,这样一来,这种“经学”就至少在三种意义上不再是经学了:其一、这种“经学”其实是文献学、古籍整理;

① 黄玉顺:《中国学术从“经学”到“国学”的时代转型》,《中国哲学史》2012 年第 1 期;人大复印资料《中国哲学》2012 年第 6 期全文转载。

其二、这种文献学、古籍整理事实上同样隶属于现代学术范式的史学，在这个意义上，它与上述第一种路数并没有什么实质的不同（我们这里并不是要否定文献学和古籍整理的重要意义，而仅仅是指出它并不是经学）；其三、这种“经学”显然是与现代社会、当下生活无关的东西，因为它并不是从当下的社会生活中生长出来、而为之服务的，而这一点恰恰与传统经学的宗旨背道而驰。除非这种“经学”要求我们回到前现代的生活方式去，学界也确有极少数学者持有这样的立场，即人们所说的“原教旨主义儒家”，他们反对科学、反对民主，乃至于反对一切现代性的东西，有人甚至提出重建“三纲”、再立“皇上”之类的极端主张。但这不仅同样是不可能的，并且根本上就是不应当的。生活不是为儒学、经学而存在的，儒学、经学倒应当是为生活而存在的。

当然，这并不意味着现在的“经学研究”是毫无意义的。我只是想说明：今天的“经学研究”其实不是什么经学。真正的经学绝非什么“社会科学”，而是在家族社会、皇权时代的生活方式中生长起来的思想观念、价值观念的学术表达，不仅渗透在那种生活方式的方方面面中，而且成为国家意识形态。但须注意，这里的“国家”乃是前现代意义上的、皇权时代的、作为中华帝国的“中国”，而非现代性意义上的“中国”。经学的社会基础是前现代的社会生活方式，而国学的社会基础则是现代性的社会生活方式。所以，我们今日的任务不是什么“重建经学”或“新经学”，而是建构真正的国学。[①]

于是，这就引出一个问题：经学的消亡，是否意味着应当取消独立的“经部”？我觉得，这个问题需要从两个方面来看：

一方面，必须承认，对“经”的尊尚，确实是儒学的一个基本特征，儒学发展的历史表现为对“经”的不断重新理解与诠释的历

---

① 黄玉顺：《中国学术从“经学”到“国学”的时代转型》。此文详述了何谓“真正的国学”的问题。

程，即往往表现为历代对“经”的“传、笺、注、疏”的积累过程，因此，“经”在儒学文献中始终占有一个独立而优先的地位。在这个意义上，独立的“经部”还是应当保留的。

但另一方面，从历史情况看，“经”本身也在不断地积累和叠加，乃至于从“五经”一直扩展到“十三经”。这固然有其历史情境的缘由，是“情有可原”的，但毕竟也不是毫无问题的。例如，把《春秋》的所谓三“传”列入十三“经”，哪怕仅仅从名目上来看也是自相悖谬的。事实上，《庄子·内篇·天运》最早提出“六经”之说，乃是指的孔子创立儒家之前的东西：

> 孔子谓老聃曰：“丘治诗、书、礼、乐、易、春秋六经，自以为久矣，孰知其故矣。以奸者七十二君，论先王之道而明周召之迹，一君无所钩用。……”老子曰：“……夫六经，先王之陈迹也，岂其所以迹哉！……”

所谓“先王之道”、“周召之迹”、“先王之陈迹”等，显然都是说的孔子之前已经存在的东西。因此，我们可以说：文本意义上的所谓“经”，最初是指孔子创立儒家学派之前就已经存在的经典。这些经典文本确实具有非常特别的意义：它们不仅仅是儒家思想的最初的文本来源，也是诸子百家思想的最初的文本来源，即是春秋战国时期以来的整个中华文化的最初文本来源。

进一步说，《庄子》所谓“六经”，其实未必全都是指的文本性质的东西。唯其如此，对于上引《庄子》所说的“六经”，在标点符号上很难确切地统统加上书名号：“诗、书、易、春秋”加上书名号固然是没有问题的，但“礼、乐”加书名号——《礼》、《乐》就可能引起异议。众所周知，孔子之前的所谓《礼经》、《乐经》是否真正有过文本存在，这至今还是一个无定论的疑案；今本“三礼”，并非孔子之前的文本。[①] 因此，按照"'经'最初指孔子创立儒家学派之前就已存在的、作为儒家思想最初文本来源的经典"这个标准，真正的"经"不过是这么"三经"而已：《诗经》、《书经》、《易经》(不含《易传》)。非文本性的"礼"、"乐"之所以称为"经"，这涉及"经"的另外一种含义：不是指的经典文本，而是指的一个社会共同体所秉持的根本原则(义)、基本规范(礼)。例如《左传·昭公二十五年》所说："夫礼，天之经也，地之义也，民之行也。"

因此，我的看法是："经部"仍然可以独立首列，但其文献应当大大缩减，具体来说也就是上述《诗》、《书》、《易》"三经"；除此而外的文献，都是在中国社会第一次大转型的过程当中逐渐形成的，应当归入其他部类，因为我们处在中国社会第二次大转型之际，必须重建经典系统，才能顺应时代的需要。

以上略陈陋见，适足贻笑大方。

① 关于《周礼》，可以参见黄玉顺：《"周礼"现代价值究竟何在——〈周礼〉社会正义观念诠释》，《学术界》，2011年第6期。

新意点点渗出

——读石永之《中国文化的再展开》

□姜　红[1]

一、文化的比较与融合

也许大多数的中国学人都曾经和正在思考中国文化未来发展这样的大问题，可是真要写起来却没有那么容易，中国文化的再展开这样的题目是太大了，但看过本书之后，却有所感悟，本书确实有自己独到的新观察、新问题，和新思考，作者并没有泛泛而谈，其新思考是通过个案分析点点渗出。

有人戏言，文化是个框，什么都能往里装。这说明文化是外延很广的概念，从空间意义上来说，它首先表现为不同的地域文化，从时间方面来讲，它可以有不同的历史文化，而某个特定的文化则往往是时间和空间的叠加，表现为某特定地域在某个历史阶段的特殊样态，离开了这些丰富多彩的特定文化样态去谈抽象而

① 作者简介：姜红，现任职于青岛社会科学院。

又普适的文化,几乎是不可能的。

中国文化是一个很难定义的概念,中国文化一词多有定义,却少有共识。既然中国文化很难定义,那又怎么谈中国文化的再展开呢,作者另辟蹊径,从文化比较与融合的角度来谈这个问题。亨廷顿的"文明冲突论"引发了地球人对文明对话的期盼,但首先应该明确的是,文明对话的前提是承认文明的多样性和文化多元,而不是某个文明或者文化的中心论。只有对话才能增进了解,消除隔膜,共存共荣,文明对话必然要求文化融合,并促进文化创新。

对中国文化的不同理解是围绕着中国文化的分期问题,西学东渐、中西文化融合的背景下展开的。因此这个问题涉及如何理解中国文化特别是儒学传统,以及如何理解西方文化特别是文艺复兴以来的近现代传统,并进而涉及下一步如何发展中国文化的根本问题。作者选取了三个有代表性的说法:牟宗三的儒学三期说、李泽厚的四期说和黄玉顺的新三期说,其理由在于,牟先生看好欧洲大陆的理性主义传统,建立了道德形上学,李先生则融贯英美的经验主义传统,创立了所谓的"吃饭哲学",而黄先生则借力现象学对西方现代性哲学的批判,新近大力倡导"生活儒学"。他们对中西方文化传统以及如何发展中国文化都有独到的理解,其分期说的背后基本上都有足够的理论支持,言之成理、持之有故。这些分期说最主要的问题是个人思想色彩太浓,只能在同情地理解他们思想的同时,才能接受他们的分期说并进而接受其对中国文化未来发展方向的判断,

石永之从文化比较与融合的角度,来看中国文化自身的特点,并进而讨论中国文化的再展开。他认为,从上古至东汉,是中国文化的形成期,在诸子百家的争鸣之中,儒学脱颖而出,取得了在中国文化中的主流地位。自东汉至清季,中国文化主要与佛学相激荡,形成了中国佛学,然后是宋明理学稳住了儒学在中国文化中的主导地位。是中国文化应对外来文化的初次展开,主要内容是关于"内圣"的。自清末迄今,中国文化主要受到西方文化的

磨砺，主要内容就是科学和民主，这是关乎“外王”的。他相信，儒学能够凤凰涅槃、浴火而生，再次稳住中国文化的主导地位，中国文化只有做到这一点，才可以成就中国文化的第三期，是为中国文化的再展开。

作者首先回顾了中国文化与印度文化的碰撞，也就是所谓中国文化的初次展开，初次展开中可以看出，中国文化自身的特点是在与外来文化交流与融合中展现出来的，那就是内圣不离外王；中国文化本身就是多元的，有多种资源应对外来文化的冲击，但也是有其核心和灵魂的，儒学就是她的核心和灵魂。

中国文化的第二次展开与第一次展开只涉及宗教不同，这次的再展开是从外王到内圣全面的交流与融合，其地域也不仅仅是中国本土，而是全球范围的，参与的也不仅仅是宗教界的人士，而是包含了政治、文化、经济以及科技等各种领域的人群。中国文化的再展开是从内圣到外王的以“双向格义”的方式全面展开的，这就注定了其视野是世界性的，其地域是全球范围的。就新内圣而言，它面临着重建信仰的重任，这需要深入的文明对话和文化融合，就新外王来说，仅仅靠学习西方民主是不够的，还需要从中国文化传统中发掘民主的思想资源，科学问题则需要从元认识论层面整合中西方文化资源。

乍一看，这种分期说与牟宗三的三期说并没有太大的不同，时间跨度基本相同，要解决的问题好像也一样，但细想起来，其中的差别也不容小觑。一是，从中国文化与印度文化、西方文化的差异之处来看待中国文化自身的特点，显得要自然一些。这不是先入为主地用某种形而上学或者哲学观点去规定中国文化的特质，然后再用这个特质去看待其他的外来文化。其二，其思想视域以及在解决问题的可能途径方面更具有包容性，作者把清末洋务运动的“中体西用”、孙中山的三民主义、毛泽东思想、邓小平理论都纳入了中国文化再展开的范围，并认为这是东西方文化交流与融合正在逐步走向深入的表征，这符合历史的逻辑。

二、儒家形上学

这样的思考显然是批判地继承新儒家的思想，尤其是牟宗三的道德形上学，这可能是考虑到，关于儒学分期的各种论说之中，牟宗三的儒学三期说影响最为深广，重建儒家形上学曾经是以牟宗三为代表的新儒家的主要思路。要思考中国文化未来的发展方向，必然要对此思路进行反思。所以，作者重点思考了牟宗三的道德形上学的东西方思想渊源、牟宗三的人性论思想，以及牟宗三对孟子、王阳明等思想家的继承与发展。对儒家心学的传承与演变的关节点还做了历史的回顾，考察了明代心学尤其是王阳明与孟子思想的关系，也探究了新儒家的主要人物在西学东渐的背景下对孟子思想的继承与发展。主要表现在两个方面，一是，以熊十力、牟宗三为代表的新儒家，发展出了与西方哲学相应的本体论和形而上学。二是，孟子的民本思想得到几乎所有新儒家的大力弘扬。

作者认为，牟宗三的道德形上学从破解以康德哲学为代表的西方哲学入手，重铸儒家新内圣，认为人有智的直觉，有限的人可以无限(圆善)，智的直觉开出本体界，坎陷之后可以开出现象界，开出儒家新外王——科学和民主。通过探讨孟子与牟宗三的思想关联，认为，是孟子的思想铸造了牟宗三思想的精魂，牟宗三不仅在其新内圣——道德形上学上遥契孟子，他构建儒家形上学的思想起点就是孟子的恻隐之心，而且在新外王之一的民主政治方面亦主要取自孟子。通过牟宗三对王阳明的批判，可以看出，牟宗三的良知学与王阳明的“良知教”已经发生了很大的变化，王阳明的良知保有中国传统的道德实践特色，而牟宗三的良知更具理性思辨色彩。从牟宗三的人性论思想就可以看出一些端倪，牟先生的人性论有三层：最高一层是义理之性，是先验而纯粹的道德理性；较高层是气质之性，较低层是指饮食男女的生物本能之动物性。后面的两层统称之为生之谓性，是经验的实然的人性。牟先生用自己的人性论思想对中国思想史进行了总结，并给予现代化，对西方“人是理性的动物”作了中国式的解读。

作者通过对王阳明思想结构的清理，并借助海德格尔等西学外援对重建儒家形上学的思路进行了探索，批判了独断论的儒家形上学径路，敞开了“无”的思想视域。并以此为基础，对所谓后儒家的形而上学提出了批评意见，构建后儒家的刘清平先生曾经引发以“亲亲互隐”为中心的儒家伦理争鸣，在中国学界热闹了两年之久，并持续至今，作者认为，后儒家就是一整套的形而上学建构。虽然在刘先生的文章中，几乎看不到“形而上学”这个词的影子，但是像“恻隐仁爱本根至上”这样的说法，就是以恻隐仁爱作为基础，去建构后儒家这样的形而上学。不仅如此，刘先生所要解构的传统儒家，也是一套形而上学建构，不过这是他个人的理解，儒家是否形而上学的问题，另当别论。然而，无论是以恻隐仁爱还是血缘亲情为基础，都要考虑到：基础之为基础是如何可能的呢？这也意味着刘先生并没有所谓“后现代”的视域，而是在人类中心主义的形而上学框架中纠缠不休。但应该就此指出的是，作者的新意虽然已经点点渗出，却并不系统，很多问题也是含而不露，思考还应该继续深入，问题也应进一步谈得更深入、更透彻一些。

三、先秦儒家的正义思想

近代以来，尤其五四运动以来，为了救国保种，由于政治、文化、历史与现实等多种复杂的因素，使得当时的人们认为，儒家就等于封建专制，因此中国传统文化便随着“打倒孔家店”而逐渐淡出主流视线，归隐山林，只在悄无声息地滋润着普通百姓的心灵。当以罗尔斯为代表的现代西方正义论如潮水般涌进中国的时候，不论是在学术研究的文本中，还是在政治生活的言论、日常生活的言谈中，中国正义论都成为了一个空白。这自然引发了人们对中国传统文化中有没有正义产生了疑问，中国正义论研究的兴起之所以晚于西方,是因为容易造成贫富分化的商品经济在中国发展较晚,公平正义的问题是在一部分人先富起来之后才出现的。西方在上个世纪五六十年代就出现了社会对公平正义的诉求,社会现实的需要引发西方哲学的变化,从 20 世纪 70 年代开始,以罗尔斯的《正义论》为标志,政治哲学取代语言哲学成为了西方哲学的主流,正义问题成了大家关注的焦点,西方哲学的转折也引起了中国哲学界的变化,在中国,最初关注政治哲学的人主要是一些西方哲学的研究者,而最初的研究主要是翻译和介绍。以 1997 年夏天由吉林大学哲学系主办的中国第一个政治哲学的研讨会为标志,中国的政治哲学尤其是公平正义问题的研究开始迅猛发展。

在此背景之下,学术界首先从词源学、文献学角度开始讨论,中国传统的"义"、"正"、"正义"等观念与西方的正义(justice),尤其是与现代西方的正义观念有没有共通的语意平台?具体说来,"义"、"正"是否表达着政治正义,尤其是有没有表达公共制度、公共规则和公共秩序等现代意味的内涵?这一讨论主要集中在世纪之交的公元 2000 年前后。

反对的意见认为,"义"、"正"仅仅是伦理概念。而更多的研究者则认为,中国传统的"义"、"正"、"正义"等观念,不仅是伦理概念,同时也是政治概念。现在学术界研究表明,汉语"义"、"正"、"正义"与西语"justice"之间既存在着一定的对应性,也存在着非等同性。对应性是不同语言的民族之间交往的基础,因为千差万别的语言描述、思考的只是同一个生活世界,而非等同性体现了不同语言的民族之间正义观念的差异,这也是人类正义思想丰富多彩的原因。

中国传统正义思想的研究,从最初小心翼翼地探求汉语的"正义"与西语"justice"之间的对应性与非等同性开始,到中西方正义思想的比较研究的展开,再到中国正义论的提出,可以说,已经由涓涓细流汇流成河,与马克思主义哲学、西方哲学一起构成了中国学术界当下正义问题大讨论的亮丽景观,这是学术使然,也是现实使然。

作者对先秦儒家的正义思想研究可谓紧跟时代步伐，从古典文献学、训诂学的角度厘清“义”（義）的基本含义及其假借义和引申义的演变，然后从先秦儒家对“义”的阐释来看儒家正义思想的形成。孔子重点阐发君子和义的关系以及义利之辨。孟子主要讲仁义内在。荀子首先使用“正义”一词，把义落实到社会制度层面，以正义思想作为建构社会制度的基础，基本形成了儒家正义思想。石永之认为，儒家仁—义—礼结构中的“义”表达的正是正义观念，仁是本、礼是末，义起到了内外勾连仁和礼的重要作用。这是一个传统的思想框架，只不过传统儒学用这个框架谈伦理问题，而现在用它来讨论正义问题。

用仁—义—礼的结构来谈中国正义论似乎成为了某种共识。比如成中英先生认为，孔孟思想包含三大方面，一为以“仁”、“恕”为中心的人性本体论；一为以“正义”为骨干的社会规范论；一为以礼乐为重点的人生理想论。再比如，黄玉顺先生把仁—义—礼的结构扩展为：仁→ 利 → 义 → 礼→ 乐。他认为：中国正义论主要是利的问题，即是导源于仁爱中的差等之爱的利益冲突问题。正义原则其实是正义感自觉的理论表达，而正义感则是在当下生活中获得的一种直觉的智慧或良知。正义的最终目标是礼乐，即是差异和谐。

石永之使用仁—义—礼的框架来谈中国传统的正义思想，并不仅仅因为它是传统的，而是想借用这一思维结构去破解所谓政治哲学困境。他认为，在伦理和政治之间，政治哲学面临着一个形而上学困境——不是用政治规范伦理，就是用伦理规范政治。这是轴心期之后，形而上学式的思维方式造成的。孔子的正义思想既有内在的道德正义，也有外在的政治正义，义是一个内外勾连的范畴，其连接的关键就是君子，用道德正义培养德行君子去实现政治正义。这就是说，如果仁代表儒家的伦理思想、礼代表儒家的制度建构，那么义就是代表儒家的正义思想，义通过道德正义与仁相关联，以政治正义与礼相连接，这就好比，义是一块双面胶，一边根植于仁，一边显现为礼。

作者进一步分析了孟子和荀子正义思想的特质。认为孟子正义思想的关键在于解决了义的来源问题，以人内在的羞恶之心作为正义感的来源，以图重塑人们的正义感，以救天下之危乱。孟子以孔子仁学思想为根基，拒邪说、正人心，仁义并举，凸现"义"范畴内在的道德价值，重点阐发了仁和义的关系。而荀子强调行义以礼和行义以正。正义原则必须落实到制度建构的层面上来，建立合乎时宜的伦理制度和政治制度。政治制度应该体现机会公平、经济公平以及对弱势群体的关怀。作者认为，在多元文化并存的今天，唯有理性是达成政治共识的可靠基石，而共识是社会稳定的基础，他认为，荀子的理性主义思想特别值得今天的政治哲学借鉴，荀子说，"人有气有生有知亦且有义"，义，理也。人有天赋的理性，能够分析判断，所以人能群，能够制定礼仪制度组成人类社会。

作者还借用艺术界常使用的时空穿梭表现形式，饶有趣味地让罗尔斯对话孔子，主要就政治哲学的未来走向提出了自己的看法，特别就多元宗教与政治正义的问题做了一些探讨，多元宗教的并存已经是现代社会一个不争的事实，但在今天的政治哲学领域有一个多元宗教各自的超越者及信众超越体验不能被普遍接受、与人类的普遍理性之间相冲突的问题，人们希望理性地对待宗教的超越者及宗教性的超越体验，理性地对待宗教就可以避免宗教狂热，保留了宗教信仰的空间，保证宗教信仰自由的根基。同时也不希望宗教直接参与政治。孔子的思想表明宗教与理性可以是一体两面的，在人们理性地生活的同时也不排除对宗教性超越者的敬畏。同样，作者的这些思考只是初步的、框架性，虽然这个框架很重要，但是填充这个框架，并使之能够真正地立起来，未来还有很长的路要走，谨以此文表达这样的希望和祝福。

“现代新儒家与中国哲学主体意识”学术会议综述

□邵　明[①]

2013年5月23—24日，由四川思想家研究中心主办的第三届儒学论坛在宜宾学院召开。会议的开幕式由四川思想家研究中心主任杨永明教授主持，宜宾学院副校长王藩侯教授致欢迎词。来自大陆和台港澳的三十余位专家学者围绕会议主题“现代新儒家与中国哲学主体意识”问题进行了热烈的讨论。该主题也是杨永明教授于2012年获得的国家社科基金项目“中国现代哲学主体意识重构问题研究”的核心内容。本次会议期间，宜宾市委宣传部和宜宾市电视台一起，还邀请与会学者举行座谈会讨论了纪录片《唐君毅》的拍摄计划。同时，国务院台办下属的北京九州出版社张海涛副总编也率队前来同与会学者一道商谈了简体新版《唐君毅全集》的出版发行问题。另外，会议结束之后部分学者还参加了“第六届中华美德教育行动师资培训班”的活动，为宜宾市江安县400余名中小学教师举办了关于中华传统美德伦理

---

① 作者简介：邵明，黑龙江黑河人，现为宜宾学院四川思想家研究中心讲师。

的多场学术报告会。

经过两天紧张的讨论，与会学者一致认为，在中国近现代历史上，由于西方文明的强势冲击导致中国哲学主体性格或独立意识不断模糊，以至于逐渐丧失自觉反省、自我创新的能力，其突出表现就是中国传统思想中的核心观念和解释框架被逐步抛弃，而代之以西方哲学中的观念和模式。由于模糊或失去了主体性格和独立意识，缺乏独立的自我认同，中国哲学的特征、本质或存在等等问题在现当代学术界都面临着疑问，其茫然、焦虑和受压抑的心态表露无遗。没有真正的自尊，只能被动地跟在西方哲学后面模仿和学习，不能形成自己的风格。这便导致今天中国哲学界缺乏远见，没有理想和冒险精神，没有现实的责任感和正义感，不能明辨是非。这一状况需要我们深入思考和仔细研究。

许多中国现代哲学家并非没有意识到这一问题。例如熊十力、梁漱溟、冯友兰、贺麟、金岳霖、唐君毅和牟宗三等，他们为改变这种状况而重建中国哲学主体意识进行了艰苦而卓有成效的努力，其探索的精神令人赞叹，其取得的成效值得珍视。尽管他们对中国哲学主体意识的建构还远不够成熟，其思想体系和理论框架还不容易达到与西方当代哲学形成平等对话的地位，但已经可以说初步构成了中国现代哲学的主体内容。

不过分歧也由此产生。那就是对中国现代哲学的主体意识究竟应该具有什么样的本质特征或核心内涵，与会学者们的意见差异巨大。大体而言，西方的理性主义、道家的艺术精神和儒家的道德意识分别被学者们视为重构中国现代哲学主体意识的根本性思想资源。

来自北京大学的胡军教授认为西方的理性精神应该成为我们当代文化主体意识的基石，因为系统化的知识理论和严谨理性的科学精神是文化强国的必由之路。他用科学技术史的大量例证表明系统化知识理论的重要性，而且源自自然科学的哲学思想也很容易渗透进人和社会生活的各个方面，影响并改变着人们对宗教、上帝和人的看法。尤其是现在的社会科学和人文科学似乎也都被提炼上升为系统化的知识体系，人们自觉地利用理性来探讨人类社会与生活中所出现的种种问题，包括政治、经济或法律的制定和行使都要依赖理性的人以理性的态度进行理性的讨论和研究。胡军教授进而认为中国传统思想历来缺乏对知识理论体系的研究和论证，没有衍生出高度精密的思维科学及其方法论，这就历史地妨碍了社会的进步与学术的繁荣。因此近代西方思潮的涌入就难免导致中国学术界和思想界的失语状态。欲重建中国现代哲学的主体意识，就应该重视对思想的系统深入严谨的论证，并以此为基础形成关于各个方面或研究领域的知识理论体系，舍此没有其他道路可走。他还进一步指出，现代及未来社会的发展越来越依赖于知识，知识已经成为了在政治、经济、军事、文化及整个社会结构中引起巨大的、根本性变革的主导因素，在社会的权力重新分配过程中起着决定性的作用。由此胡军教授还看到知识不仅是权力之源，而且还是暴力和财富的最重要组成部分，即知识从原来只是暴力和财富的附属物，一变而为其精髓和基础，以致成为新的暴力和财富。因此要想成为现代及未来社会的先进生产力的代表和世界的引领者或主宰者，就必须形成或掌控最新的知识理论体系，否则无法形成或重建自己文化系统的主体意识。

台湾东吴大学的黄兆强教授则认为寻求精神自由的道家所阐发的艺术主体性正是中国目前所欠缺的。他从徐复观的《中国艺术精神》一书为契入点，尤其是以其中的第二章“中国艺术精神主体之呈现——庄子的再发现”作为他阐发这种艺术主体性的理论依托。他认为，徐复观看到老庄那种艺术的人生就在于“体道”的观念，即抱着“道”的生活态度，以安顿现实的生活，这是理想的现实人生，充满自然统一的大美和谐。“道的人生观”所追求的就是本乎无所待而来的大解放、大自由。这根源于人人都内在具有的艺术精神，只有需要通过艺术活动才能加以体认，即离不开技术或技巧，就像庖丁解牛的故事所说明的那样，否则就可能流于空谈或虚无。在这种艺术活动中，心与物之间的对立，或行为人与行为所施对象之间的对立得到了解消，技术对心的制约性也不再具有决定意义，精神从技术的解放中获得了自由感和充实感，达到逍遥的意境。正是在这样的艺术活动中，人们成就着自己的人生并追求着充满美感的最高人格。这就意味着庄子"道的人生观"不仅仅只有归于消极的一面，还有使人正面有所树立、健康地涉世应物的一面。因此这样的艺术主体不偏蔽和拘泥，而能在基于灵魂之美的艺术修养中，着眼于现实人生而获得人性自由解放的一种大美。当然，黄兆强教授也意识到这种对庄子"为人生而艺术"的解读方式可能不会得到道家学者的赞同，但是认为这并不脱离庄子的本意，因为艺术自由也不能完全摆脱凭依、手段或素材，而是在对现实情境条件的破除中得以解脱，避免陷于尘世的浑浊之中。这样的艺术精神应该成为我们今天构建中国哲学主体意识的重要思想来源。

对儒家道德意识的强调，获得了最多与会学者的共鸣。如香港中文大学的刘国强教授、上海大学的陈勇教授、浙江传媒学院的何仁富教授、香港城市大学的陈学然博士和西北政法大学的李明博士等学者都从不同角度分析了儒家传统观念在当代的价值和意义、仁德或礼教成为中国现代哲学主体意识的可能性，以及新儒家学者对此问题的思考和创见等等问题，并都力图把儒家的核心观念和解释框架建构为中国当代哲学或思想理论的主体内容。刘国强教授认为由儒家哲学对宇宙人生的根本看法下来的价值观，对现代的世界及人们的生活仍然有着重大的指导意义。根据儒家理论，像"仁义礼智信"这些价值观念源于人之本性，或生生不息而能超越或感通于外的仁心仁性，不可否定，在今天的技术社会中更不可废弃。这些观念相互之间都有内在的关联，不可分离地加以理解。它们还是两千年来中国人在长期历史过程中的选择，具有恒久的价值意义。而由这些价值原则所衍生出来的道德规范或规则，则适用于不同的历史阶段或不同的具体社会形态，需要不断加以因时制宜或因革损益。陈学然博士根据当代新儒家的代表唐君毅的理论，认为从个人乃至民族文化精神生命的主体性确立，都离不开“仁德”这个儒学核心义理。这样，无论世界如何转变或思想危机如何深重，只要以“仁”为主体价值的伦理道德不变，则个人与民族的精神生命、文化传统便因为有所依托而得以与时俱进，生生不息，并且不断地自我完善和再生长。这个“仁德”被唐君毅阐释为对于宇宙人生中现实的和可能的所有价值的肯定和赞叹，并加以充分地保存、发展和实现的精神。这既能保持自我主宰的主体性格和独立意识，又具有平等、多元、包容和尊重差异的心态，而不存在如基督宗教那样的排他性。因此中国的现代化也不应由西方来定义，而必须保持伦理道德的主体性，再加以因革损益。这样方能化解当代社会所出现的精神危机及其各种思想偏蔽。这一点并不仅仅是唐君毅的洞见，实际上也是许多中国现代学者们的共同心声，如陈寅恪、贺麟和钱穆等等。陈勇教授和何仁富教授就都谈到了这点。陈勇教授认为贺麟对儒家传统思想的重新审视和检讨是意味深长的，他在最为世人所诟病的旧礼教的核心“三纲”说中，居然发现了与西方现代伦理思想和进取精神一致的地方，因此中国文化要在彻底把握西方文化之上，使儒家思想在当代有一个新开展。而钱穆也认为中国文化需要一次彻底的调整和更新，但是不能自外生成，其动力必须来自中国文化系统的内部，必须要体认和依凭中国文化内部自身的机制，即必须以本民族文化为主体，保持本民族文化的主体性。何仁富教授在分析了张之洞、陈寅恪和贺麟等人对中、西方思想的态度之后，认为在中国思想传统中，从人与人之间的关系所建构的自我主体性是中国人之为中国人确立自我人格和价值的基本路径。这表明儒家的三纲和五伦仍然是中国哲学主体性的本质性内涵或基本依据。李明博士通过讨论新儒家的代表人物如熊十力、冯友兰、唐君毅、牟宗三、方东美和刘述先等人的观点，认为他们对中国哲学的特殊价值和普遍价值都有着主体意识的自觉和努力，力求使中国哲学不失其独立性和自主性。

另外，中南民族大学的孙卫华博士、西藏民族学院的崔海亮博士和宜宾学院的吴龙灿博士又从对明清时期学术发展的分析上，探讨了传统与现代思想的交织过程对中国哲学主体意识问题的影响。

四川思想家研究中心的邵明博士在对与会学者观点的总结性评析中，论述了理性、道德和艺术精神就像宗教观念一样，都源于人的生存处境或经验历程。人们对“真善美圣”这些理想的追求有助于提高心灵的意义赋予能力，扩大和丰富人的意义空间。因此，理性、道德、艺术和宗教无疑都应该被纳入主体意识的内涵之中，成为人的内在性构成部分。否则，如果把它们视为某种外在性力量或形而上的实在，就很可能会出现我们在人类文明发展史上所经常看到的那种情况：“真善美圣”这些理想规范或价值追求总是不期然地构成了对人性的外在压制，或者变为对思想或心灵的不合理限制。这一现实状况是值得今天的人们深入反思的。例如，在西方中世纪时期基督教“上帝”的神圣性观念，就具有很强的唯一性或排斥力，最后演变为对社会生活的极端负面因素；中国二千年传统对伦理规范的强调，对“至善”的追求，也竟然成为现实生活中“吃人的礼教”；类似的情况同样也出现在西方现当代社会之中，因为随着自然科学的惊人发展，西方现代哲学几乎把物理学的解释模式视为唯一真理性的代表，从而使科学主义大行其道，科学技术反而代替传统的暴力，成为一种新的宰制人、压迫人的极权力量。由此，邵明博士认为我们对中国哲学主体意识的建构不能脱离对现实经验的历史状况的反省，以及对人类文明的所有成就的反省，而近百年来，中、西方许多哲学家对西方现代性或各自思想传统的反思性批判，也自然成为这一反省及其建构的理论资源。基于此，我们对中国哲学主体意识的理解，就应该像对人、社会和自然万物及其关系的理解一样，也像对“真善美圣”这些理想规范或价值追求的理解一样，还像对知识、道德、艺术或宗教的理解一样，即不是把它们放在一个狭小的范围内或隔离的境况下来思考，拘泥于某些观念或对象，而是应该置于一个面向未来和未知世界的、无限开放的经验历程或意义世界中去加以把握，在不断自我完善和自我实现中增强我们文化生命的意义赋予能力，并拓展和充实我们的意义空间，以期达到更加高远和悠久的境界。最后邵明博士根据唐君毅的理论勾勒出这一意义世界的本质特征和基本内涵。

会议结束之后，与会学者对四川思想家研究中心举办的每年一度的儒学论坛给予了高度的评价，并认为会议质量逐年都有显著的提高。学者们期待着明年第四届儒学论坛上的再相会，以就大家所关心的理论和现实问题继续进行深入而广泛的交流。

“儒家角色伦理”国际学术研讨会述评

□刘　宏[①]

2013年12月14日至15日，山东大学儒学高等研究院举办的“儒学前沿问题高端论坛·儒家角色伦理”国际学术研讨会在山东大学顺利举行。来自夏威夷大学、武汉大学、中国人民大学、北京外国语大学、山东省社会科学院、山东大学等高校的20余名专家学者与会。本次会议围绕美国哲学家安乐哲（Roger T. Ames）提出的“儒家角色伦理学”（Confucian Role Ethics）展开深入研讨，并涉及中国儒家伦理学、中西比较伦理学等密切相关的学术议题。

一

中西文化大规模的交流如果以鸦片战争为开端的话也走过

---

① 作者简介：刘宏，现为山东大学儒学高等研究院博士生。本文所引学者观念均来自《“儒家角色伦理学”研讨会论文集》。

了近200年的历史。而由于特殊的历史背景，“西学东渐”成了长时期的主旋律。中国之于西方，不管是被动接受还是主动学习都免不了落后之于先进的尴尬处境。西方之于中国，顶多也只能算是一种客观的对象性学术研究，换言之，中国文化并没有得到西方人的价值认同。从李约瑟对中国科技史的研究到韦伯对中国儒教、道教的研究，乃至于世界范围内的汉学研究都“落实”了中华文化不能产生西方现代文明的价值判断。随着西方现代世界诸多问题的暴露和中国国力的显著增强，有远见的西方人再次将目光转向了中国，中西之间的平等交流和深层对话获得了可能。儒学作为中华文化的象征性代表，其与西方文化的新一轮碰撞能否改变儒学自身的处境？儒学的价值理念能否为全人类的共同发展提供资源？儒学在此新形势下又能否实现所期望的创造性转化？发生转化的儒学在何种意义上还保持着儒学的一贯性？对这些宏大问题的回答，远非现在的学界能够给出定论。但这却不碍于对已然出现的儒学新理论加以研究，也有赖于对其研究，以便开展下一步的探索。近年来，安乐哲的“儒家角色伦理学”正是一种中西文化比较视野下的新型儒学理论。该理论不仅为西方尤其是美国重新理解儒学提供了新的视角，也为中国重新审视自身的文化传统带来了新的参照。因而，对其加以研讨就成了儒学研究的紧要工作之一。

“儒家角色伦理学”之所以能够进入学界关注的视野，首先取决于该理论创立者的独特身份。一是作为美国公民的安乐哲能够以研究儒学而得到美国学界甚至更大范围内的认可，一定程度上表明了作为价值理念的儒学开始在全世界发生了影响。二是与以往对中华文化和儒学的对象化研究不同，安乐哲本人曾在多种场合坦承自己乃是儒学的信奉者和践行者，因而儒家理念对安乐哲所产生的影响决定了其取得的学术成果就不仅是单纯的理论总结，而是证明了儒学能够获得其他文化体系下生命个体的认同。三是安乐哲不仅是一个知识论层面的汉学家，其本人的哲学家身份也为其深入儒学内在价值提供了可能性。因而，由其创立的“儒家角色伦理学”有可能最为接近儒家原义或说是符合儒家原义的。

“儒家角色伦理学”作为本次会议的研讨主题，在学界究竟得到了儒家学者何种程度的认可呢？北京外国语大学田辰山教授在《“角色伦理”与向西方传播中华文化》一文中将安乐哲定位为传播中华文化的比较哲学阐释者，并认为：

“角色伦理”理论是向西方阐释中华文化的典范，安乐哲的儒家角色伦理通过比较中西哲学与文化体系的途径，把儒家思想向英语世界阐释和传播比西方历来任何对中国思想的认识，都更接近原汁原味的效果。安乐哲的学术成果所起到的作用是将利玛窦以来将中国哲学与文化纳入基督教的解释框架中鉴别出来，使得儒学能够用自己的话来叙述自己。

从该理论作为比较哲学阐释成果来看，将其放在中西文化交往的历史视域中肯定其“儒家的”价值无疑有利于纠正西方人对儒学的误解。山东大学李慧子博士《儒家伦理学对西方伦理学的挑战——评安乐哲“儒家角色伦理学”》一文同样高度认可了安乐哲对儒家思想特征的把握，她认为：

“儒家角色伦理学”强调了儒家思想的动态性特征、人是关系性的存在，揭示了“道”、“仁”、“和”的动态化内涵，进而批判了西方自由主义、个人主义，将会构成对西方伦理学的重大挑战。角色伦理呼吁一种责任感的积极主体意识，这对解决当代社会中不同角色之间的冲突具有重大意义。

可以说，“儒家角色伦理学”作为中西文化比较的新理论，为儒学在世界范围内的传播起到了积极作用，并有可能为西方世界提供一种新的价值理念和生活方式。

二

安乐哲学说的受众对象首先是英语世界，该理论题为“儒家角色伦理学”，意味着他本人向英语世界所要阐释的伦理学是“‘儒家’伦理学”，作为“儒家伦理学”又是“‘角色’伦理学”。简言之，“儒家伦理学”即是“角色伦理学”。因而，在中英文的语境中就不可避免地产生“角色”和“role”、“儒家伦理”与“角色伦理”的双重语义错位。我们用中文“角色”来翻译“role”时，是否存在着“role”在英文语境下的流失？用“角色伦理”来界定“儒家伦理”同样存在着“儒家伦理”是否即是中国人所理解的“角色”意义上的伦理呢？中国人民大学温海明教授在《中英语境中儒家角色伦理之我见》一文中，比较了“儒家角色伦理学”的核心词汇“角色”和“role”在中英语境中的不同含义，并强调：

为安乐哲所阐释的“角色”具有活生生的和不断生成的儒家特质，身为“儒家角色”并非随性自然，而应当按照“儒家之道”来行为处事。

很明显，这是一种对中文语境中的“角色”一词的再阐释，“角色”一词本身的凝固性特色得到了一种动态化的解释。这种“角色”语义的扩大化有利于丰富对“角色”新义的认识，从而也有助于深化对“角色伦理学”的理解。

但这样的阐释并不能消除“角色”一词之原义的合法地位，也就无法避免站在儒家伦理本位的立场上对“角色伦理”的质问。武汉大学郭齐勇教授和李兰兰博士在《略谈儒家伦理》一文中，认为：

“儒家角色伦理学”的创见摆脱了西方中心主义和道德虚无主义的窠臼，凸显了儒家伦理本身的思想特色。但不容忽视的是，这一提法强调了儒家伦理的特殊性和家庭本位性，否定了儒家伦理的普遍性、终极性和超越性。儒家伦理植根于人性之中，具有超越的天道根据，重视个体性的人格培养和塑造。儒家所强调的每个人与生俱来的自主自立的"心""性"并非处于各种关系和角色之中，而是具有具体的普遍性。

无疑，"角色伦理学"的初衷是儒家伦理能够为全人类提供指引，但其对于儒家伦理所作的特殊性阐释面临着降低儒家伦理自身所宣扬的普适性价值。"角色伦理学"力图向西方世界介绍一种新型的伦理学形态，因而在比较哲学的阐释策略中就不得不强调儒家伦理与西方传统伦理的差异性。而对于差异性的强调则会导致异种文化形态之间的两种结果：一种是产生对于新型文化的重新理解，进而接受其独特的价值；一种是激发对差异性文化的排外心理，进而对其采取拒斥态度。前者是"角色伦理学"力图达成的理想目标，后者是中西文化碰撞以来一直存在的现实状态。至于该理论能否达成其理想目标，还有待进一步的实践检验。而以利玛窦以来的基督教传教路线作为历史之鉴，强调相同性更能保持文化交流的继续，强调差异性则往往会导致双方的敌对。当然，在差异性比较阐释的支持者看来，差异性的忽视会导致原汁原味的丧失。

"角色伦理学"面临的困境不仅表现在其阐释策略所可能带来的逻辑后果，就其作为一种思维方式的倡导者来说，同样面临着儒家传统中根本价值理念的冲击。山东大学蔡祥元教授在《角色的根源——安乐哲〈儒家角色伦理学〉》一文中认为：

安乐哲将中国古代哲学的基本特征概括为关联性思维，在中国传统文化的诸多方面都可以得到了证实，如中医、书画、建筑、园艺、烹饪、风水、典礼等等。并且这一思维方式在《易经》、《黄帝内经》等经典中得到了集中表达。但这种关联性思维的立足点乃是怀特海的过程哲学和实用主义的经验流变说，这种注重经验层面的变化之流并不足以完全概括以“变化之道”为根基的中国古代哲理。道虽不离变化，但不能简单等同于经验主义层面的变化。

伦理学作为一种西方学术形态被引进中国，如何转化为“中国伦理学”或者说“儒家伦理学”，必然面对着中国文化最高统摄之“道”的回应。“道”作为终极存在既有“变道”，亦有“常道”，其落实在伦理学层面即有“伦理之常道”与“伦理之变道”。而“角色伦理学”所阐发的关联性思维，注重人际交往中的关系性存在和多重角色的互相转化，在某种程度上承认了“伦理之变道”的存在。但对角色之间转化的所遵循之“常道”则是尚未触及的，建立在经验流变基础上的关系无法在更高层次上校正角色转化之间的可能产生的错乱。

三

如果我们暂且避开“角色伦理学”与“儒家伦理学”可能产生的冲突，而将其放回到西方哲学传统的流变中，我们可以看出，“角色伦理学”所借用的理论资源乃是怀特海的过程哲学、杜威的实用主义、桑德尔的社群主义等等。而这些理论的共同特征在于对西方传统形而上学的反叛。如果将形而上学定位为对经验现象背后超越性实体的探求，那么反形而上学以回归到经验现象本身有其价值所在。但反形而上学并不意味着人的价值就可以归结为一种关系性的存在本身。作为儒学经典文本的《中庸》和《大学》都强调“慎独”理论。“慎独”不仅要求一个人独处之时，能够保持戒慎恐惧的状态，而且即使处于大庭广众之下对于人所不知、唯己所知的事情也要做到“不自欺”。此种理论恰恰是要求人能够超出各种角色关系的束缚，坚持本己的价值判断。《孟子》“乍见孺子入井”一段，也很好地证明了人之“恻隐之心”并不依托于人在社会关系中所处的角色位置。

虽然作为个体之人的完成是在各种角色互动中生成的，但角色的互动何以能导致共同体的向善？这不得不诉诸对内在之人性的解释。因而，中国哲学的最终落脚之处总是离不开对人性问题的关注。山东大学沈顺福教授在《德性伦理还是角色伦理？——试论儒家伦理精神》一文中直接对儒家伦理是否是角色伦理提出了疑问：

> "德性"才是儒家伦理学的主题，这一主题与率性而为的人生哲学都深深烙上了德性的印记。因而，儒家伦理学是一种德性伦理学，而非角色伦理学。此外，儒家所谓"德性"不同于流行的西方亚里士多德意义上的德性，而指的是人生而即有的本性。

就儒家伦理学的根基来说，传统儒学有两种基本路向：一是思孟一派，一是荀子一派。通常的观点认为，思孟讲性善，荀子讲性恶，两者处于完全对立的状态。其实，孟子"道性善"之性指人皆有四端之心，乃是对告子"义外"说的反驳，孟子本人同样承认人具有"形色"之天性；荀子之性乃指人生而有欲，但人同样区别于禽兽具有对是非善恶的判断能力，因而"涂之人可以为禹"。若是脱离两者的文本语境，将性善与性恶完全对立来评价孟、荀都是武断的做法。而在儒学的演变过程中，思孟一派处于正统地位。因而，出现了如沈教授所说的："德性才是儒家伦理学的主题"。而将"德性"确定为儒家伦理学的主题，是否即是恰当的呢？传统儒学所论之"性"作为单音节字，本身具有极大的丰富性，而在现代汉语中用德性、知性、情性等对其加以再阐释，不仅造成了"性"之原义的缺失，而且也缩小了其外延范围。另外，"德性"一词还面临着对西方哲学概念翻译引入之后所带来的干扰，因而出现了沈教授文中对"儒家之德性"与"亚里士多德之德性"的不同规定。因而在当代的哲学语汇上，形成了传统儒学、西方哲学和现代汉语三个层面上的相互格义局面。何以形成新时代的全球哲学的共同观念平台，将是中西哲学会通的哲学方法论的先行工作。而一种新型的哲学方法论的完成，不仅有赖于纯学术层面的沟通交流，更取决于全球化进程中各种文明形式的相互认可。

四

“角色伦理学”作为比较文化哲学成果之一，在中西文化比较的大背景之下首先面对的就是两者之间的同异问题。山东大学孟巍隆（Ben K. Hammer）教授在《文化比较研究中的不良趋势：东、西方的两极化》一文中批判了包括“角色伦理学”在内的文化比较研究中东、西方两极化对立的思维模式。他认为：

若以西哲特征为标准，中国哲学必然显得不如对方之高深和完备；相反，东方主义的取向又会把人类社会的一般原理从儒学思想体系中切除，这实是矫枉过正的做法。在比较文化工作中应当首先转换两极化的思维模式，承认深层共同点的存在。

关于文化之间的同异问题，在未达成共同的观念平台之前，比较哲学阐释必然存在着以何种文化为基准的选择问题。很明显，“角色伦理学”站在了儒家文化的立场上。此一立场否认了中西之间具有深层共同点的存在。但如果真的能够转化两极化的思维模式，采取一种求同存异的态度，是否就可消解同异之间的争议呢？无疑，态度的改变并不意味着我们就寻找到了共同点的存在。假使双方存在着深层的共同点，又何以最终出现不同的文化形态？

以山东大学黄玉顺教授《角色的意识：〈易传〉之“定位”观念与正义问题——角色伦理学与生活儒学比较》一文为例：

《易传》中的“正位”、“当位”指恪守既定的位置和角色，这是角色伦理学与生活儒学共同所确认的；“得位”指对原有位置与角色的超越，上述两种理论对此的理解有所不同；“设位”指对社会角色秩序本身的重置，这一制度正义问题则是角色伦理学尚未触及的，而生活儒学则通过中国正义论的重建来探索这一问题。

上文承认了“角色伦理学”与“生活儒学”及其伦理层级上的“中国正义论”之间颇有相通之处，但两种理论在所要解决的最终社会问题上却又分道扬镳。这证明了文化之间的相通并不等价于相同。从观念之间的相通到共同价值的认同，还有很长的道路要走。

关于同异问题，并非产生于中西文化比较的特殊境遇下。在中华文化中存在着儒、释、道的同异问题，在儒学内部存在着孟荀、朱陆、汉宋等等的同异问题。而不管是主张相同、相异还是相通，最终都不碍于各自对中华文化和儒学的价值认同。之所以能形成最终的价值认同，恰恰就在各家对自身立场的持守和相互之间同异问题的争论之中。少了任何一种学术形态，少了任何一种立场的持守都无法达成更高层次上的“和而不同”。面对中西文化之同异问题，我们也当作如是观。对于“角色伦理学”的种种研讨也将构成该理论本身进一步的完善发展。

郭齐勇先生访谈录

□郭齐勇　崔发展①

崔发展:郭老师您好！很荣幸能当面请教您。您是一个有着浓厚现实关怀的著名学者,近年来关注亲亲互隐、教育体制改革、国学导读等问题,并亲身积极参与,您的学术研究重心主要是儒学哲学,出版有《中国儒学之精神》(2009)、《中华人文精神的重建:以中国哲学为中心的思考》(2011)等专著,那么,在您看来,以儒学为中心的中国哲学的主导精神究竟何在?

郭齐勇:你好！你提的这个问题,我有很多文章讨论过。儒学为中心的、中国文化的主导精神,在我看来,还是以仁爱为核心价值的内圣之学和构建一个合理化、理想化社会的外王之学,是

① 作者简介:郭齐勇,武汉大学哲学学院暨国学院教授,博士生导师。现任武汉大学国学院院长、中国传统文化研究中心副主任,兼任国务院学位委员会哲学学科评议组成员、教育部高等学校哲学教学指导委员会副主任、国际中国哲学会副执行长、国际儒学联合会理事暨学术委员、中国哲学史学会副会长、中华孔子学会副会长等。主要从事中国哲学史的教学与研究,研究方向为儒家哲学、二十世纪中国思想文化史,在海内外学术刊物上发表论文百余篇。崔发展,哲学博士,西南石油大学副教授,现任西南石油大学政治学院副院长。

内圣外王。儒学，当然是非常繁复的一个体系，我们讲经学、理学，这都是儒学。时代不同，形态也各异。但是，儒学有一以贯之的精神，孔夫子讲“吾道一以贯之”。为什么宋明理学家把《大学》、《中庸》选进来，和《论》、《孟》一起称为四书呢？乃至四书在中国和东亚流传了几百年，成为整个东亚的精神文明。我觉得，主要还是因为它的核心价值，仁义礼智信这些核心价值，这些君子之道。儒家努力把这些君子之道贯彻到社会的各面向，贯穿社会的建构，人文化的、有条理的、有次序的社会的建构。同时，这里要求有公正性，要有小民的地位，使小民的诉求得到保障。要有一个健康的、合理化的社会的建构，这就是我们所说的“外王学”。它有很多自主层面的建构。所以我说，如果说儒家的主导精神的话，我觉得还是它的心性论、道德哲学，是它的大宗纲，这是钱穆先生讲的，治平事业、外王之学呢，是它的大厚本。它与其他学问不一样的地方在于，它强调的是人有终极的关怀，有道德的理想境界，要修养自己的心性。这是内圣之学。另一方面呢，人要在家庭、社会上尽职分，有责任。人要在社会上推动文化的事业，推动社会的建构，要为老百姓做事，那么，他一定要有理想。为了理想社会的实现，古代的儒生做了很多很多的工作，甚至不惜牺牲，奉献给老百姓。所以我觉得，内圣外王是儒家的中心。它的背后有宗教性、有终极关怀，有对天道天命的敬畏和崇拜，这是一个背景。不能把这个头斩掉，那就成了寡头的人文主义了。另一方面，它又不能不在社会的生活中推开，不然就成了知而不行了。它要改善这个社会，使它有公序良俗，有一个很好的建构，有一个合理化、健康的社会。所以，我觉得，内圣与外王这两方面应该就是儒学的中心。

崔发展：您说到儒学宗教性，在当前的国内学界，一般都认为，儒学虽有宗教性，但毕竟不是宗教。不过，也有学者在致力于儒学的宗教化或宗教化的儒学，认为这是当前复兴儒学的一个有效进路。请您谈谈您的看法。

郭齐勇：宗教、哲学、伦理、政治这种划分呢，是西方学科的划分。儒学是不是儒教，儒学和宗教有什么样的关系，过去我们有讨论，我自己也有文章，我的《中国儒学之精神》里面有专章来讨论这个问题。总体上来说，如果我们还原到中国文化的本身的话，比方说，我们十多年来带大家读《礼记》，从“三礼”(《礼记》、《周礼》、《仪礼》)来看，不用说“三礼”中的祭祀活动，冠昏丧祭之礼就是宗教仪式。实际上，“三礼”表现了中国的文化的特征，它是把今天我们所说的宗教性，或者宗教这样一个东西，渗透在我们的先民，乃至近代中国人的日常生活当中。比方说，对于天、地、自然神灵、祖宗神灵的崇拜和老百姓实际的生活是连在一起的。乃至于在中国儒家经典《礼记》里面有这样的内容，若滥砍滥伐，就是不孝，破坏生态也是不孝。你看我们儒家经典“三礼”里面有很多生态保护的看法，我们今天叫生态保护。实际上，它的宗教神灵崇拜、自然神灵崇拜、祖宗神灵崇拜和人的言行举止、生活规范联系在一起。如果要格之以基督教的礼拜活动，要格义的话，便可以知道所有的这些宗教仪式，我们都不差。我们有家庙，各家各户家里有家庙。直到近代我们还有神龛。小时候，我们家里还有神龛。神龛是家庙的缩小化。过去，在我们老家堂屋里有一个靠西边的地方，摆放的是一个神龛。一直到新中国成立后一段时间，1956 年以前，家家户户还是在遵守朱子的家礼。所以，你要是说我们没有这些仪式，乃至没有这些敬畏和崇拜，那是不可能的。因此，儒家是不是儒教呢？我觉得可以用这个称呼。现在有的人说，不用儒教这个称呼，而我觉得可以用这个称呼。甚至在一定程度上，现在民间复兴的宗教都有一种诸教融合的形式和内容。在中国大陆，现在也出现了一些民间宗教，慢慢就把百姓日用不知的行为规范和我们对神灵的崇拜结合在一起。同时，也把儒、释、道、耶、回等五教的价值结合在一起。我曾经向大家推荐过王善人(王凤仪老善人)，现在许多民间团体也在推重、宣传他。实际上，我们就可以看出，近些年来，民间社会在推动儒学。我最近有篇文章专门谈到民间儒学的新开展，有很多是采取一种民间宗教的形式复兴儒学。会议上的儒学、书本里的儒学、课堂上的儒学,当然很重要,而更重要的是社会生活的儒学。如果它是社会生活中的儒学,那它至少是具有宗教性中的儒学。儒学本来就是宗教、政治、伦理的合一。所以,从这个层面上,我认为儒学和儒教虽有区分,但是民间社会推动的,换句话说,过去在中国社会,甚至在东亚社会长期起作用的,还是儒教。我们对孔子的祭祀也是,更不用说我们前面讲的天地祭祀。现在我们仍主张祭祀天、地、圣、亲、师。

崔发展:您在2011年主编出版了《当代中国哲学研究(1949—2009)》,总体上回顾了最近几十年的中国哲学研究,对此,您最大的感触是什么?其成就与不足何在?您对中国哲学的未来发展做何展望?

郭齐勇:这个问题,在我们那本书上,特别是导言中已经说了。我把它分为两个三十年。当然,在1949以前还有一个三十年,总体上是九十年到近百年的中国哲学的学科建构过程。改革开放以前,基本上是以教条主义为主导的研究。不能说没有什么成就,但是成就是有限的。改革开放以后的三十年呢,逐渐地有了一种自觉,慢慢的来真正的体会。哲学和中国哲学这个问题呢,很复杂。因为这个名词都是学的西洋的。中国如果有哲学的话,那么中国哲学是什么。所以,有没有中国哲学,中国有没有哲学,是在中国的哲学还是中国的哲学,前辈们一直到今天,还有许多人一直在讨论。我的意思是,我们不管用什么样的哲学定义,即使是套用西方的哲学概念,我们当然有哲学。我们也可以用经学、子学、玄学、理学、佛学或道学这样一些名词,如果我们原原本本地研究我们的经学、理学、佛学等等,会更好一些。但是,要借助于哲学,便于和西洋对话,我们当然也当仁不让,我们也有自己的哲学。西方人不理解,而实际上我们也有自己的哲学。过去有很多成就,我们在这本书里呢,着重地表彰了一些。梳理了材料,提炼了很多精神,但是,还有很多不足的地方,就是关于中国哲学之为中国哲学的特征性,这一点,要更进一步地加大力度研究。我们还有很多地域、思潮、流派、人物没有进一步的研究。我们还要重视少数民族的研究，重视中国科学技术方面的研究等等，这些我在书中都有讨论。

崔发展：中国古代哲学中有丰富的经典诠释传统，已有不少学者有心发掘这一传统。汤一介先生甚至大倡建构中国的经典诠释学，而您也有专文谈及经典诠释的问题。您认为，我们如何才能突破古代的注疏传统，进而创建一种具有时代性、民族性的新型的经典诠释学？

郭齐勇：经典诠释学嘛，很多专家在讨论，汤先生在讨论，我们也在讨论。我觉得，不要自大，什么叫突破古代的注疏传统呢？我认为，首先我们要学习，弄懂都不容易，我们这个注疏传统，它有一个非常好的积累。我们读任何古书，都要读古代的经典的注疏。每一本经典，我们都知道哪一部或者哪几部注本是我们必须要读的。读《论语》、读《老子》、读《春秋》、读《左传》，我们都有目录学、文献学做我们的指引。这里面就告诉我们，哪一些是注得比较好的、解释得比较好的，这就是注疏之学对我们的重要性。所以不要提突破古代的注疏传统，你进都没有进，学都没有学，怎么突破？我们首先要进入，要真正读懂。而且，注疏传统本身，像我们古代的诠释学，有经说、经传、经解的传统，而且，经和传、经和解、经和说之间又有注，这是我们基本的根据。对于我们理解文本，有一些基础的注疏的东西。这些东西是绕不过去、超越不了的，我们必须老老实实地把我们的经、史、子、集等典籍中的优秀的注疏，原原本本地把它们掌握。我们指导国学班的同学去读书，都是这样做的。所以我觉得，首先要去了解、掌握，下足功夫去读懂注疏。你读一部庄子，郭庆藩的《庄子集释》基本把前代人的解释集在这里。这部书不读，怎么能读懂《庄子》？现在社会上有很多胡说八道的东西，基本上就没有一个规范性。传统注疏本身就是我们经典诠释学的一个基础。所以我觉得，无论是我们对儒释道经典的把握和理解，还是创造性的转化，或者是时代性的新型解读，这些是可以借助西方、印度和日本的一些思想重新加以解释的，但是其基础还是我们古代的注疏。同时，我们需要善于拥抱和学习,但是我们也要打破一种迷信,难道西方汉学家讲的都是对的?西方汉学家、西方中国学家其实有很多是隔膜的,以偏概全的。他们自己很得意,但他们的观点本身,带有一种强烈的西方优越性,甚至是根本没有读懂中国的东西。当然有很多西方、日本的学者,是很不错的。但是我们觉得,不要迷信,这是我的一个看法。大家要进行创造性的解读是不错的,但是,中国当前的社会很浮躁,谈创造谈得太多,谈守成谈得不够,没有守成怎么创造呢?我就谈这一点吧。

崔发展:近现代以来,一方面,哲学的发展逐渐告别了形而上学建构的那种体系化时代,但另一方面,哲学在本性上却始终又有那种形上的希冀,比如就西方而言,胡塞尔、海德格尔、伽达默尔,哪怕是后现代哲学家,都有体系。反观国内,就中国哲学而言,像牟宗三、唐君毅等人,也是有体系建构的,但我们现在的尴尬在于,若建体系,似乎只能依赖西学之方法,比如康德之于牟宗三、黑格尔之于唐君毅。在您看来,哲学的体系化建构有多大必要?中国哲学应如何寻求自主性的体系化建构?

郭齐勇:这里面有几个问题,一个是人在本性上有一种形上的希冀,但是形上的东西是否一定要建构体系?西方现代哲学并不是这样来考虑,我觉得,告别形上学呢,基本上反映了一个潮流。这个潮流反映的是,像黑格尔那个体系本身,非常得自足圆满,但实际上它是压制性的,什么东西都是绝对精神的转化或实现,最后就是绝对圆满。所以后来就摆脱这种体系。中国的哲学呢,像熊十力的体系,他就没有像他的学生牟宗三、唐君毅对西方的那种依赖性。他的《新唯识论》虽然也有西方哲学的影子,但是,既不是西方也不是印度,基本上是他自己的东西。他是把人心、本体加以建构出新唯识论的一个体系。当然,牟先生也不是全依赖于康德,唐先生也不是依赖于黑格尔,他们都有自己的创造。您这里没有提到熊先生,也没有提到冯友兰先生,冯先生其实也有他新理学的体系,当然不是说他的体系建构就是成功的。我觉得哲学的体系化建构没有多大必要。不一定有这个体系就能说明什么问题,哲学在一定意义上就是生命的体悟。所以,像克尔凯郭尔这些现代哲学家,也没有用一个庞大的体系来展示他们的哲学。我觉得没有必要去构建一个体系。如果真要问,中国哲学如何寻求自主化的体系建构,我觉得也希望有学者去做,但是做的基础,就是说,还是要进入中国文化,比如说儒、释、道、理学,进入它们的内部中去。进入它们内部,你才能够了解,比方说朱子的系统,它是一个庞大的理学系统,它是根据小程子(程颐)而来的。这是理学的一个建构。而心学家是解构的,王阳明,他也有他系统的思想,我们不一定要叫体系。所以,如果要说自主性的中国哲学的话,那我觉得,孔夫子他有没有自己的体系呢?他是什么样的一个体系啊?王阳明是个什么样的体系啊?"致良知"前后也有很多变化,讲"知行合一"不一定要这个体系。至于自主化的体系嘛,各位哲学家自己在体悟社会生活各面向的时候,有自得之见就够了,有生命的体验和实践就够了。

崔发展:我们注意到,您曾明确指出:培养文科研究生,在论(通论、专论)、史(通史、专史)、典(原典、经典)三者的关系中,应注意凸显"典",而适度削减以往的泛泛一般之"论"加"史"的结构。您提出这一论点的初衷是什么?

郭齐勇:这个当然,我已经多次说过了,20 世纪 50 年代初期以来,我们学习苏联都是用概论加上通史这些东西作为大学教材的基本形态。您看,一直到今天都是这样的。当然,通论专论、通史专史是有必要的,帮助学生梳理一下。但是,它代替学生去嚼馍馍,有一种用老师们嚼过的馍馍喂学生的味道,而没有让学生自己去读原著经典,自己去理会思考。因为经典所以为经典,是不可超越的。一千个人就有一千个哈姆雷特。凸显"典",是培养学生创造性的一个重要的方面,也是我们继承世界文明的一个重要的方面。马克思也说过,像古希腊史诗,莎士比亚,这些都是不可逾越的经典。中国也有很多的经典,都是不可逾越的丰碑。那么,我们如何去消化,而且从中去领悟,获得教养。我觉得这是培养孩子们的、学生们的创造性的最重要的一个方面。这个比你读多少本概论、通论都要好。所以，我觉得读经典，多读一点经典，对于培养文科的学生是非常有必要的，不仅仅是研究生，本科生也是这样。我们的国学班就是这样的。从一年级开始，我们就读的是经史子集的基本的经典。经典文本的把握，对学生一生的创造性、创发性都有好处。而不是臣服于那些所谓的原理，像《联共(布)党史》四章二节，这些被称为哲学概论的基础，有些东西是陈腐的，会束缚人的头脑。这个东西要把它去掉，不是一个好传统，是斯大林的东西。所以我一再呼吁，而且身体力行，我们这个中西比较哲学实验班、国学班，都是我提议并建构起来的，也搞了十多年了，成效很好。现在全国的教育界，读典的呼声越来越高。我们不仅仅是呼声，而且，实际上教书也是这样教的。

崔发展：研读中外经典成了您培养研究生的重要一环，我们尤其注意到，您坚持引导硕博士研读《真理与方法》与《礼记》。在中西方的诸多经典中，您为何选择了这两部经典呢？它们之间有没有关联？

郭齐勇：没有，这是有偶然性的，因为，带研究生有一阵就读了这本书，当时方法论课就读了《真理与方法》，也开了“《礼记》研读”这门课，不是一个必然性的关联。当然，如果说关联，我是希望大家能够借鉴一下《真理与方法》的诠释学的理论。当时，我把何卫平老师请到课上来，一起来读，还有洪汉鼎老师的书。另一方面，也是通过带大家读《礼记》，培养大家如何创造性地理解和解释这些经典。首先是理解、读懂。所以我觉得，坚持研究生的读典，是非常重要的。多读经典，我们不只是读这两种，我们读了很多。当然，也要适度，要能够消化，让他们基本把握这些经典的字、词、句、节、章、篇及其内涵与基本精神。在学问上，学到一些方法。

崔发展：在硕博士课程设置中，您开设了“中国哲学史方法论”这门课，也曾发表过关于中国哲学史方法论的专题论文，那么，您如何看待方法论在哲学研究中的地位？另外，请您谈谈怎样进行哲学层面的方法论训练？

郭齐勇:这个呢,我在我的专题论文中有过讨论。这是得益于我的恩师萧萐父老师、陈修斋老师、杨祖陶老师和李德永老师这些先生,他们在我们进校时,给我们中西哲学硕士生联合开哲学史方法论,不是中国哲学方法论,是哲学史方法论的课程。我觉得这个课我们得到的教益很深,收获很大。其实这个课程,主要是为了培养我们的问题意识。主要是让我们去发现问题,同时,这个课程也告诉我们如何去表达。比方说,面对一个文本,我们有时候看不出问题,有时候不知道如何去做研究,那么经过这个课程的训练,我们就能去写一个研究性的文章。这些老前辈主要还是"黑格尔—马克思"方法论的学习,还是逻辑与历史相统一的方法。这个方法也是很重要的方法。给我们至少有一个逻辑的训练——不是形式逻辑的训练,而是思想史的一个逻辑的训练。当然,黑格尔哲学史方法论也有其自身的局限性。在这之后又有了经典诠释的方法,有了现象学等等一些新的方法,所以,哲学层面的方法学的训练是非常重要的。我们的老师可以根据自身的不同特点,制定不同的训练方案。而同学们也希望有一个自觉的训练,训练我们思维的能力,解读经典的能力,建构思想的能力,这个是非常重要的。有的人凭小聪明,私自用智,自视很高,"以私智小慧,轻非古人,不免贻误后学,转增迷惘"。马一浮先生说过这几句话,我特别强调一下。

崔发展:中国古代文史哲不分家,近代以来,学科体系的建制日趋成型,但思想史、学术史、哲学史的分殊却一直是个问题,即便在现有的研究中,也是含混使用,缺少自觉,如何对之做出相对清晰的界定呢?

郭齐勇:首先是文史哲,所谓的学科体系的建设,恐怕对中国本身的文化思想是一个很大的打击和限制。文史哲本来不分家,而现在却分得很厉害,甚至哲学里都分得很厉害,你是搞西哲的,我是搞中哲的,他是搞马哲的,搞逻辑的,搞伦理的,分得太厉害了。学科体系的建设,对我们本身是一个限制,我们要破除这种迷信,还是要促进文史哲打通,"中西马"的打通。比方说,经史子集过去是通的,中国的国学是有体系的,有内在系统的。我们没有说只研究经,脱离人物的理解分析,而缺乏集部的训练。谁也没有说集部是文学的东西,集部有很多哲学、思想的东西,宋明理学家的材料都是在集部,在别集、合集里面。每个人的集子都有很多政治关怀,首先是奏章、谏言,很多的治世方面的文章,还有书信(涉及政治与学术讨论),后面才是他的诗文集或者语录的汇编。集部的一些东西都是这样的。我觉得经史子集是通的,文史哲也是通的。了解中国的思想,必须要打通。所谓思想史、学术史、哲学史的分界,我认为,既然我们承认文史哲、经史子集的打通,就不一定要强调思想史、学术史、哲学史的分界。当然,它们之间有区别、有不同。如果你说含混使用缺少自觉的话,我觉得这种缺少自觉也有好处。我现在指导学生做哲学史,也强调要注意思想史的方法,还原到这个人的生命的实际中,多了解一些其人的思想文化的背景。他的交往,他的事功,他办的书院,他教的学生,这样才能了解哲学史上一个人物的鲜活的思想的来源与交锋。哲学史不是几个范畴写一写就完了,所以,在一定意义上思想史、学术史、哲学史的分别不一定就那么好。当然,你可以分,你说你是做中国思想史,他是做中国学术史的,我是做中国哲学史的,也可以这样分,每人的侧重面不同。但是,我觉得无论做什么,都是一种互动的。我认为,从我自己的行当来说,做哲学史,一定要有思想史、学术史的训练。学术史的训练,使我们真正地了解一些学术史上的人物、文本在学术方面的背景,经史子集注疏的传统。思想史的背景也很重要,我刚刚也提到过,人物的生活场域需要了解。所以,我是主张不要分得太细。现在的问题就是分得太细,文史哲要分,"中西马"要分,甚至古今也要分,搞古代的就不要搞现代,搞现代的就不要搞古代,这是很荒唐的。你只有搞古代才能知道现代,搞现代的才能更好地理解古代。

崔发展:泛观国内的研究生培养现状,让人不无担忧。仅就研究生的毕业论文选题来看,要么选陌生人头,要么选新出材料,要么选西方之法,而更多的则是在无生人头可做、无新材料可用、无新方法可取的情况下，茫然不知所从，最终则是守旧有余而创新不足，尤其是缺乏原创性的研究成果，那么，针对这种研究现状，如何实现研究创新的可持续性呢？

郭齐勇：这又谈到研究生培养上来了，博士生的选题，我一直在讲，新材料、新方法、新文献或思想家都可以，其实中国有很多的各地方上的、各时代的重要的思想家、文人，有很多哲学家、学术专家，都没有人做。湖北宋元明清时代有大量学者，很多当时在国内影响很大，现在都没有纳入博士生选题之中。不是没有选题可作，中国浩如烟海的典籍、档案，现在是导师、学生，都比较懒，只想拿到现成的，一天到晚围绕孔孟老庄、程朱陆王炒现饭，炒来炒去。不是说不可以再研究，是说还可以放开。像我们应城的陈士元、京山的郝敬，都是大经学家，没有人去做，还有阳明后学——黄安的耿定向等，做的人也不多，还是当时我要写宋元明时代湖北的儒学，找了几个学生去做了一下。很多思想文化史上的大人物，不要说二三流的人物，二三流的人物也很重要，都没有人做，还有相当多的文献没有人去整理。我有一个博士后，他发现了明代江西一个叫刘元青的，他有很多书在民间，我鼓励他把这些书整理出来。刘元青的材料散布在乡间，在他的家乡，有很多材料可以把它整理点校出来。我们还有大量档案没有人去研究，国家的历史档案馆，各地方的档案馆、博物馆有很多东西都没有人去整理，我们现在很多文化工程都是大轰大嗡，没有实际地去真正地收集、整理、点校，古代的一些文人的集子都没有出版。有些是四库里面有，没有人去研究，有些是地方文献，民间有，没有人去把它整理出来。所以我说我们做中国哲学，或是中国思想文化的老师们要知道，同学们作论文，不要堆挤在已经有很多人做的大人物身上，更多的眼睛要看到地方文献中，还有大量的东西我们没有做。地方上有很多材料我们没有做实，像契约文书、家谱、集子等材料都要重新加以整理、点校，都还没有做，应该说新材料很多，只是我们没有用心去弄，都喜欢弄现成的，大家时间紧张，就匆匆忙忙拿点校过了的，不管它点校得怎么样，对付一下，随便研究一个人算了。新方法呢，我们刚讲了方法多元，成果就多样，方法不是只有一个方法。所以我是觉得，无论是新材料，还是新方法，我们都可以来探索，结合、发掘、解读这些材料，选择一个比较好的方法。方法无非是逻辑与历史相统一的方法、解释学的方法。经典诠释有什么更好的方法，我觉得还是从读书、认字开始吧，慢慢地去弄懂这个材料，然后再从政治哲学、生态环保的角度，用现代的意识、眼光去加以解读，都是可以的。如何实现研究创新的可持续性，我认为还是要有现代意识，方法论和问题意识，敢于不怕困难地去发掘新材料。我刚才说了新材料、档案很多，没有人去整理。像第一历史档案馆、第二历史档案馆，像故宫，堆了很多材料，比较乱，都没有人去整理，还有中央到地方各大图书馆里面，有很多书没有人去摸。我们文科研究生根本不够，但是我们大部分单位觉得人才饱和了，好像没有题目可做了，这很奇怪。还是不要懒惰，还要敢于发现新的，老师、同学们也要去辛苦地做，不要吃现成饭。

崔发展：中国古代哲学十分注重知行合一，而西方并无此传统、亦无此要求。受诸多因素影响，在当下的中国，为学与为人的二分现象十分明显。韩愈说“师者所以传道授业解惑”，现在的老师更多的是授业解惑，而不再是传道者了，学统与道统二分的观念越来越普遍，牟宗三先生试图打通三统，但并不成功，那么，在现在条件下，您觉得这种二分是形势之必然吗？几年前，您曾接受了“儒学是我们的生活方式”这一访谈，那么，在现代条件下，儒学作为儒学研究者的生活方式，其必要性、可行性何在？

郭齐勇：我们古代哲学很重视知行合一，当然不能说西方没有这个传统，我个人认为西方哲学也是知行合一的，不过有很多技术性的哲学家讲的和做的是两套。苏格拉底是合一的。为人和为学二分的现象，也是一个现代病。我认为授业、解惑重要，当然传道也很重要，牟先生打通三统还是有道理的，他的新三统是从政治哲学的意味上来说的。我认为为人和为学应当是一致的，过去我接受过访谈，我现在坚持那个看法。我们儒家学者，虽然只是儒学研究者、儒学教师，但是我们的生活方式还是可以尽量地知行合一，关爱社会、关爱民间疾苦，为社会做一点奉献，待人接物以诚相待，提携青年后进，关心社会弱者，包括私生活的严谨，这些都是很正常的现象。如果真正是一个儒者，儒家的四书五经读进去了，理学家语录读进去了，老庄和佛经也读了一点点，那么在做人上，就有生命的一种感悟，身体力行是很自然的。我个人做得不好，但我还是心向往之，力求做到为人、为学一致，完全一致做不到，但至少是基本的人格操守、基本伦理生活的正常化、健康化，遵守为人师者的规范，这些都是应该在生活中自然达成的，而不是刻意的。

崔发展：政治哲学现在是个热门话题，您也有这方面的专论，那么，儒家政治哲学的主导精神是什么？在制度文化层面，我们如何实现它与现代的对接？

郭齐勇：政治哲学是一个现代的、西方的名词，其实儒家的政治哲学也是我们用现代的意思去理解的一个提法。古代的儒家要说它有什么政治哲学的话，那它都是，礼就是的。我们读《书》经，《尚书》一开篇是《尧典》，《尧典》是古文《尚书》和今文《尚书》都有的，它一开始谈到的我觉得都可以从今天所谓政治哲学这个角度来讲，允恭克让，光被四表，格于上下。克明俊德，以亲九族。九族既睦，平章百姓。百姓昭明，协和万邦，老百姓变得善良。所以我觉得从《尚书》的开篇《尧典》开始，中国的“五经”就是中国的政教的根本，《书》经里面继承的、记录下来的这些古代的大量的政治文诰都是讲怎么样去做事，怎么样谦虚，什么样的作为会照耀四方荒原、感动天地神灵，我们如何亲和我们的九族、如何去协和万邦，使老百姓都有德养。这就是我们的政治哲学。如果说有政治哲学的话，你从《尧典》就可以开始谈起。如果要谈到政治哲学，那就是箕子对武王讲的洪范九畴，这就已经到了周武王的时代了。它前面还有很深远的政治哲学的传统。所以《洪范》里面讲到的是，“初一曰五行，次二曰敬用五事，次三曰农用八政，次四曰协用五纪，次五曰建用皇极，次六曰乂用三德，次七曰明用稽疑，次八曰念用庶征，次九曰向用五福，威用六极”，说中庸之道主要就是中道，这里面它特别讲到了皇极中道的思想——不偏不倚，他讲到什么是最好的政治呢？“无偏无颇，遵王之义。”讲“无偏无党，王道荡荡；无党无偏，王道平平。王道正直，会其有极，归其有极。”皇极中道，是一个大中至正的标准，所以，这就讲到了王道。后来一直到孟子讲到了王道——仁政，仁德的政治。《洪范》里还讲到了三德——正直、刚克、柔克，平康正直，如何去反对暴政，如何去使老百姓的生活好一点。如果勉强地说儒家有政治哲学，我们借用西方这个词的话，那儒家的全部经典都是政治哲学，几乎都是。比如我们的“三礼”，它不是政治哲学吗？它的神灵崇拜、它的祖宗崇拜，这些都不是吗？这都是讲的社会生活中的东西。所以我认为儒家的主导精神还是王道的观点。王道的观点体会到文化的意思，文化重于种族、地域，所以就有了“天下”的看法。周天子是天下的盟主，分封制其实就是邦联制，它并不是去管辖，它实际是友好的一种联邦或邦联，是一种共和制。所以这个政治文明含量其实很高，中国“礼”、“乐”的政治文明很高，它以提高老百姓的文明的程度作为很重要的一项工作。所有中国的古代政治一定要讲教化，这不是奴役人的思想，读《孟子》就知道光给老百姓吃是不够，当然要给老百姓家产，“五亩之宅，树之以桑”。百亩之地，八口之家，让它生活得至少在凶年的时候怎么样，荒年的时候怎么样，免于死亡、免于饥饿，丰年的时候有积蓄，老者有皮衣服可穿，所以除了生活的要求之外，他说不要逼老百姓去为非作歹，社会治安要好，关键是要使老百姓懂得爱人，至少伦理上建构起来，爱家里的人，爱所有的人。“老吾老以及人之老，幼吾幼以及人之幼。”一个非常好的道德的世界。所以中国的王道仁政思想，是儒家政治哲学主导的精神。在制度文化的层面上，在中国古代政治制度的层面上，由于儒家的理念所促成的中国古代政治制度，比如后来建构的三省六部制、君相制、谏议制，包括文官的制度，教育的制度，它是一个社会空间很大、政府很小，基本社会自治，然后对皇权有很多制约，这样的制度，比今天很多制度都好。六十多年前，我们学习苏联的制度，苏联的制度不是很好的制度，我们把它奉为圭臬。所以我觉得我们古代制度层面上，它的大社会小政府，它所保护的、允许的事在社会正面作用很大，这都是精华的东西。它相对来说，开放的言路，士对于民众生活、民间生活的良性指导，所促成的公序良俗，每个人的良知在那里去实现出来、呈现出来，我觉得这都是儒家所强调的五经四书是政教之本的工作。当然也有很多制度的建构，也有很多民俗，比方说我们讲朱子的家礼，冠昏丧祭之礼，他改造了吕氏的乡约。朱子一生做了这么多工作，整理古代的“礼”，使它在民间社会的重建，他做了很多的事情，这都是政治哲学。所以如果要说政治哲学，那儒家的所有东西都是政治哲学，它非常博大。在这个意义上，无论是它的理念的层面，还是它的制度的层面，它促成的这种我们经常讲的“朝为田舍郎，暮登天子堂”，老百姓的子弟可以通过读书来做官，这种机会公平，这些东西本身都是有很多的制度层面的转化。还有民俗的层面，荀子讲的建构良风美俗，美政啊，美俗啊，这些方面，可以说都是很重要的。所以我觉得很多东西我们还是要仔细地研究，对包含古代官职在内的古代制度文明等很多的东西加以创造性的转化。不要迷信现在，不要迷信未来。我们当然也不要迷信古代，但是我们对古代太不了解。对中国自己的东西太不了解，我们现在最大的问题是，夸大了现代人的一些功劳，迷信现在，迷信将来，这都不好，没有祖宗哪有我们哪？所以中国古代社会有很多的东西，既重视、尊重古代列祖列宗的文化创造，又给子孙后代的人以生息，给他们有一个很好的栖息之地。我们今天对生态的破坏简直无以复加，我们既对不起列祖列宗，也对不起子孙后代，在这个意义上，我们觉得我们要尊重我们的传统，包括政治文化的传统。

崔发展：您与温伟耀、赵林编著了《传统氤氲与现代转型——中西文化三人谈》(2012)，该书共有三轮对话。由此，我们也想听听，您对中西哲学比较之进路及其前景怎么看？

郭齐勇：这是赵林老师组织的，我们三人的对谈。赵老师和温老师的中西文化背景都很好。中西哲学与文化的比较是五四以来，甚至更早的几代学者都在做。金克木先生讲，比较呢，其实也不是硬性的比较、一对一的比较，一定要把亚里士多德和我们中国的一个哲学家，比方说孔子、孟子，或者朱熹来比较吗？这种对比才是比较哲学吗？实际上，金克木先生讲我们在现代文化的渗透、文化交流的背景下，我们做中国的研究，做西方的研究，都是广义的比较。比方说，我们现在对任何一个中国的人物、西方的人物的研究，其实都可以纳入比较哲学或者比较文化的范畴。在我们三个人的对谈中，更重要的比较，其实还是拿儒教和基督教做比较。当然，儒教和基督教为什么要做比较呢？因为我们有一个看法，真正影响西方社会的是后来这个基督教，真正影响中国社会的是儒家思想，儒教。这两个东西如果能加以认真比较的话，我觉得会有一些新的看法。它们有同有异。而这一比较的前景呢，我觉得中西比较的径路很多，我们可以从不同的角度作比较，不同的方法进路作比较，前景还是非常好的。方法多元，路径多样，成果就多样，不一定要有什么样的限制。

崔发展：最近，我们总是提中华民族的伟大复兴、文化复兴，那么，文化复兴在复兴中华民族的过程中将扮演何种角色？中华民族的复兴，就是民族主义的复兴吗？亨廷顿在《文明的冲突》中指出，冷战后的世界，冲突的基本根源不再是意识形态，而是文化差异，主宰全球的将是"文明的冲突"。我们知道，您在2002年编辑出版了《杜维明文集》(共5卷，由武汉出版社出版)。针对亨廷顿的文明冲突之论，杜维明先生力倡文明对话，并积极投身其中，其弘扬儒学之功，善莫大焉。杜先生有明确的方法论自觉，像挖掘、格义、直接进去、不入虎穴焉得虎子等方法，都可以归入以西释中的范式。在当前条件下，以西学来砥砺、激发儒学的生命力，是个必要且有效的途径，但也有学者指出，杜维明先生主张让儒学的活水流向世界，继而反哺大陆，回归大本营，愿望是好的，但不切实际，尤其是，拿儒学应对民主、科学、环境、人权、女权，将儒学转化为哲学、宗教、人学、涵盖性很强的人文主义，一方面固然说明了儒学的包容性，另一方面会不会使得儒学丧失独特的气质，转化成一个什么理论都可以放进来、什么问题都可以在其中得到解决的可怕“深渊”？人们不禁会问：到底什么是儒学？对上述诸问题的应对，究竟是儒学肩负的责任、还是背负的包袱？对此，我们特别想听听您的看法。

郭齐勇：中华民族的伟大复兴当然不是民族主义的复兴，我们刚讲了，中国文化的概念大于民族的概念和地域的概念，中国人讲文化，它超越了民族、种族、族群的意识。文化，夷夏大防，孔子讲得很清楚，你周边的文化好，你就是夏，我可以到那里去，你的文化不行，你就是夷。它基本是一个文化文明的高下，超越了种族和民族。中国文化、我们的历史传统并不是一个强调民族主义的传统。亨廷顿的说法有一定的意义，文化的差异，文明彼此的不理解，像伊斯兰社会和基督教社会的冲突和紧张，有他们的历史纠葛。但是亨廷顿对儒家与中国文化的看法是有问题的，我们从来没有出现十字军东征这样的惨剧，没有这种宗教的冲突与战争，这是中国文化、中道的文化、中庸的文化一个伟大的方面。所以我们所主张的文明的对话，一定会取代文明的冲突，也许文明的冲突不可避免，但是儒家文化、中国文化在文明冲突的现实社会中应该有自己的积极的贡献。这个积极的贡献是说我们超越了宗教、民族的冲突和紧张，我们历史上从来没有殖民过任何地区，中国文化是和合文化，这是人文精神的一个伟大的方面。这一点有很多中国人都还不认识，外国人更是认识得很浅薄，所以中国文化其实没有那么强的冲突性、紧张性、排他性。儒家文化、中国文化不是像基督教等。那个同源的三大宗教排斥性很强，这一点我们要指出。

我不主张以西释中、以中释中的提法。杜维明先生并不是以西释中，杜维明先生很自觉倡导文明对话，不仅是以西释中，他还有以中释西的层面。因为他的英文很好，他在英文世界和中文世界里面，两边互释做得很好。我很钦佩杜维明先生、刘述先先生、成中英先生在文明对话中所做的积极的贡献。儒学怎么样不丧失独特的气质，转化成一个什么理论都可以放进来、什么问题都可以得到解决的可怕的“深渊”？我想儒学的确可以和现代民主科学、环保理论、人权理论、女权主义相对话，但是儒学也不丧失自己的内在的意义和价值，我想杜先生也没有丧失儒学的内在的意义和价值。他只是用应机说法的方式让西方人更理解。所以我的意思是说，我们一定要理解自己的、古已有之的很多很多的思想，古代儒家的五经、四书，宋明理学家等等，它们在社会文化生活各方面所做的积极的贡献。理解、继承儒学在天道性命、社会文化、道义的担当，对社会生活的提升，并且把这些资源转化为现代的一种文明、教养，多作一些贡献，对世界文明也作一些反哺。同时我们要积极地学习西方和印度、阿拉伯世界，学习日本，学习外国的对他们的传统作现代转化的大量工作。这样来对话，促成一些相互的理解，相互的包容。所以儒学的发展其实是现代国际社会、现代世界非常需要的，我们有很多很好的方面还没有被国民所认识，更不要说被外国人所认识了，所以我们还是要虚心地学习，这里理解、学习、挖掘、创造性的转化是根本，也不是说什么大话，而是说要积极地促使文明的对话。

崔发展：近代以来，国人逐渐丧失了文化上的自觉与自信，这是不争的事实。即便当前的“国学热”，您也曾明确指出那是“假热”。但不管怎样，现在大家都意识到了“文化自觉”和“文化自信”的重要性了，这就是好现象。那么，您觉得我们如何去自觉地培育文化自信呢？李泽厚先生说“该中国哲学登场了”，中国哲学或中国文化的责任担当是可能的吗？我们能如此乐观吗？

郭齐勇：我认为文化自觉比文化自信更重要，不要盲目地自信。什么叫自觉，我们必须对中国文化的家底有所了解，我们这个文化之所以在世界上能够立起来，几千年不断地更新，老干新枝、枝叶扶疏，究竟有什么道理要明了。所以要有文化自觉，是说我们要自己认识自己的文化。首先它不是五四以来把它批判、把它妖魔化的东西，同时我们也要看到自己文化的限制、短处。但现在很多人对传统文化的限制、短处的看法，还是教条式的、教科书式的，还是上世纪五十年代初期以来，甚至是“文化大革命”中的东西，这些其实是有问题的。这不是文化自觉。我们培养文化自觉，那是要真正地了解几千年文明，至少一个方面，或者几个方面，或者有些基本的东西。如果不熟悉、不了解，老说中国文化有几个优点、几个缺点，都成了套话，还是过去五十年代甚至是“文革”的语言、教科书的语言。如说中国人不会分析，中国文化是保守、不进取的，这是我们常见的很多官员、所谓的学者成为口头禅的东西，这叫文化自觉吗？还有包括李约瑟难题，这根本是一个伪问题。谈中国近代为什么被别人打倒，中国文化要承担责任，还是文化不行嘛，这不叫文化自觉。为什么李约瑟难题是一个伪命题？为什么说中国近代被东西方列强所打倒，不要文化承担责任？这些问题都需要分析。所以文化自觉的任务很重，我们不要盲目自信，很多谈文化自觉的人其实就不自觉，还是相沿成习的一些框框、教条。其实，中国哲学一直在场。李泽厚先生说“该中国哲学登场了”也是有道理的，我们应该把中国哲学自身的优势发挥出来，针对当前国内有些人没有依归，人的精神没有信念、信仰，对世界来说，也可以说中国文化、中国哲学有很多珍宝是可以用来治疗现代病的，针对世界上的争斗、环境破坏，它确实是可以作为资源来进行创造性转化的。从这个意义上，我们不必太过乐观，但李泽厚先生讲的还是有道理的，所以我还是支持的。当然，我不同意所谓“情本体”。我们应该发挥中国哲学自身的优势，针对目前的弊端来做工作还是有意义的。当然我们不能说这可以包打天下，我想李先生也没有这样的看法。

崔发展：自由主义、保守主义、马克思主义可谓当代中国的三大流派。您曾探讨过儒家与自由主义对话的可能、殷海光晚年的思想转向等问题，也曾撰有文化守成方面的文章，亦关注过儒学与马克思主义中国化的关系问题，那么，您对这三大主义的未来走势做何预测，尤其是在三者的互动方面。

郭齐勇：你叫保守主义也可以，但是不叫它也可以，因为从英国的保守主义开始，保守主义者在政治层面上一点都不保守，它只是在文化层面上重视自己的传统,重视文化。用这个名词也可以。我想这三大流派是可以对话的,比方说西方自由主义,西方自由主义的很多思想要真正实现的话,就是我刚才所讲到的,儒家的社群、儒家的自治,这才是和西方自由主义能够对话的非常重要的一个方面。比如说,梁漱溟先生当年搞乡村建设,我们今天讲真正把我们民间社会建设好,这些方面才可以和自由主义相结合,因为它的社会文化空间大了,这个东西是比较好结合的。儒学在马克思主义中国化的过程中当然起过很多作用,我也写过文章,我们现在恐怕更重要的是要拿儒学好的东西来纠正马克思主义中国化中的很多错失、很多不尽如人意的方面。马克思主义中国化过程中有一个很大的失误,特别是毛泽东的失误,就是他用马上打天下的办法去治天下,排斥正统思想,排斥儒学,就造成了很多的暴力。你看反右斗争,你看历次政治运动,伤害了很多人。他基本是秦时的做法、法家的做法,不是儒家的做法。所以我不敢估计未来的趋势如何,但是我们相信儒学、中国文化,会在中国未来发挥更多的作用。

崔发展:第十一届全国人大五次会议已经通过了《刑事诉讼法修正案》,其中肯定了亲亲互隐原则,我们知道,这与您的努力密不可分。最近偶然看到《世界哲学》2012年第4期的一篇文章,爱尔兰科克大学的梅勒(Hans-Georg Moeller)教授的《儒家"消极伦理"不适用于全球化的世界吗?》。梅勒认为,儒家伦理,特别是其全球范围内的可行性方面,很可能优于目前大多数的西方伦理思想。他提到了您与刘清平等人的争论,认为孔子主张伦理的有限性或"消极伦理",它否定特殊情况下的伦理原则;孔子的道德不是道德主义意义上的道德,而是一种"非道德"(amoral)状态。基于此,一方面,他指出亲亲互隐的批评者的误解所在,认为儒家的"消极伦理"具有普适性;另一方面,他也指出,亲亲互隐的捍卫者只说儒家伦理可以与西方道德哲学相调和,但他们没有深入提出一个有效的或者甚至是更好的能够替代西方伦理学的学说。对此,您怎么看?

郭齐勇：梅勒的这篇文章我也没有认真看，但是至少是儒家伦理作为消极伦理是这个意思。在什么意义上呢？在“攘羊”的问题上是消极的，就是不主动去告发，但是并不是支持“攘羊”，更不是主张盗窃。这个很明显。但是不能导致认为孔子思想、孔子的道德是非道德的，是一种消极的。不能导致这个看法。这个要把它说清楚。儒家的伦理、道德可以和西方的道德哲学相调适。说没有提出一个有效的、甚至更能替代西方伦理的学说，这个东西谁也不能替代谁。这位作者并不了解儒家伦理在中国乃至东亚社会的作用，它是渗透到下层老百姓的几乎每一个人的实际生活，是百姓日用而不知的。所以如果他能够了解儒家之道其实是百姓日用而不知的话，那就不是一个消极的。在这个意义上，它的消极伦理是有限制的，不要把它夸大。儒家道德和西方道德，儒家不止有伦理，还有道德哲学，“由仁义行，非行仁义也”，所以它有很多和西方道德哲学相接榫的地方。当然，彼此不可以互相取代。但是儒家的伦理、儒家的道德，其实在今天还有生命力，它有很多比西方更好的东西。我们在相互的文化对话过程中，不断地去促进双方的融合。

崔发展：感谢郭老师百忙之中接受访谈，访谈内容让人深受启发，相信可以让很多人从中获益，再次感谢郭老师。

辑刊《当代儒学》征稿启事

本刊《当代儒学》是“四川思想家研究中心”主办的儒家思想理论辑刊，每年出版两辑。

近些年来，儒学研究的刊物纷纷涌现。但是，这些刊物的内容，往往是对传统“儒学史”的某种对象化的所谓“客观”研究，在这种研究中，儒家儒学成为了“历史上的”东西，即“故纸堆里的”、“博物馆里的”东西，而与当代社会现实生活无关。

有别于此，本刊所谓“当代儒学”，是指的改革开放以来、尤其是 21 世纪以来的中国儒学复兴中所出现的新的儒家思想创造、新的儒学理论形态，这些思想理论的探索，旨在回应当今时代的呼唤、解决当今社会的问题。

本刊的宗旨在于：通过对当代儒学的研究与评介，推动儒学复兴、中华文化复兴的伟大事业。因此，本刊的着眼之点，乃在于儒家的“活的思想”，意在推进当代儒学的思想原创、理论建构，推出当代儒学的重要学派、代表人物。

为此，我们设置了以下固定栏目：

●**当代儒家思想探索**：具有原创性的当代儒家思想者，可在这里推出他们的最新的思想创获。

●**当代儒家理论建构**：研究与评介当代儒家具有影响力的理论学说。

●**当代儒家学派评介**：组织有关稿件，对当代儒家的学派进行研究或评介。

●**当代儒家文献研究**：遴选与评介当代儒家著述中有可能在将来成为经典文献的重要作品。

●**当代儒学观察家**：观察与评介当代儒学复兴中的最新活动、动向。

●**当代名儒访谈录**：组织对当代儒家中的名儒、大儒的访谈。

此外，本刊每辑还随时开辟一个临时栏目，针对当代儒学中的热点问题、重大问题，给予及时的反映。

凡在本刊发表的文章,并不代表本刊的立场、观点,作者文责自负,本刊只是提供一个研究、讨论、交流的平台。

凡在本刊发表的文章,本刊将按通行稿费标准支付稿酬。

本刊已被《中国学术期刊网络出版总库》及 CNKI 系列数据库收录,其作者文章著作权使用费与本刊稿酬一次性给付。如作者不同意文章被收录,请在来稿时向本刊声明,本刊将做适当处理。

热忱欢迎广大作者惠赐稿件!

投稿要求:

1.文章篇幅一般为 1 万字左右,最长勿超过 1.5 万字。

2.来稿请用 A4 纸张、Word 文件格式。

3.文章标题用 2 号黑体字,副标题用 4 号仿宋体字;作者署名用 4 号楷体字;正文用 5 号宋体字;独立段落的引文用 5 号仿宋体字;一级标题用 4 号楷体字,二级标题用小 4 号黑体字。

4.注释一律采用脚注形式。

5.参考文献:古籍采用随文夹注形式(《书名·篇名》),在文中第一次出现时以脚注形式注明该书的版本信息;其余文献采用脚注形式,格式如下:

(1)图书:作者/编者:《书名》,出版地:出版社,出版年份,版次,页码。

(2)期刊:作者:《文章标题》,《刊名》,XXXX 年第 X 期。

(3)报纸:作者:《文章标题》,《报纸名称》出版年月日。

(4)网络文章:作者:《文章标题》,网名,英文网址。

投稿邮箱:dangdairuxue@163.com

《当代儒学》编辑部